AF406333

Filosofía de la lógica

## Editorial Universitaria

EL SABER Y LA CULTURA

160
R173f   Ramírez Figueroa, Alejandro.
        Filosofía de la lógica: un punto de vista cognitivo /
        Alejandro Ramírez Figueroa.
        1ª ed. – Santiago de Chile: Universitaria, 2018.
        216 p.; 15,5 x 23 cm. – (El saber y la cultura)
        Incluye índices.
        Incluye notas a pie de página.
        Bibliografía: p. 209-216.

        ISBN Impreso: 978-956-11-2587-2
        ISBN Digital: 978-956-11-2679-4

1. Lógica.          2. Filosofía.          I. t.



Texto compuesto en tipografía *Bembo 12/14,5*

Se terminó de imprimir esta
**PRIMERA EDICIÓN**
en los talleres de Salesianos Impresores S.A.,
General Gana 1486, Santiago de Chile,
en julio de 2018.

IMAGEN DE PORTADA
*Photo-Jope / Shutterstock.com*

DIAGRAMACIÓN
*Yenny Isla Rodríguez*

DISEÑO DE PORTADA
*Norma Díaz San Martín*

www.universitaria.cl

IMPRESO EN CHILE / PRINTED IN CHILE

Alejandro Ramírez Figueroa

# Filosofía de la lógica

## Un punto de vista cognitivo

La publicación de esta obra fue evaluada
por el Comité Editorial de Editorial Universitaria
y revisada por pares evaluadores especialistas en la materia,
propuestos por Consejeros Editoriales de las distintas disciplinas.

EDITORIAL UNIVERSITARIA

# ÍNDICE


Introducción                                                                    9

1. Filosofía cognitiva de la lógica: apoyos, respuestas, reformulaciones       23
   1.1. Naturaleza de la filosofía cognitiva de la lógica                       23
   1.2. Esbozo de las teorías cognitivas del razonamiento                       31
   1.3. Enfoques de la filosofía *estándar* de la lógica. Frege-
        Wittgenstein                                                            42
   1.4. La filosofía cognitiva de la lógica y sus ámbitos: apoyos,
        respuestas, reformulaciones                                             52
   1.5. Bases de la posibilidad de una filosofía cognitiva de la lógica         55

2. Apoyo a problemas clásicos de filosofía de la lógica                         61
   2.1. Teoría prototípica de los conceptos y la visión cognitiva
        de la lógica *fuzzy*                                                     61
   2.2. Lógica heterogénea. Cognición dual $S_1$-$S_2$, cognición
        distribuida                                                             79
   2.3. La cognición y la preeminencia de la visión sintáctica de
        la lógica                                                               93

3. Reformulaciones de los enfoques tradicionales de filosofía de
   la lógica                                                                    97
   3.1. Inteligencia artificial, demarcación, monotonía y *Default*             97
   3.2. Lógica y razonamiento                                                  106
   3.3. Certeza, *a priori*, percepción                                        118

4. Respuestas posibles a problemas clásicos de la filosofía de la lógica       123
   4.1. ¿Unidad o pluralidad de sistemas lógicos? R. Hanna y el
        *cognitivismo lógico*                                                  123

4.2. La Lógica: ¿*canon u órganon* de la razón? Sobre la inalterabilidad de la lógica — 136

4.3. El reposicionamiento del debate psicologismo-antipsicologismo lógicos — 147

4.4. La justificación cognitiva de la deducción y el problema del logocentrismo. Una cuestión epistemológica — 162

4.5. ¿Lógica y aumento de información? La respuesta de M. Bremer — 192

4.6. ¿Trata la lógica esencialmente con enunciados? La respuesta desde los modelos mentales, la teoría de los prototipos y la cognición distribuida — 197

Referencias bibliográficas — 201

Índice analítico — 209

# INTRODUCCIÓN [1]

> La naturaleza de la lógica es significativamente revelada por la psicología cognitiva.
> R. HANNA, 2006, p. XII

> Estoy proponiendo explicar la naturaleza de la lógica tomando la racionalidad humana en serio.
> R. HANNA, 2006, p. XVIII

> … debemos considerar una noción de lógica más abierta que la imperante…
> F. SOLER, 2012, p.12

El objetivo central que se persigue en esta investigación[2] es examinar las relaciones entre la *filosofía de la lógica* y los estudios cognitivos acerca del razonamiento. De acuerdo con ello, se pretende defender la tesis según la cual, dados los avances observados en la ciencia cognitiva, por un lado, y el propio estado actual de la lógica y de las teorías epistemológicas y ontológicas acerca de lo que es la lógica, por otro, es plausible esperar que al menos algunos de los problemas clásicos acerca de la naturaleza de la lógica, especialmente en sus expresiones contemporáneas, puedan ser posiblemente *apoyados, reformulados o respondidos* en alguna medida si se adopta un punto de vista mixto, esto es, con la concurrencia de la filosofía tradicional de la lógica y de la ciencia cognitiva. Son tres, pues, las relaciones examinadas y sus combinaciones: a) cómo algunas teorías de la ciencia cognitiva del razonamiento pueden dar *apoyo*, dar fundamento o justificación a problemas de la filosofía de la lógica; b) de qué manera puede entenderse que esas teorías cognitivas puedan ofrecer bases suficien-

---

[1] Este libro ha sido escrito en el marco del proyecto de investigación patrocinado y financiado por FONDECYT-regular, Chile, *Bases para una filosofía cognitiva de la lógica*, código N° 1120095, desarrollado entre los años 2012-2014.

[2] El manuscrito de este libro fue evaluado con sistema doble ciego. Deseo expresar a los pares anónimos mi agradecimiento por sus observaciones que permitieron mejorar aspectos del texto.

tes para reformularlos en cuanto problemas; c) en tercer término, cómo pueden, dichas teorías, significar una *respuesta* a nivel filosófico a aquellas cuestiones aún abiertas de la filosofía de la lógica. Así, asuntos como el de la justificación de la deducción y el logocentrismo, el debate sobre el antipsicologismo lógico, los fundamentos de la diversidad de sistemas o de una lógica universal, la cuestión de la preeminencia de la visión sintáctica por sobre la semántica o viceversa, si la lógica versa en definitiva y en esencia sobre enunciados, sobre el lenguaje, y otros problemas similares, constituyen los objetos de estudio que se examinarán bajo la mencionada perspectiva mixta. Varios autores han emprendido hoy este camino, y desde esa inspiración se acomete en parte esta investigación. Algunos de ellos, que se mencionarán en lo que sigue, son por ejemplo Hanna (2006), Stennings y Van Lambalgen (2008), McNamara y Reyes (1994), Fisher (2008), Shushan (2009). El epígrafe de Hanna a esta introducción guía este proyecto: la *naturaleza* de la lógica es *revelada* si se asume un punto de vista *cognitivo* acerca de la racionalidad humana en su expresión argumentativa.

El presente proyecto se inscribe dentro del contexto de la crítica, en extensión y connotación, que la filosofía de la lógica ha llevado a cabo sobre el concepto clásico de lo lógico en las últimas cinco o seis décadas, en lo que hoy se denomina una situación de pluralismo lógico. De acuerdo con esto se asume aquí que el término lógico abarca no solamente la deducción (sea clásica o divergente), no obstante ese sea un asunto principal en los capítulos que siguen, sino que también da cuenta de las diversas formas de sistemas formales no deductivos, o con validez formal restringida, como son las inducciones, las abducciones, los razonamientos dialógicos, los razonamientos por *default*. De este modo, el objetivo de una *filosofía cognitiva de la lógica* es constituirse en un enfoque posible dentro del complejo panorama de la crítica a la lógica clásica que hoy se lleva a cabo. En este sentido una aproximación cognitiva a la comprensión de la naturaleza de la lógica solamente pretende ofrecer una mirada específica dentro de todas las posibles, esto es, el lugar que ofrecen los estudios cognitivos del razonamiento. Si los sistemas lógicos y las teorías de las ciencias cognitivas poseen algo en común, o sea, referirse al razonamiento humano, parece claro que deban esclaracerse las relaciones entre ambos campos.

Por lo anterior, y sin perjuicio de lo que se tratará en los cuatro capítulos del libro, se requiere un breve y preliminar esbozo de la situación de algunos desarrollos lógicos y de filosofía de la lógica actuales que atestiguan la diversidad de la crítica mencionada. Desde una perspectiva histórica, en las últimas páginas de su clásico libro, W. Kneale y M. Kneale se refieren a dos asuntos que resultan importantes para lo que se discutirá en el presente texto: en primer lugar, que el intento de Aristóteles de establecer las bases de la ciencia, en los *Analíticos Posteriores,* hizo que el estagirita concibiera la lógica como una disciplina referente a los *patrones de argumentación.* Ello muestra que, en su origen mismo, la lógica estuvo pensada como algo más que una formalidad. Fue ese rasgo, por lo demás, según los autores, el que dio pie para que sus sucesores relacionaran la lógica con la teoría del conocimiento y con la psicología del razonamiento, relación contra la que Frege y Husserl reaccionaran[3]. Por otra parte, y en segundo término, los autores plantean que con Aristóteles la lógica quedó establecida como disciplina concernida con, y restringida a *palabras, pensamientos y cosas,* a diferencia de los estoicos, que la concibieron relacionada con *enunciados.* Pero, afirman: "los desarrollos del último siglo han hecho imposible para nosotros mantenernos encerrados con un mero grupo tradicional de temas. Siguiendo las analogías sugeridas por el trabajo de Aristóteles y sus sucesores, los matemáticos y filósofos han usado la palabra lógica en contextos en los cuales los antiguos lógicos nunca hubiesen pensado" (Kneale y Kneale, 1962 / 2008, p. 738).

Los desarrollos críticos de la lógica, y de la filosofía de la lógica actuales dan cuenta de que la visión clásica ya no es preeminente y que ha sido sometida a revisión desde diversos enfoques hace ya varias décadas. Esta crítica, que, aun cuando es mucho más amplia que la que aquí propugnamos desde lo cognitivo, es un indicativo claro de cómo el problema filosófico sobre qué es la lógica ha tenido grandes desarrollos en la actualidad. Así, además de los sistemas no clásicos, o los sistemas subestructurales como la lógica abductiva o los formalismos *default,* la lógica imperativa, la lógica dialéctica, o el mismo intuicionismo, constituyen lo que hoy se caracteriza como un *Pluralismo lógico*[4] (a la par, quizás, de lo que, en filosofía de las ciencias, hoy se denomina *Pluralismo científico*[5]). Así, por ejemplo, acerca de la abducción[6] expresa F. Soler: "Para hablar de una lógica de la abducción debemos considerar una noción de lógi-

---



3  Véase más adelante cap. 4.3.
4  Sobre el Pluralismo lógico véase Beall y Restall 2006.
5  Sobre el Pluralismo científico, S. Kellert *et al.,* 2006.
6  Véase abducción en cap 4.4.

ca más abierta que la imperante, de tipo deductivo o analítico, dedicada únicamente a definir la validez de llegar a una verdad desde otra verdad" (Soler 2012, p. 12). La lógica imperativa, por otra parte, explora hoy las condiciones mediante las cuales un argumento puede mostrar validez cuando sus componentes premisas y su componente conclusión no son enunciativos, sino que son órdenes, pero también instrucciones, sugerencias y otros similares. Los imperativos, genéricamente, no son objeto de valores de verdad, sino que son objetos de obediencia o imposición. ¿Cómo puede ser válida una consecuencia imperativa de un argumento imperativo? De acuerdo con Peter Vranas (2011), el concepto de validez imperativa puede entendérselo según el mismo criterio de la validez de argumentos con enunciados declarativos. Afirma el autor:

> Una razón típica, una validez de un argumento puramente *declarativo* es convencer a la gente que ellos deberían *creer* su conclusión. Similarmente, asumo, una razón típica para aducir una validez de un argumento puramente *imperativo* debería ser el convencer a las personas que ellos deberían *actuar* de acuerdo con su conclusión (el primer "debería" es epistémico, el último es práctico)" (Vranas, 2001, p. 374).

Lo que Vranas explicita es que cualquiera sea la definición formal que se construya para la validez imperativa, esta debe cumplir con esta condición: un argumento imperativo es válido si un sujeto que actúa según el imperativo de las premisas también actúa, necesariamente, según el imperativo de la conclusión.

En un ejemplo del autor, supongamos que se tiene un cuestionario con un conjunto P de 6 preguntas: P=(1,2,3,4,5,6), y se instruye: (i) Responda exactamente 3 de las 6 preguntas; (ii) No responda las preguntas 3 y 5; (iii) Responda al menos una pregunta numerada como par. Si se obedece (ii) quedan las preguntas 1,2,4,6; si se obedece (i) es manifiesto que se cumple inmediatamente con (iii). Por ello, se puede afirmar que (iii) se sigue de (i) y (ii)[7]. Como lo afirma Vranas, esto levanta varios problemas relacionados con el significado de términos como "seguir una instrucción" u "obedecer necesariamente" cuestiones relevantes para una lógica imperativa.

---

[7]   Esto sin hacer referencia a lo mal o bien que se construyan los cuestionarios.

Otro planteamiento de relevancia en la crítica actual a la lógica en su naturaleza clásica la constituye la *lógica dialógica,* que se estructura sobre la base del concepto de *juego* y *jugador.* Tiene como característica dicho sistema lógico el rescatar un aspecto griego antiguo del sentido de la lógica, esto es, una concepción agonal y dialógica[8], en la que dos discursos se contraponen en un juego en el que su participación se formaliza hoy como ganadores y perdedores. De acuerdo con el iniciador de este enfoque, K. Lorenz a comienzo del siglo XXI, desarrollado en la asctualidad por la escuela de Lille, Francia, pero también en el modelo denominado *dinámico* por Van Benthem, en el que lo central es comprender los *procesos*[9] que constituyen una inferencia, más que las instancias estáticas o declarativas, un juego dialéctico se da entre dos personas respecto de una proposición P, proceso en el que, en un número finito de pasos, hay al final del juego una postura ganadora (validez) y otra perdedora (invalidez). Dichos pasos se dan de acuerdo con determinadas reglas que rigen el diálogo. De acuerdo con el planteamiento de Laurent Keiff (2009), la lógica dialéctica ofrece dos perspectivas centrales: una formal y otra que se basa en el estudio de diálogos concretos en la vida diaria y en el lenguaje natural. Es notorio considerar que en este último ámbito se encuentran obras pertenecientes a la nueva retórica, como la de Perelman y Olbrechts-Tyteca (1989), y la teoría de la argumentación de S. Toulmin (1993).

Keiff formula el diálogo como una estructura en tripleta: $<X, f, e>$, con un lenguaje definido por los siguientes símbolos: el símbolo *?* que indica un ataque de un jugador; el símbolo *¡* la respuesta-defensa del otro jugador; *x* como una variante y *c* como constante; dos símbolos O (oponente) y P (proponente). En la tripleta, X es el signo de los dialogantes, *f* representa o la acción de ataque o el de defensa, y *e* representa la expresión sobre la que se dialoga. Con esta estructura el sistema constituye además una semántica y

---

[8] En el pensamiento antiguo, helenístico, megárico y estoico, lo que se entiende por lógica es simplemente denominado *dialéctica,* un razonamiento sobre la base de preguntas y respuestas con tesis contrarias, específicamente como un tema propuesto por uno de los interlocutores y al que hay que responder (la dialéctica, por lo demás, para el pensamiento antiguo, en la época de Zenón de Citio, tenía varios significados y procedimientos: como lo propone Platón, como lo propone Aristóteles en los *Tópicos,* como lo pensaba Diodoro Crono o como lo consideraba el escéptico Arcesilao y su tesis de la *isiosthenia,* o equilibrio de juicios. Véase, Long y Sedley, 2012, p. 199).

[9] Es un desafío para otro proyecto el explorar hasta qué punto, con precisión, la teoría lúdica de la lógica se correlaciona con procesos de orden cognitivo.

una estructura inferencial. Solamente a modo de ejemplo de dicha semántica considérese la conjunción. Para cada constante hay tres determinaciones semánticas: *afirmación, ataque, defensa*. Así, para A∧B: tenemos que el dialogante X afirma (defiende que) A y B = (X -¡- A∧B); a esto el dialogante Y responde (ataca): (Y-¿-L o Y-¿-R): pero X responde: (X -¡-A resp. X-¡-B). Intuitivamente esto significa que en el caso de la conjunción, X debe ser capaz de defender ambos A y B, en cambio en el caso de la disyunción X debe ser capaz de defender al menos uno de los dos disyuntos. En el caso del condicional, cuando X afirma A→B, e Y ataca a A, entonces Y debe poder defender B. El par Ataque-defensa sobre *e* se denomina un *round*. Una vez que un dialogante P afirma *e*, el diálogo queda abierto, el cual es cerrado por el ataque del oponente. El concepto de validez argumental para esta lógica viene dado por la capacidad que tenga el proponente (P) de responder a cada jugada posible del oponente. Si en un juego gana el oponente (O) la fórmula en diálogo no es válida. Keiff ilustra con el siguiente ejemplo: P propone la fórmula contingente (a ∨ b)→a: O responde (a ∨ b); P defiende que *a*, con lo que se cierra este diálogo; según la semántica basta defender un disyunto. Pero O puede abrir un nuevo juego y afirmar b; pero P ya respondió, ya defendió la disyunción por lo que no tiene más que hacer. El diálogo no se *cerró*, por lo que la fórmula no es válida (cerrado y abierto son términos en analogía a la técnica de los *tableaux*).

Pero hoy la disciplina muestra muchas otras aproximaciones críticas, de modo que esta situación queda reflejada en el *pluralismo lógico:* "El pluralismo lógico es la tesis que hay más de un lógica correcta. La principal visión opuesta, el monismo lógico, es la tesis según la cual solo hay una" (G. Russell, 2013, p. 1). Por su parte, Beall y Restall afirman: "El Pluralismo lógico es un pluralismo acerca de la consecuencia lógica. Dicho crudamente, un pluralista mantiene que hay más de una relación de consecuencia lógica" (Beall y Restall 2006, p. 25). El pluralismo constituye la imagen de la diversidad en conflicto en la filosofía de la lógica actual. El pluralismo se expresa, según G. Russell, en dos ámbitos al menos, uno formal y otro cultural. En la dimensión formal, como lo analiza Haack (1996), coexisten los sistemas clásicos con los no clásicos (especialmente los divergentes, en los que se pierden propiedades clásicas, por decirlo así), como son, por ejemplo, las lógicas *fuzzy*[10], libre, relevante, paracon-

---

[10]  Véase, más adelante, Cap. 2, 2.1.

sistente. Es manifiesto que un sistema no clásico como el paraconsistente deja de reconocer como reglas válidas el silogismo disyuntivo o el principio de no contradicción, o el *Ex falso quodlibet*. El pluralismo lógico abarca muchos aspectos: la consecuencia lógica, los aspectos lingüísticos, las constantes lógicas, el problema de la normatividad de la lógica entre otros. Un punto interesante es el que liga la búsqueda de criterios de pluralidad lógica con algunas tendencias actuales en epistemología. Ese es el intento de considerar la caridad como *virtud* argumentativa[11], capaz de ayudar a fundamentar el pluralismo en cuanto postura. Pero esto requiere por cierto examinar con mucho cuidado en qué casos y bajo qué condiciones la caridad se la puede considerar virtuosa, capaz de potenciar la amplitud plural de la lógica.

Siempre dentro del enfoque formal del pluralismo lógico, tal vez el sistema no clásico que más se acerca a una consideración cognitiva de la lógica sea el intuicionismo, aunque, a nuestro juicio, de manera solo lateral. El intuicionismo rechaza la validez del principio de tercero excluido y, finalmente, la bivalencia. Sin embargo ello no es el fondo de su crítica a la lógica clásica. Su postura significa dar un lugar al psicologismo, a las entidades mentales, a las acciones humanas en los actos lógicos. Desde un punto de vista clásico podemos suponer, aunque de hecho no lo sepamos y no lo podamos saber nunca, la existencia de un cierto objeto x con determinada propiedad P, o, alternativamente, la no existencia de dicho objeto con esa propiedad: $\exists x P(x) \lor \neg \exists x P(x)$. Pero esa existencia es solo un supuesto si es que no realmente "probamos" que existe ese x. Suponer que algo existe o no existe, sin conocer fehacientemente alguno de los dos componentes equivale a dar por sentado que tales objetos habitan una suerte de mundo platónico. De acuerdo con los intuicionistas, los números son entidades mentales, subjetivas, producto de la acción humana de una prueba, de una "construcción", de la intuición. Así, la forma en que el intuicionismo comprende las constantes, y la semántica para el sistema intuicionista, es muy ilustrativo: por ejemplo, la verdad de $p \land q$ significa que debemos tener una prueba de $p$ y una prueba de $q$. La verdad de $p \lor q$ para un clásico significa no saber específicamente cuál de ambos disyuntos es el verdadero: solamente basta con que uno lo sea. Para el intuicionista debe haber una prueba realizada de que uno de los

---

[11]   Véase sobre las virtudes argumentativas cap 4.4.

dos sea verdadero; entonces y solo entonces puede afirmarse la verdad de la disyunción. En suma, el intuicionista de alguna forma hace entrar en la formalidad de la lógica elementos de la acción humana, un sujeto que hace una prueba, que produce, como producto mental, ciertos resultados. Tiene este enfoque una aproximación al cognitivismo, aunque sea indirectamente, por cuanto los elementos subjetivos, psicológicos, tienen un rol en la validez lógica[12].

Un caso notorio de crítica a los sistemas clásicos desde los elementos culturales del pluralismo lógico es el que se ha llevado a cabo desde actuales pensamientos de tendencia feminista. Por ejemplo, Val Plumwood ha realizado un examen a la negación clásica en la que advierte un compromiso de género en dicha constante. La negación clásica de p, esto es, ¬p, introduce distinciones entre objetos que poseen ciertas propiedades y otros que no la tienen. Lo que la autora plantea es que una negación significa una calificación de inferioridad respecto de la afirmación (p sería superior a ¬p, por lo que lo negado es expresión de una práctica social de exclusión. Laurence Goldstein *et al.* (2008) llevan a cabo una crítica a esta postura, postura que parece caer en algunas confusiones fundamentales. Si bien es cierto que ¬p podría considerarse como *derivada* respecto de p, en el sentido de que la negación se define mediante la afirmación, esto no autoriza a pensar que hay allí una relación de subordinación o devaluación. En realidad, p y ¬p no son en sí significativas en cuanto símbolos si no los cargamos con algún contenido. En realidad, la relación de inferioridad o dominio se constituyen cuando hay empiricidad, cuando hay alguien que es considerado en esa relación, pero no por el solo hecho de poder ello ser formalizado con determinados símbolos[13].

De acuerdo con el espíritu crítico que anima a los desarrollos actuales de la filosofía de la lógica y de la lógica misma, un punto de vista cognitivo, creemos, puede ayudar en esa tarea y reconsiderar y retomar las visiones de los lógicos antiguos, especialmente Aristóteles y su seguidor Teofrasto, pero también de los megáricos y los estoicos, en el sentido de que la naturaleza de la lógica tiene que ver, también, con esquemas de argumentaciones de los sujetos reales, que se relaciona con una actividad humana que se da fundamentalmente en la cognición, que también

---

[12]  Puede verse un análisis de la filosofía intuicionista a la lógica clásica en J. Bell *et al.* 2001.
[13]  Véase la crítica completa a esta postura en Goldstein *et al.* 2008, Cap. 7.

persigue fines que no solo tienen que ver con la representación formal y simbólica. He allí la intuición de que la lógica tiene que ver no solo con palabras sino que también con *pensamientos* y con *cosas*. Dichos ámbitos, el cognitivo y el ontológico, pues, estarían presentes desde un inicio en la esencia de la lógica. Que ello haya dado lugar a una mera confusión posterior, a un malentendido acerca de lo que es lo lógico, y que Frege y Husserl[14] habrían definitivamente solucionado, es una interpretación estándar que hoy, a la luz de los avances de la misma lógica desarrollada a partir de mediados del siglo xx hasta hoy, ya no pueden tener fuerza. Si, después de todo, la lógica sí tiene que ver, también, de manera lícita y provechosa, con el pensamiento humano y con la realidad del mundo, es algo que amerita hoy, al menos, una exploración, sobre la base justamente de la disciplina del razonamiento humano, esto es, la ciencia cognitiva junto con la lógica misma y la filosofía de la lógica. Es posible agregar hoy, o, mejor dicho, rescatar, esa es la tesis del libro, otra dimensión referida al estudio filosófico de la lógica, además de las *palabras,* los *enunciados,* las *cosas*: la dimensión *cognitiva.* El estado actual de los estudios cognitivos acerca de las relaciones entre lógica y razonamiento humano dan pie para pensar que ese nuevo uso debe y puede ser agregado a los anteriores.

Esta postura debiera dar lugar, entonces, a un proyecto incipiente todavía, como es el de una *filosofía cognitiva de la lógica,* o una filosofía de la lógica desde un punto de vista cognitivo. La tesis central que anima dicho enfoque es que la lógica sería la expresión formal de la cognición inferencial; hay una cognición inferencial; y la lógica no versaría, en última razón, exclusivamente sobre la forma de los enunciados y la forma de los argumentos que son válidos, sino también con las cogniciones ejercidas cuando razonamos.

Pero este enfoque *mixto* se enfrenta con un gran problema de entrada y que se mantendrá siempre presente: el "peligro" de confundir lógica con razonamiento, o de afirmar que la lógica no es formal, o que tiene que ver con objetos mentales. Mas, no se los confunde, como se verá en lo que sigue; se los pone a trabajar mancomunadamente. En otros términos, la tesis es que una filosofía cognitiva de la lógica no pretende un imposible, el imposible de postular que la lógica formal no es formal, esto es,

---

[14]   Puede parecer fuera de lugar aquí la referencia a Husserl. Sin embargo se alude aquí al creador de la fenomenología en cuanto su participación en el debate en contra del psicologismo en lógica que se llevó a cabo a comienzos del siglo xx. Véase el tratamiento al respecto de D Jacquette *et al.* 2003. Véase Cap. 4.3 más adelante.

que esté completamente determinada por objetos empíricos o mentales. El proyecto solo consiste en analizar en qué medida algunas posturas actuales acerca de procesos cognitivos y del razonamiento pueden ayudar a reflexionar acerca de algunos problemas tradicionales y aún sin solución de la naturaleza de la lógica. En otros términos, lo que se afirma es que la naturaleza de la lógica sería formal, pero no *meramente formal*. Muchos signos hay de esto, de una transformación en la concepción de la lógica. M. Hoffman (1998) aboga, por ejemplo, por una ampliación del concepto mismo de lógica, por una noción más abierta donde no solo entre en juego lo formal, con dedicación completa a la validez del paso de verdades a verdad. Sus trabajos sobre abducción son muestras de ello, en que esta inferencia, aunque inválida, es hoy considerada un sistema lógico formal que da cuenta de procesos cognitivos de creación de ideas nuevas.

Siendo la cuestión principal aquí tratada, la de la naturaleza de lo lógico, siguiendo a Garnham y Oakhill (2004, cap. 5.1), la distinción comúnmente aceptada de manera absoluta entre la lógica como lo normativo y los estudios cognitivos como lo descriptivo, no es completamente insalvable. Dicha dicotomía es de ordinario entendida así: lo que Aristóteles o Boole pensaban que era la lógica correspondía a lo que la gente hace cuando razona *idealmente*, sin errores, como debe ser; en cambio, la teoría cognitiva del razonamiento, se afirma recurrentemente, tiene que ver con el razonar real, con la forma en que razonamos de hecho y no cómo deberíamos hacerlo. Mas dicha dicotomía hoy es cada vez más dudosa; porque la lógica, en la concepción aristotélica, estoica, medieval, también da cuenta de cómo razonamos realmente en muchas situaciones. Según Garnham y Oakhill, la lógica no es esencialmente una teoría del *rendimiento*, de cómo solo razonamos mejor con menos elementos y con los símbolos justos y esquemas válidos, sino que es una teoría que habla de una *competencia*, que captura una capacidad de razonar, como realidad humana, que describe cómo pensamos argumentativamente, sea ideal o realísticamente, que es simbólico-formal en su cara ideal pero que toma en cuenta situaciones como la memoria, los contextos, los tiempos o los intereses del sujeto, en su aspecto real. Así, una filosofía cognitiva de la lógica lo que hace es concebir la naturaleza de lo lógico como algo más *complejo, unitario y amplio* que una estructura inferencial vacía de contenido. Así, la filosofía de la lógica entenderá mejor la validez, el razonamiento, la argumentación, mediante el concurso de ambos aspectos: la simbolización formal y la cognición. Algo más se dirá sobre esto en el Capítulo 1.

Esquematizando, proponemos representar en tres instancias estas concepciones de la naturaleza de la lógica en la filosofía en su desarrollo histórico y el lugar que ocupa en él la concepción cognitiva que se explora en el presente libro. La primera instancia, A, corresponde a la visión que se puede denominar tradicional, en que había una unidad entre simbolismo formal y realidad del razonamiento, y en que la psicología estaba de alguna manera presente, en la idea de que la lógica se ocupaba de las *leyes del pensamiento* (por ejemplo, G. Boole, y Port-Royal). La instancia B corresponde a la escisión entre esos dos niveles, en que se instala la visión antipsicologista, que se termina de consolidar con Frege-Husserl. Finalmente, la instancia que denominamos C representa la situación actual producida en las últimas décadas, la de un pluralismo lógico, en que esa escisión vuelve a desaparecer para fundirse la disciplina en una nueva unidad, en que la lógica es concebida de manera más amplia, más compleja y diversa, en que la dicotomía descriptivo-normativa[15] se debilita y en que *lógica y razonamiento* son considerados mancomunadamente. Como parte de la complejidad de C, entonces, se encuentra, proponemos, la posibilidad de una visión cognitiva de la lógica, que es la que específicamente se examina en este libro, y que se suma al proyecto pluralista de recuperar el espíritu originario de la lógica, centrada en el razonamiento, en que la cuestión central es la de la estructura del debate o del diálogo.

Así, debe considerarse que una filosofía cognitiva de la lógica constituye solamente un enfoque más dentro de la complejidad actual de C, por lo que en ningún caso agota todo el espectro de la lógica actual, de la filosofía de la lógica en curso y de su crítica.

Sin duda que muchos de los aspectos cognitivistas, como se verá en los capítulos que siguen, pueden tener puntos en común con otros enfoques críticos de la lógica clásica, lo que, en todo caso, no obsta para que pueda plantearse una filosofía cognitiva de la lógica en su propio mérito, objetivos y desarrollos. Según los planteamientos actuales, donde se inserta la visión cognitiva, la lógica trataría del *razonamiento válido*, pero entendiendo por ello un concepto más amplio de validez que el tradicional, que lo asocia a la deducción. Así, por ejemplo, como ya se ha afirmado, y tal como ya ocurre hoy en día, se habla –y se acepta–, el concepto de formalismo no

---

<sup>15</sup> Véase respecto de una crítica a la dicotomía descriptivo-normativa, Goldstein *et al.*, 2008, Cap 1.

derrotable, de lógica abductiva, de lógicas subestructurales, que no son sistemas monótonos, o que tienen una monotonía debilitada, o las lógicas heterogéneas, que trabajan con dos formatos, solo uno de los cuales es proposicional o lingüístico. A los casos anteriores se agregan las tesis cognitivistas de los modelos mentales, de la influencia de la inteligencia artificial, de los razonamientos visuales, del traspaso de información. No son, en suma, necesariamente válidos en términos clásicos, aunque pueden serlo, pero son aceptados como sistemas formales y lógicos. Esta situación de la filosofía de la lógica tradicional alienta a que, desde un punto de vista cognitivo, se avance en ampliar las ideas de lógica y validez, hasta incluir conceptos más flexibles de lo que es un buen argumento.

En esquema, dichos tres momentos propuestos se grafican en las figuras siguientes:

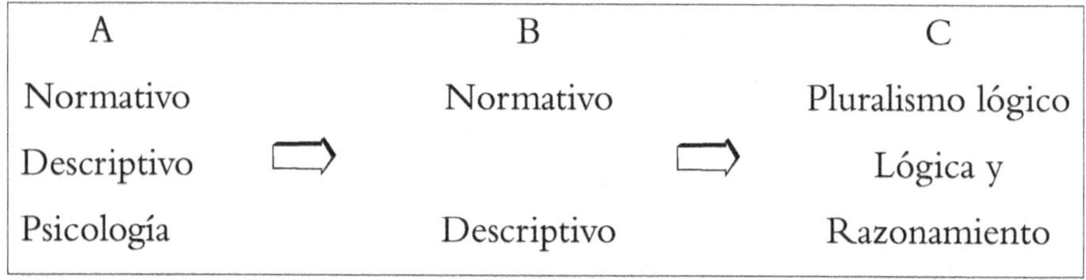


Esta investigación, que tiene carácter introductorio, de exploración de una posibilidad, se lleva a cabo en cuatro capítulos, que aglutinan categorialmente a un conjunto de problemas que se identifican como partes de una *filosofía cognitiva de la lógica*. El primer capítulo reúne temas que constituyen un intento por definir en forma amplia lo que sería una filosofía de la lógica desde un punto de vista cognitivo, sus principales ventajas y también dificultades. En el capítulo segundo se aglutinan aquellos temas de la filosofía clásica de la lógica que son *apoyados* por un enfoque cognitivo. En el tercer capítulo del libro se analiza aquellas cuestiones que pueden verse *reformuladas* si se las estudia desde aproximaciones cognitivistas. Finalmente, en el cuarto capítulo se intenta *dar respuestas* a diversos problemas de la filosofía de la lógica desde la aproximación cognitiva del razonamiento. Se deja para una investigación posterior las posibles combinaciones de aquellos tres ámbitos, pues en esta solo se los investiga por separado. Tambien se guarda para ulteriores indagaciones si esos tres ámbitos son o no los únicos posibles de plantear en este respecto.

De este modo, estos tres ámbitos, *apoyos, reformulaciones y respuestas,* constituyen las tres maneras en que entendemos que la ciencia cognitiva puede llegar a sumarse a las reflexiones actuales acerca de la naturaleza de la lógica. En cada uno de estos tres ámbitos se sustentan las siguientes tesis:

▲ Tesis sobre los *apoyos* (cap 2):

$T_1$: La lógica multivaluada es apoyada por la teoría cognitiva de los *prototipos.* La lógica clásica se basa en una determinada teoría de los conceptos, concebidos como condiciones necesarias y suficientes de pertenencia. En cambio, la lógica *fuzzy* requiere una concepción de los conceptos como algo gradual, concepción develada por la teoría cognitiva.

$T_2$: La lógica heterogénea es apoyada por las teorías de la cognición distribuida, la cognición dual $S_1$ - $S_2$, así como por la teoría de los razonamientos sobre la base de modelos mentales. La deducción puede estar basada en más de un formato: sentencial y cognitivo.

$T_3$: La aproximación sintáctica acerca de la naturaleza de la lógica, frente a la semántica, es apoyada por la idea de proceso mental de razonamiento.

▲ Tesis sobre la *reformulación* (cap 3):

$T_4$: La Inteligencia Artificial puede ser base de reformulación de la idea de que la monotonía es la base de la deducción.

▲ Tesis sobre las *respuestas* (cap 4):

$T_5$: El cognitivismo lógico ofrece una respuesta, entre muchas, a la cuestión de la supuesta inalterabilidad de la lógica.

$T_6$: El logocentrismo es superado por la abducción entendida como virtud argumentativa, por la lógica cognitiva de Hanna y por la teoría de la cognición dual.

$T_7$: La lógica formal lo es respecto de la forma de las cogniciones, *expresadas* en enunciados. Pero la lógica no trabaja *necesariamente, esencialmente,* con formatos enunciativos sino, también, con elementos cognitivos.

El desarrollo de los cuatro capítulos que componen el libro permite finalmente afirmar la siguiente tesis general, que engloba las siete tesis particulares enunciadas precedentemente:

Tesis general: La lógica versa sobre la estructura de toda cognición posible relacionada con el razonar. La expresión lingüística es una cognición. Su base no remite solo a enunciados sino que también a cogniciones, formatos semánticos distintos en el razonamiento, como, por ejemplo, los *modelos mentales,* los *objetos visuales,* los *objetos espaciales, la información,* formatos que pueden ser abordados desde procesos protológicos, la arquitectura de lo mental, las formas de conceptualización, los diálogos, la cognición distribuida.

# 1. FILOSOFÍA COGNITIVA DE LA LÓGICA: APOYOS, RESPUESTAS, REFORMULACIONES

> But, what about the speciphically philosophical question about
> the nature of logic? My answer is that the nature of logic is explained by
> the logic faculty thesis:logic is cognitively constructed by rational animals.
> R. HANNA, 2006, p. XV

> Cognition and logic mutually constrain each other.
> J. McNamara, 1994, p. 31

## 1.1. Naturaleza de la filosofía cognitiva de la lógica

Cuál sea la naturaleza, alcances y fundamentos de la lógica ha sido una de las interrogantes filosóficas fundamentales desde Aristóteles y la escuela megárico-estoica. Hasta hoy la cuestión se sigue planteando sin que haya una respuesta satisfactoria. Si bien definiciones de lógica hay en cada texto de la disciplina, en la reflexión filosófica sobre la misma el asunto no parece admitir definiciones definitivas. Al respecto J. S. Mill, por ejemplo (1911), hablaba de que tantas ideas de lógica parecen haber cuantos sean sus cultores. Actualmente J. Hintikka y G. Sandu, por su parte, afirman que al parecer aún hoy lo que entendemos por lógica no parece estar nada de claro. En sus palabras: "No está nada claro lo que se entiende o debería entenderse por lógica. Lo que sí resulta razonable, sin embargo, es identificar la lógica con el estudio de inferencias y relaciones inferenciales" (2007, p.15). Pero, afirman los autores, esta respuesta genera más incertidumbre que soluciones:

> A las reglas de inferencia se las considera el alfa y omega de la lógica. No obstante, la concepción de la lógica como estudio de la inferencia constituye tan solo un primer acercamiento al problema, por cuanto genera más preguntas que respuestas. Así, no está claro ni a qué se considera una inferencia ni tampoco el aspecto que pueda presentar una teoría que las concierna. ¿En qué se basan las reglas de inferencia? ¿De dónde vienen? (Hintikka y Sandu, 2007, p. 16).

Susan Haack tampoco es optimista respecto de encontrar y fijar la naturaleza de la lógica. Acerca del problema de la demarcación en lógica afirma:

> La intención es distinguir entre lógica formal y los sistemas de aritmética, geometría o las axiomatizaciones de biología. La demarcación no se basa en ninguna idea verdaderamente profunda sobre la "naturaleza esencial de la lógica" – en realidad, dudo de que haya una tal "naturaleza esencial" (Haack, 1991, p. 24)[16].

Haack no ve salida a los intentos de "definir" lo que es la lógica, que no sean los criterios de tipo pragmático. D. Christensen, a su vez, dice:

> Pero Aristóteles no dio una clara cuenta del concepto, pues "Lógica" no es un término que es usado consistentemente, aun dentro de la filosofía académica. Los textos de lógica discuten asuntos que van desde el teorema de incompletitud de Gödel a las formas de identificar un argumento *ad hominem*. Lo que yo tengo en mente es la lógica formal. Por supuesto, aun el significado de 'formal' no es claro". (Christensen, 2004, p. 2).

Kneale y Kneale hacen ver que esta situación de indefinición acerca de la naturaleza de la lógica viene desde lejos, desde el mismo Aristóteles. Así, afirman:

> Pero Aristóteles no dio ningún claro enfoque acerca de la provincia de la lógica, y por esta razón importantes cuestiones acerca de sus relaciones con otras ciencias han permanecido en la discusión en tiempos modernos (Kneale y Kneale, 1962, reimpresión 2008, p. 737).

Dudas como las ejemplificadas y otras muchas similares constituyen el núcleo, no de la lógica misma, sino de la *filosofía de la lógica*. En fin, una manera aceptable de acercarse al problema es el examen de las preguntas recurrentes acerca de la lógica: ¿Es una ciencia de símbolos? ¿Solo se define por su forma? ¿Es tan solo una herramienta, un *órganon*, como la concibió Aristóteles, su creador principal o, más bien, es parte de la

---

[16] Las traducciones de las referencias de los textos en inglés utilizadas en el libro son del autor, salvo que se indique puntualmente lo contrario.

filosofía, como pensaban los estoicos, o es un *canon* de la razón al decir kantiano? ¿Debe ser considerada la lógica como un arte, que consiste en tener un fin hacia algo, o más bien debe ser considerada como una ciencia, destinada a revelar la naturaleza de las cosas[17]? ¿Su objeto es el lenguaje, o los pensamientos, o las creencias o algún otro objeto, como preguntan Cohen y Nagel (1961)? ¿Dice o no algo del mundo la lógica, como interrogaron Wittgenstein y Russell, por ejemplo? ¿Se puede (y se debe) reducir lo lógico a lo deductivo? ¿Debe haber un solo sistema universal o una multitud de sistemas lógicos como acontece hoy? ¿Es un conocimiento *a priori,* o acepta alguna empiricidad? ¿En qué se fundamenta la validez sin caer en el logocentrismo? ¿Es defendible hoy el antipsicologismo lógico que Frege estatuyera casi como un dogma? ¿Qué son las constantes lógicas, la consecuencia lógica? Las preguntas pueden multiplicarse más y más. Cada sistema lógico que emerge, clásico o no clásico, significa nuevos problemas, más que dar respuestas a todo esto.

Hay dos cuestiones que pueden establecerse a modo de punto de partida para nuestro cometido:

(a) Los problemas de la filosofía de la lógica parecieron, en el siglo xx, tener una respuesta estabilizadora con la obra de Frege y Husserl. La lógica era, y debía ser, solo una disciplina formal cuyo centro es la relación entre símbolos y su esencia está dada por la doctrina del "antipsicologismo". Por otra parte, los objetos lógicos habitan un tercer mundo, un mundo de objetividad, que no coincide ni con el mundo material ni con el de los contenidos mentales. Específicamente el antipsicologismo fregeano (no así su "platonismo"), reforzado con la filosofía de Husserl, formó lo que se podría denominar la visión estándar de la lógica, aceptada mayormente por todos los practicantes de la disciplina.

(b) Por otra parte, los análisis estándar de la filosofía de la lógica han sido llevados a cabo desde la epistemología y desde la ontología, en contacto con la metafísica y la filosofía del lenguaje, pero siempre desde una mirada formalista, casi con el mismo lenguaje de la propia lógica simbólica.

---

[17] Acerca de los planteamientos de Aristóteles al respecto, véase Gambra y Oriol, 2008, pp. 24 y ss. Los autores ofrecen una visión de la silogística aristotélica puesta en contexto escolástico y contemporáneo.

En relación con (a) y (b), el fundamento de lo que se expone en este libro es la hipótesis de que la lógica posee una naturaleza no solo simbólico-formal sino que, también, cognitiva. Según esto, lo que se plantea aquí es una reformulación tanto de (a) como de (b), esto es, avanzar hacia una mirada de la lógica más allá de Frege y, a su vez, considerar la naturaleza de la lógica no solo desde el punto de vista formal-simbólico. Mirar la lógica desde este punto de vista está basado en el hecho de que hoy la ciencia cognitiva, especialmente la psicología cognitiva y la inteligencia artificial, tiene un grado de desarrollo adecuado para poder constituirse en punto de referencia de una nueva reflexión para la filosofía tradicional de la lógica. La hipótesis de una naturaleza compleja de la lógica, esto es, formal-cognitiva, no solo se basa en el desarrollo actual de las disciplinas involucradas, la lógica, la filosofía de la lógica, la ciencia cognitiva y la filosofía de la ciencia cognitiva, sino que, también, encuentra su fundamento en ciertas analogía con otras disciplinas filosóficas que se dan hoy, y que serán mencionadas más adelante en este capítulo, Sección 1.5.

El escollo inicial, como ya se indicó en la introducción, y muy recurrente que presenta un proyecto como el que aquí se defiende, salta a la vista: cualquier detractor dirá siempre que, si no se quiere malograr todo el análisis incluso antes de partir, no se debe nunca confundir razonamiento con lógica. Lo primero es una actividad humana, es un proceso subjetivo, psicológico, es una cuestión de hecho, un *quid facti,* que se da en el plano de lo contextual y cultural, mientras que lo segundo es una disciplina de derecho, el *quid juris* del asunto, que relaciona formalmente la derivación de un enunciado a partir de otros mediante ciertas reglas válidas, reglas que justamente conforman el *corpus* de la disciplina llamada lógica y que por ello, en estricto rigor, la lógica no puede tener vinculaciones teóricamente importantes con el razonamiento. Mientras la lógica simbólica es una disciplina creada por el hombre, tal como cualquier otra, el razonamiento es una realidad que se da en un sujeto real en circunstancias reales, aunque también es cierto que la lógica, en cuanto disciplina, puede influir en la formación de la subjetividad y de los "razonamientos naturales". Todo esto es indudable y es un punto de partida aceptado en este libro. Pero de lo que aquí se habla no es de lógica en cuanto disciplina, sino de filosofía de la lógica. No se trata de que la ciencia cognitiva produzca nuevos métodos de derivación formal o de que la demostración de un teorema se haga por medio de reglas psicológicas o cosas por el estilo. Ello es realmente absurdo. Así como la filosofía de la ciencia no está destinada a producir nuevas leyes empíricas de la física o de la sociología; o como la filosofía del arte nuevas formas o técnicas de pintura o escultura; o la filosofía política nuevas leyes orgánicas específicas para una cierta sociedad, ni tampoco la filosofía de la técnica nuevos instrumentos de medición o de transporte, la filosofía de la lógica y la filosofía cognitiva de la lógica, tampoco puede tener por cometido producir nuevas leyes lógicas, nuevos teoremas, nuevas formas de evaluar enunciados o la validez de estructuras argumentales, etc. Lo que sí debe y puede hacerse es reflexionar acerca de dónde reside la naturaleza de lo lógico, y puede hacerlo desde un punto de vista no formal o simbólico solamente, sino que también cognitivo. Y aquí "cognitivo" debe entenderse no en términos "psicológicos", como en tiempos de Frege, sino como se lo entiende hoy desde las teorías del conjunto de disciplinas que conforman la ciencia cognitiva. La filosofía puede, entonces, acudir a disciplinas y perspectivas que en principio parecen ajenas a la filosofía misma. Si bien una determinada tautología no ha cambiado como tal desde los antiguos, es indudable que lo que se entiende por ella y su rol en el pensamiento y en el conocimiento puede haber cambiado mucho desde los antiguos hasta Mill, Frege, Russell o lo que pensaba Wittgenstein al respecto.

Por otra parte, para comprender la naturaleza cognitiva de la lógica, un camino plausible consiste en analizar justamente la relación entre cognición y lógica, así como la actual filosofía cognitiva de la ciencia, de amplio desarrollo, analiza la relación entre ciencias y cognición, o la filosofía del arte, que reflexiona sobre las expresiones artísticas reales y su sentido. En suma, el impacto de la ciencia cognitiva es sobre la filosofía de la lógica, no sobre la lógica misma, en cuanto conjunto de procedimientos formales específicos. No puede soslayarse, por otro lado, que, si bien la lógica formal solo trata con un lenguaje artificial sobre el que aplica ciertas propiedades inferenciales, sintácticas y semánticas, la lógica trata de una manera u otra, aunque sea solo en su formalidad, con el lenguaje y con el razonamiento humano. Tal vez, después de Frege se ha ido olvidando este aspecto de la lógica: que es una disciplina que, después de todo, se refiere a algo propio de los seres que razonan; y el razonar es una actividad que conecta al sujeto con el mundo, sea fáctico o mental. El interés primigenio de los griegos por establecer la lógica como ciencia no fue otro que comprender el razonamiento. En el siglo XX la lógica simbólica se ha ido alejando cada vez más de esa perspectiva. El desarrollo de las ciencias cognitivas puede aportar hoy un regreso a ese sentido original sin negar su esencia formal y descontextualizada.

Se dice de ordinario que la lógica es un asunto normativo y que, por ende, no puede tener que ver con el problema del razonamiento, que es una cuestión que se ubica en el plano descriptivo. Sin embargo, la tesis de que la lógica es absolutamente diferente de los procesos cognitivos de argumentar no resulta hoy en día demasiado fuerte y da lugar al menos a la duda. Los dos campos, lógica y cognición del razonamiento, como dos conjuntos que son disjuntos, sin ninguna intersección, no se sostienen. La diferencia en cuestión es falsa; la idea según la cual la lógica estudia cómo debemos razonar en tanto que la psicología cognitiva cómo realmente lo hacemos ya no es tan clara como hace poco. En efecto, puede afirmarse que la lógica también estudia casos de "cómo realmente razonamos", puesto que, aunque difícil, nada impide que en circunstancias fácticas se den razonamientos que sean válidos. Por ello, la lógica también se ocupa del *razonamiento*, aunque lo haga desde un punto de vista muy específico. El esquema, pues, no es el dos conjuntos disjuntos, A, sino que el de dos conjuntos que poseen una intersección, B. En esta se da la filosofía cognitiva de la lógica. La lógica, en esencia, es una disciplina que se ocupa del razonar, humano por lo pronto, del mismo modo que la ciencia cognitiva se ocupa del razonamiento humano. El esquema A, la disociación, sin ser falsa, no es absolutamente verdadera.

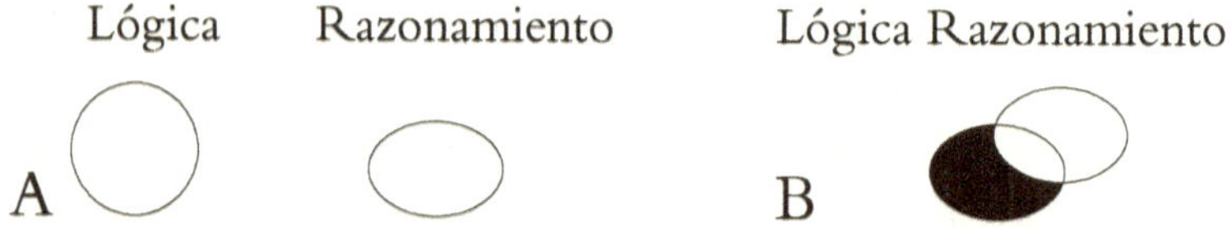


Si lo anterior, la superación del escollo inicial, resulta medianamente claro y posible, como tratamos de mostrar en este libro, se puede plantear el asunto central de la filosofía cognitiva de la lógica:

Cuál es la naturaleza de la lógica desde un punto de vista cognitivo; si existe algo así como una cognición inferencial, si la base de la lógica no sea tan solo el lenguaje y el símbolo sino que también la cognición.

Actualmente este problema central se presenta específicamente como la relación entre lógica y cognición, relación que se da entre los siguientes márgenes:

(i) No hay, y no puede haber, relaciones significativas entre ciencias cognitivas y la comprensión de la lógica.

(ii) Hay relaciones: las leyes de la lógica deben tenerse en cuenta en la comprensión del razonamiento.

(iii) Las ciencias cognitivas juegan un rol en la comprensión de la naturaleza de la lógica, por lo que, al igual que (ii), también hay aquí una relación significativa[18].

La mayoría de los autores actuales suscribe y desarrolla teorías que se inscriben en la alternativa (ii). Con distinto grado de fuerza, los estudios cognitivos del razonamiento están sustentados por la idea de que la lógica como tal tiene algo que afirmar acerca del razonar o, también, que lo que la ciencia cognitiva debe explicar es cómo es que razonamos lógicamente y cómo nos equivocamos la mayoría de las veces en hacerlo. Son las posturas ya clásicas de Piaget (1967, 1969), Johnson-Laird (1983, 1991, 1998, 2000), L. Rips (1994, 2008), Christensen (2004), Shushan (2009), Manktelow (1999), Garnham y Oakhill (2004), Thomson (2010)[19]. Christensen, como un caso representativo de esta postura mayoritaria, expresa así su posición general:

Explicando la importancia de la lógica a los estudiantes, los filósofos a menudo afirman cosas como: "las creencias racionales deben ser lógicamente consistente unas con otras" o "si usted cree en las premisas de un argumento válido, entonces, si usted es racional, usted debe creer la conclusión". Este libro se empeña en mostrar que la

---

[18] Sobre las relaciones entre psicología cognitiva del razonamiento y lógica, en su amplio panorama actual, puede verse Marisa Villalba de Tablón (1998). El acento está en el concepto de racionalidad, de si la lógica puede o no aportar a ello y, a la inversa, si la cognición es la base de ello, o ambas.

[19] Sobre el estado del arte de esta alternativa (ii) véase Fernández y Carretero (1995). También Manktelow (1999) acerca de las diferentes teorías del razonamiento. Algunas de ellas son las teorías de la lógica mental, de las inferencias de contenido específicas, de los modelos mentales, de los heurísticos, de la información.

29

lógica juega realmente un importante rol en la caracterización de la creencia idealmente racional, pero que su rol es bien diferente al que es a menudo asumido (Christensen, 2004, p. vii).

Otros, en cambio, tal vez los menos, como Harman (1986) o Goldman (1986) suscriben y desarrollan posturas que tienen relación con (i), esto es, que la lógica no tiene en realidad providencia en nuestras formas de razonar, puesto que resulta muy estrecha para dar cuenta de los complejos procesos cognitivos y contextuales que se llevan a cabo al inferir.

Nuestro intento en el presente libro se inscribe, en cambio, en la alternativa (iii). Es principalmente esta última, aunque (ii) no está de ninguna manera ausente, la que puede ser base para formular y defender la tesis de una *filosofía cognitiva de la lógica*. Encontramos que esta postura es hoy aún más bien escasa, aunque es bastante fuerte en sus propuestas como para alentar que es un camino plausible para recorrer. Está sustentada actualmente, por ejemplo, por los trabajos de Stennings y Van Lambalgen (2008), o de R. Hanna (1993, 2006) MacNamara y Reyes (1994), Shushan (2009), Fisher (2008), entre otros.

La tesis (i), aunque de modo general también las otras dos, se ha basado de ordinario en la diferencia clásica entre lógica simbólica y psicología del razonamiento; mientras la primera es normativa y persigue las leyes de validez, de derivación (sintaxis) y de consecuencia lógica (semántica formal) y, por tanto, se basa solo en la forma misma del razonamiento, la ciencia cognitiva del razonamiento más bien se ocupa de las condiciones reales de razonamiento en situaciones específicas y, por lo tanto, considera los contenidos del razonamiento en cuestión, los contextos y las determinaciones cognitivo-psicológicas de los agentes que argumentan. Esta distinción entre pura forma y contenido psicológico-semántico hace que, en principio, se vea como muy plausible la postura sustentada en (i). Veremos aquí que ello no es realmente defendible.

Pero es conveniente considerar algo más de cerca en qué consisten las teorías del razonamiento que la ciencia cognitiva ha elaborado (casos (ii) y (iii)), especialmente desde la psicología cognitiva y la inteligencia artificial, cosa que se hará en la siguiente Sección 1.2. En las secciones restantes del presente capítulo se plantean en forma básica los ámbitos en que la ciencia cognitiva puede impactar en una filosofía de la lógica, además de las razones de por qué se considera posible una filosofía de la lógica desde un punto de vista cognitivo.

## 1.2. Esbozo de las teorías cognitivas del razonamiento

La filosofía cognitiva de la lógica requiere de partida una aproximación, aunque sea somera, a la forma en que la propia ciencia cognitiva se ocupa hoy del esclarecimiento del razonamiento. En efecto, ¿qué hace la ciencia cognitiva respecto del razonamiento? ¿Cómo formula sus problemas? ¿Cuáles son las soluciones? El término mismo "razonamiento" (lo mismo que el de "inferencia") pertenece hoy al ámbito cognitivo más que al lógico propiamente tal, pues apuntan a procesos que son llevados a cabo por los sujetos cuando transforman creencias en otras de manera argumentativa. El ámbito del "razonamiento" es, pues, el ámbito de un proceso fáctico, susceptible de ser estudiado por una ciencia empírica. En tanto ello es así, la realidad llamada razonamiento es hoy estudiada desde esas disciplinas empíricas, y existen muchas aproximaciones teóricas que es bueno tener aquí a la vista.

La ciencia cognitiva es una multidisciplina cuyo objeto de estudio se centra en la comprensión de la mente humana, en sus facultades de memoria, percepción, razonamiento, lenguaje, aprendizaje, creencia. Concurren cinco disciplinas: la psicología cognitiva, la inteligencia artificial, la lingüística, la filosofía de la mente, la neurociencia. Así, pues, el razonamiento es una de las principales materias de atención de esta nueva disciplina. Desde que el Conductismo afirmara que la mente es una caja negra, impenetrable entidad que bloqueaba toda comprensión de la forma en que pensamos, solo parecía quedar como campo de investigación el estudio de las correlaciones entre *input* y *output*. Los estudios sobre la cognición cambiaron este panorama y ofrecieron teorías explicativas acerca de cómo pensamos. En nuestro caso particular, teorías acerca de cómo es que llevamos a cabo una inferencia, de modo que una conclusión se siga con alguna fuerza, mayor o menor, de ciertas premisas. Y ese paso inferencial, a su vez, es una cognición, tal como recordar, percibir, aprender, y otros.

La perspectiva cognitiva es hoy bastante compleja. Su historia trata desde teorías de la concepción de la mente como un computador, hasta teorías actuales en que a la cognición ya no se la ve alojada exclusivamente en la mente, sino que puede estar extendida, situada o distribuida, en el sentido de que participan en una cognición muchos soportes: la mente por cierto, pero, también, elementos externos a ella (A. Clark 2007; Hutchins 1995). Para los efectos de la materia específica de este libro es conveniente resaltar las perspectivas con mayor relación al razonamiento y al papel de la lógica en él. Así, por ejemplo, Neil Stillings afirma que la visión cognitiva ya nació en la misma Grecia, al ser tratados entonces los asuntos ligados a cómo es que obtenemos conclusiones a partir de premisas. Afirma el autor:

El cientista cognitivo ve la mente humana[20] como un sistema complejo que recibe, almacena, recupera, transforma y transmite información. Esas operaciones sobre la información son llamadas computaciones o procesos de información, y la visión de la mente es llamada la visión computacional de procesos de información (…) Un origen histórico de la ciencia cognitiva estuvo en los filósofos griegos interesados en el razonamiento deductivo, el proceso por el cual uno asume una información como verdadera y deriva información posterior que se sigue lógicamente de las asunciones(…) Aristóteles mostró que los argumentos deductivamente válidos a menudo toman uno o un pequeño número de formas generales. Aprender a razonar deductivamente, entonces, puede ser visto como aprender un proceso de información mediante el cual formas válidas de argumentar pueden ser reconocidas y producidas. En el siglo XVII los filósofos Leibniz y Hobbes arguyeron que todo pensamiento era una clase de cálculo con información no numérica (Stillings, 1998, p. 1).

Cabe aquí hacer dos observaciones sobre la cita de Stillings: primero, que desde un punto de vista cognitivo la inferencia no solo transmite información, sino que es un tamiz que permite que cierta información se transmita. Eso sería, ni más ni menos, el significado cognitivo de la "forma". Segundo, desde el punto de vista del científico cognitivo Aristóteles, Leibniz, Hobbes y muchos otros se ocuparon de la cognición denominada razonamiento deductivo. Pero, desde el punto de vista de la lógica, de la filosofía, lo que ellos hicieron fue simplemente lógica. Esto hace ver uno de los problemas que presenta este tema: ¿De qué se está hablando? ¿Es la teoría silogística de Aristóteles un antecedente de la actual lógica formal o puede entendérsela como ciencia cognitiva? O, de otro modo: ¿es la lógica en su mismo origen algo más que la formalización y simbolización

---

[20] El concepto de cognición no solo se refiere en ciencia cognitiva a la mente humana sino que es extensiva a la mente sin más, sea humana o animal. Desde un punto de vista del razonamiento y sus implementaciones habría que considerar incluso al razonamiento artificial.

como se la entiende hoy? ¿Es la esencia de la lógica el ser simbólico-formal, solo normativa, no descriptiva, a-empírica, etc.? Este es uno de los puntos centrales que es puesto en discusión acerca de la naturaleza de la lógica cuando se la mira filosóficamente desde la ciencia cognitiva. Sirva esta cita de Stillings como una expresión del tipo de problemas a los que se enfrenta la filosofía cognitiva de la lógica aquí buscada.

Las principales teorías del razonamiento humano que la psicología cognitiva ha puesto en circulación son:

- la teoría de las reglas del silogismo;
- la teoría de la lógica mental;
- la teoría de las inferencias específicas;
- la teoría de los modelos mentales;
- las teorías heurísticas;
- la teoría de la racionalidad mínima;
- la teoría de la ganancia de información;
- la teoría de la facultad cognitiva protológica.

Sin embargo la cuestión es más compleja y extensa. Una exposición más amplia y completa del estado actual del arte puede encontrarse en P. Fernández y M. Carretero (1995). En lo que sigue se revisarán algunas de estas solamente, a modo de aproximación mínima necesaria para nuestro tema.

1. La teoría de la lógica mental y sus críticas. Iniciada por los estudios de Piaget (1969) y actualmente desarrollada por autores como L. Rips (1994, 2008) esta teoría afirma que el razonamiento es posible debido a que la mente está equipada precisamente con las leyes de la lógica. La doctrina de la lógica mental afirma: a) que las personas almacenan información en sus mentes; b) esa información se almacena en forma de enunciados; c) se la recupera en la memoria de trabajo; d) para deducir se aplican las leyes de la lógica a esos enunciados, mediante un *matching* entre ambas instancias.

La tesis específica de Piaget es aún más radical que lo anterior: el razonamiento tiene una base biológica, por cuanto la lógica sería la cúspide de los procesos regulatorios con el medio, tal como lo son, por ejemplo, la homeostasis o la homeorresis, a un nivel fisiológico. Si no tuviésemos esos procesos regulatorios simbólicos altamente abstractos como son la lógica y la matemática no habría sobrevivencia, porque ellos son los procesos más refinados del que disponen los humanos para vérselas con el medio y adaptarse. Esta tesis de la lógica mental ha sido un punto de partida para la crítica llevada a cabo por las teorías del razonamiento. Siguiendo a autores como Johnson-Laird o A. Garnham y J. Oakhill, por ejemplo, hay muchos problemas acerca de esta teoría, que la hacen una propuesta débil acerca del razonamiento (al respecto ver el desarrollo de estos problemas y críticas en el Capítulo 4 de este libro, Sección 4.2, a propósito de la inalterabilidad de la lógica).

2. Ken Manktelow (1999) da cuenta de la diversidad de visiones actuales acerca de las teorías cognitivas de la deducción silogística. Al menos hay en circulación, según el autor, las siguientes teorías: la teoría de la atmósfera de las premisas, la del "emparejamiento", *matching*, de la conversión, la de los modelos mentales, la de la ganancia de información.

El enfoque tal vez más antiguo, según Manktelow, es el de la *atmósfera de las premisas*, teoría propuesta para entender como es que alguien razona silogísticamente, cómo es que lo hace acertadamente y por qué se equivoca y qué implica ello. Nacida en 1935 con Woodworth y Sells y luego refinada por Begg y Denny en 1969, relacionada también con los trabajos de las *implicaturas*, De Grice (1975), propone que el razonamiento depende del hecho de que las premisas del silogismo provocan en el sujeto una cierta *atmósfera* que lo induce a afirmar cierta conclusión y no otras. Por ejemplo, dos premisas universales producen una atmósfera psicológica tal que el sujeto tenderá a afirmar una conclusión también universal. Lo interesante de la teoría es que ello no asegura por supuesto la validez de la inferencia; el sujeto se ve inducido, aunque sea erróneamente, a la conclusión. Así también, dos premisas afirmativas sugerirán una conclusión también afirmativa, con independencia de que ello sea o no correcto. La teoría, como se observa, tiene por fin explicar cómo razonamos, no cómo debemos hacerlo, lo que sería, esto último, materia de la lógica. Por ejemplo:

  (i)   Todo hombre cocina
  (ii)  Todo hombre es animal
  (iii) Todo animal cocina

Este razonamiento, aunque suena bien, es inválido. La universalidad de las dos premisas inducen a universalizar la conclusión, pero ello produce, en este caso, invalidez: (iii) no es consecuencia lógica de (i) y (ii). La razón, dicho brevemente, es que este ejemplo viola la forma de la tercera figura del silogismo aristotélico, cuya estructura es: MP, MS entonces SP (S es el sujeto, P el predicado y M el término medio de la oración, dado que está presente en las dos premisas y es la que hace la conexión entre ambas y desaparece en la conclusión). En cambio, si de (i) y (ii) concluimos

(iii)  "Algunos animales cocinan",

sí tenemos una inferencia válida, pues respeta las leyes del silogismo aristotélico. La atmósfera de las premisas puede inducirnos a equivocarnos algunas veces y a acertar en otras. La nota central de la teoría, entonces, es que la "sugerencia" de la conclusión es independiente de la forma lógica, lo cual muestra la distancia que hay entre razonamiento, como se entiende aquí, y lógica simbólico-formal. Así pues, dos premisas afirmativas a su vez sugerirán también una conclusión afirmativa. Por el contrario, si hay al menos una premisa particular ello sugerirá una conclusión del mismo tipo. Si el silogismo tiene al menos una premisa negativa el sujeto tenderá a concluir un enunciado negativo. El autor observa que claramente "sugerir", "tender a", "ser inducido a", no son términos de orden lógico sino que conductuales, materia, entonces, de la psicología cognitiva. Manktelow observa, además, que muchos de los silogismos válidos son consistentes con las "sugerencias", pero ello no indica que la teoría de la atmósfera sea una teoría del silogismo; es una teoría que explica cómo razonamos, o cómo "tendemos" a hacerlo, dicho más precisamente. No obstante ello, afirma Manktelow, debe notarse que el sujeto, en el razonamiento real, no está a la deriva; hay tendencias que se pueden sistematizar. Además la lógica siempre aparece como un fondo sobre el cual se comprende el funcionamiento real del razonamiento, por lo que la relación entre leyes lógicas y cognición inferencial está siempre presente.

Una aproximación muy ligada a la anterior es la teoría del *matching*. Al igual que la teoría de la atmósfera, aquí también las premisas inducen al sujeto a inferir determinadas conclusiones. En este caso el sujeto es inducido a afirmar un enunciado con carácter de conclusión de acuerdo con el cuantificador que tengan los enunciados premisas. La hipótesis es, pues, que el razonador "prefiere" un cuantificador en la conclusión que sea el mismo de las premisas.

Cuando existen dos cuantificadores distintos en las dos premisas el resonador prefiere aquel que es más conservador, esto es, el que compromete al hablante a los menos casos posibles (Manktelow, 1999, p. 14).

Ello quiere decir que los diferentes cuantificadores y operadores aparecen al razonador como teniendo diferentes pesos o importancia. De este modo, "No" es preferido a "Algunos" o a "Algunos no", así como "Algunos" es preferible a "Todos". La teoría afirma que hay un elemento de riesgo que interviene; hay un temor a arriesgarse a decir "Todos" y se opta por el más débil: "Algunos". Por ejemplo, tomemos este argumento de la segunda figura:

(i)   Todo animal se mueve
(ii)  Algunas plantas se mueven
(iii) Algunas plantas son animales,

el cual es una forma AII, que, para la segunda figura, es inválida.

La teoría de la conversión es otra aproximación cognitiva a la explicación del razonamiento silogístico real. La conversión consiste en invertir sujetos y predicados en la estructura básica del enunciado categórico aristotélico. De modo que, efectivamente, en lo que Aristóteles denomina "inferencia inmediata", "Ningún A es B" implica que "Ningún B es A"; mas "Todo A es B" no implica de ninguna manera que "Todo B es A". Al igual que las teorías anteriores, ciertos resultados de conversiones pueden ser compatibles con las reglas de la validez del silogismo, pero no hay ninguna necesidad de ello. No razonamos, pues, en la vida diaria, y tampoco ocasionalmente en la ciencia, según las leyes de la lógica. Pero esta afirmación no tendría ningún interés si no fuese porque muchas veces también se razona válidamente aun cuando no se lo haga aplicando explícita y conscientemente leyes lógicas.

3. Los modelos mentales constituyen un formato no proposicional del razonamiento. Y no regido por reglas formales lógicas explícitas. Esta teoría, creada por Johnson-Laird en su texto central de 1983, *Mental Models,* da cuenta de la insuficiencia de las teorías de la lógica mental para explicar cómo ocurre el razonamiento. El concepto de "modelo mental" proviene, según lo refiere el propio Johnson-Laird, de K. Craik (1967), (Johnson-Laird 1991, p. 469). Según este, los seres humanos lo que hacen al razonar es trasladar eventos, situaciones y objetos externos a representaciones internas, y razonan manipulando dichas representaciones. Los

modelos son representaciones de tipo simbólico abstracto, individuales, que constituyen un conjunto finito de *tokens mentales,* y lo que resulta de *manipular* dichos símbolos es aplicado a los objetos y situaciones reales, bajo el supuesto de que se cumplen allí. Pero el razonamiento se hace sobre el modelo. El modelo, y esta es una de sus características centrales, no es una copia de la situación real; el sujeto ejerce una selección de los rasgos reales y solo representa esos. Por ello puede haber muchos modelos de una misma situación y algunos serán buenos modelos o mejores que otros. Esa decisión es pragmática, esto es, responde a lo que al sujeto le interese modelar para efectos de su razonamiento. En términos absolutos no hay modelos buenos o malos. En adición, el modelo es hecho para cada situación, no para universalidades. Supongamos el ejemplo: *la mesa está frente a la estufa* (Johnson-Laird, 1991, p. 471); esa *situación,* que puede verbalizarse o no[21], admite muchos modelos. El modelo mental de esa situación posee dos *tokens* mentales: la mesa y la estufa, ambos interrelacionados de una forma tal que esta se corresponde con la relación espacial de los dos objetos reales.

Así, entonces, el modelo mental no revela la estructura de una sentencia; revela la estructura de una situación. Se refiere a situaciones, no a la forma de los enunciados. Esa es una característica radical.

Ahora bien, según el autor, una inferencia es un determinado proceso de carácter sistemático del pensamiento que pasa de un conjunto de enunciados a otros. Pero, dado que un enunciado ("la mesa está frente a la estufa") puede ser representado a su vez como un modelo directo de la situación enunciada, es claro que se puede preguntar por el rol de un modelo en el razonamiento. Según esto, entonces, razonar se lo entenderá como un proceso cognitivo, que se hace con otro formato, con un formato semántico denominado "modelo", y lo que se razone en ese modelo valdrá para la situación real representada por el modelo[22].

El razonamiento sobre la base de modelos mentales se ajusta sobre todo a los argumentos acerca de situaciones "visuoespaciales", como es el

---

[21]    Johnson-Laird considera que existen al menos dos formas centrales de representación: la lingüística (enunciados) y los modelos. Los modelos mentales hay que considerarlos como una forma de los modelos (véase 1991, p. 472).

[22]    Puede verse López-Astorga 2016 y 2017 sobre cómo la tesis de los modelos mentales puede ayudar a explicar las razones que, según el autor, podría haber tenido Crísipo de Solos, el estoico, para considerar que hay cinco estructuras argumentativas indemostrables y que permiten demostrar todas las demás.

caso de la estufa y la mesa. Supongamos un ejemplo en el que la representación modélica es *modal*[23]. Se tiene una situación en que el triángulo está a la derecha del círculo y a su vez este círculo está a la izquierda y arriba del cuadrado. Los modelos A y B, en esquemas o *array*, pueden ser:

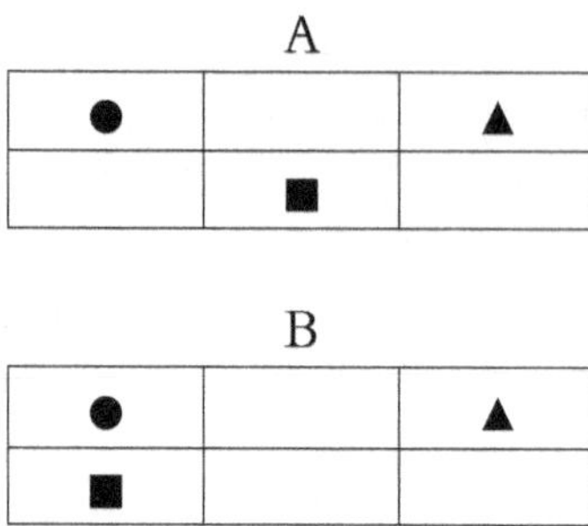

---

[23] Las representaciones modélicas pueden ser icónicas y no icónicas. Estas últimas son las proposiciones. Las icónicas, en cambio, no son proposicionales y pueden ser modales y a-modales. Un modelo a-modal de "triángulo" es, por ejemplo T. En tanto un modelo modal de triángulo sería: ▲ (Véase Nersessian, 2002, p. 142), esto es, hay una correlación sensorial. Para graficar la tesis de los razonamientos basados en modelos mentales nos referimos aquí a los razonamientos visuoespaciales. Pero la idea de modelo mental en Johnson-Laird es más compleja y no todo modelo puede ser representado como en los ejemplos modales. Puede verse, por ejemplo, Johnson-Laird 1988. Debe considerarse que justamente el modelo es "mental" y estas gráficas son solo recursos de expresión de ellos. Un ejemplo del autor, que no trata con situaciones "visuoespaciales", es el siguiente (véase 1988, p. 228): "todo científico es escéptico", cuyo modelo es:

$$\text{Científico} = \text{escéptico}$$
$$\text{Científico} = \text{escéptico}$$
$$(\text{escéptico})$$

Si se agrega una premisa como "Ana es científica", se modela: Ana = científica, por lo que se agrega y se tiene finalmente el modelo de los dos enunciados:

$$\text{Ana} = \text{Científico} = \text{escéptico}$$
$$\text{Científico} = \text{escéptico}$$
$$(\text{escéptico})$$

El paréntesis representa la posibilidad de que haya escépticos que no sean científicos, lo que responde a que, en Aristóteles, los enunciados universales afirmativos no son convertibles: "todo A es B ≠ todo B es A". En el modelo se observa que Ana es escéptica. Esto corresponde específicamente al análisis que hace Johnson-Laird del silogismo aristotélico. Este es un ejemplo muy simple; la modelización del silogismo es bastante más compleja y requiere, en otros casos, otros pasos: buscar si el modelo no tiene contraejemplos. Si no los tiene, el primer modelo es el ajustado. Si no, entonces debe modelarse de otra manera, proceso este que dista demasiado de ser un proceso fácil de llevar a cabo.

Tanto A como B son modelos de la situación espacial descrita, aunque son diferentes. Cuál de los dos es mejor modelo es solo dependiente de lo que el sujeto quiere modelar y de otros elementos concomitantes, como, por ejemplo, cuál concepto de "estar arriba" se está utilizando. En principio, sin más información adicional, pareciera que B modeliza mejor la situación de "estar arriba de"[24].

Mas, lo decisivo respecto de los modelos es que ellos "están por", representan, la situación; sobre ello, el sujeto, mediante una inspección visual, debe poder responder la pregunta: ¿en qué relación está el triángulo respecto del cuadrado? La descripción lingüística de la situación entre los tres objetos es modelada por A o B de tal manera que la respuesta (conclusión) queda a la vista, se la lee por sí misma en el mismo modelo sin necesidad de apelar a otras instancias lingüísticas. Y tampoco, lo que es más importante en este contexto, se requiere acudir a ninguna regla o propiedad explícita perteneciente a la lógica, como podría ser, en este caso preciso, la transitividad[25].

4. La teoría de la información, sustentada hoy por Chater y Oaksford (2010) resulta particularmente atractiva como explicación de la deducción silogística. Varios autores han enfrentado a la lógica como tal, no solo en la deducción silogística, desde la tesis del traspaso de información, como es el caso de Floridi (2003) o de Corcoran (1993). Este último desde la filosofía clásica de la lógica, esto es, no cognitiva. Chater y Oaksford se centran en todo caso en la comprensión del silogismo. Según Manktelow, la tesis es que el razonamiento no depende de reglas, como se piensa normalmente, sino que hay una adaptación del sujeto a determinaciones del entorno. Lo que ocurre en el razonamiento es que hay una "propensión" a la ganancia de información, lo cual implica una reducción de la incerteza inicial de las premisas. Esta teoría informacional tiene el especial interés que presenta a la discusión un tema que puede llegar a ser importante para una filosofía cognitiva de la lógica.

---

[24] Hay problemas visuespaciales denominados de "un modelo", cuando solo un modelo satisface la situación, modelada; otros son de "dos modelos". A mayor cantidad de modelos que requiera una situación más pobre es su performance. Véase al respecto Ping Li y Dachao Li, 2006, p. 59.

[25] Cabe insistir, respecto del ejemplo utilizado, que el dibujo, la gráfica, no son precisamente el modelo mental, sino que, a su vez, es una representación material, de segundo orden se podría decir, que ayuda a comprender el modelo mental mismo. Esto, por cierto, acarrea algunos problemas que tienen que ver con la distributividad de la cognición: pues, ¿es posible modelar solo mentalmente algunas situaciones más complejas sin que se distribuyan a otros soportes, como es el papel y el lápiz? Véase sobre cognición distribuida al respecto Cap. 2, Sección 2.2, más adelante.

Un enunciado es informativo en cuanto es improbable. Y es improbable en términos cognitivos en la medida en que es sorpresivo, por cuanto su contenido no era esperable o lo era en grado ínfimo. Por ejemplo, que un sacerdote católico sea un hombre piadoso y de fe no es muy informativo por cuanto no sorprende que así sea; mas que un sacerdote sea un pedófilo sí que es informativo. Era improbable que un sacerdote fuese pedófilo; pero en la medida que eso se va haciendo hoy cada vez más recurrente disminuye su improbabilidad y deja de ser informativo. Entonces, a mayor improbabilidad mayor contenido informacional y a mayor probabilidad menor nivel de información. Chater y Oaksford aplican esta idea a las premisas del razonamiento silogístico con lo que obtienen una teoría explicativa acerca de por qué razonamos como lo hacemos y por qué nos equivocamos la mayor parte de las veces.

Sobre la base de la idea general de información en cuanto "sorpresa" respecto de lo esperable, como inverso de lo probable, los autores elaboran una interpretación informacional de las premisas de un silogismo. Usan para ello el concepto de probabilidad condicional, en general la probabilidad de A dado B, como por ejemplo la probabilidad de ser ateo, A, dado que se es un sacerdote católico, S, $P(A/S)$ y considerando $0<P<1$.

Según lo anterior, los enunciados categóricos aristotélicos se expresan de la siguiente manera:

El enunciado A : Todo A es B; $P(A/B) = 1$
El enunciado E : Ningún A es B; $P(A/B) = 0$
El enunciado I  : Algún A es B; $P(A/B) = 0<P<1$
El enunciado O : Algún A no es B; $P(A/B) = 0<P<1$

Además, adicionan a lo anterior los enunciados cuantificados con M, "la mayoría de los A son B" y F, "Pocos A son B". La probabilidad de los enunciados M es *fuzzy*: "es alta", cerca de 1, así como la probabilidad de F "es baja", cerca de 0.

Como se aprecia, I y O son compatibles con M y F. La tesis es pensada mediante la analogía de la cadena: la fortaleza de una cadena es tanta como la fuerza de su eslabón más débil. Según lo anterior,

las personas sacarán las conclusiones más fuertes y más confiables que ellas puedan, pero esas conclusiones no pueden ser más informativas que la premisa menos informativa del argumento (Manktelow, 1999, p. 28).

Si se expresan los enunciados categóricos cuantificados en términos de probabilidad, entonces también se puede hacer lo mismo con el concepto de validez. En este sentido, obtener una conclusión no es una cuestión de cero y uno, de todo o nada; no es binaria la naturaleza de la conclusión, como ocurre en un sistema lógico bivalente. La validez, en esta teoría de la información de la inferencia real, es "p-válida", esto es, validez probable. Esto indica que la inferencia sigue patrones como los siguientes: la conclusión del silogismo, en términos esquemáticos generales, relaciona, en la conclusión, la probabilidad de A dado C (si las premisas son AB; BC). Así, si $P(A/C) = 0$ entonces se concluye E; si $P(A/C) = 1$ entonces se sigue A. Esta teoría, según Manktelow, debería poder predecir bastante bien las conclusiones que las personas pueden obtener frente a las diversas premisas de un silogismo, sin acudir a las reglas aristotélicas de validez formal. Aún, afirma el autor, no se está en posición de poder predecir las conclusiones que un sujeto obtendría para alguna de las 144 combinaciones posibles de los silogismos[26] (véase el desarrollo de las *heurísticas* basadas en la información de las dos premisas del silogismo, en Manktelow pp. 29 y ss., considerando que la premisa mayor del silogismo posee más información que la premisa menor).

Manktelow resume así la teoría de la ganancia de información:

El enfoque de la ganancia de información propone que el razonamiento es una materia de la búsqueda de la conclusión más informativa, basada en la información probabilística transmitida por las premisas (Manktelow, 1999, p. 32).

Es, sin duda, una teoría cognitiva que persigue explicar cómo razonamos cotidianamente, lo cual significa que la validez del razonamiento no está asegurada. La teoría, por ello, no es una lógica; es una tesis sobre el razonamiento humano en sus aspectos fácticos. Ello se ve en que la heurística propuesta no pretende servir de guía para obtener alguna de las 13 conclusiones válidas de las 13 formas válidas del silogismo; pretende explicar las conclusiones de cualquiera de las 144 formas.

---

[26] Las 144 formas de silogismo se obtienen por combinatoria de las cuatro figuras y de los cuatro modos. Solamente 13 de esas figuras (hay variaciones respecto de este número) son formas válidas según las reglas de inferencia aristotélicas (véase Sullivan, 2005).

Como se aprecia en los ejemplos expuestos, todas estas teorías son más que nada teorías del error al razonar; ofrecen explicaciones acerca de cómo y por qué nos equivocamos, por qué en general en muy pocas oportunidades razonamos válidamente, de acuerdo con las leyes de la lógica, aunque podamos hacerlo correctamente de acuerdo con criterios pragmáticos. El razonar libre, el de todos los días, está determinado por otros factores contextuales y según procesos cognitivos diversos que no están comprometidos con la validez lógica.

Aun cuando queda a la vista que estas teorías cognitivas del razonamiento persiguen fines distintos y métodos diferentes de los de la lógica simbólico-formal, algunas cuestiones interesantes surgen si para la filosofía cognitiva de la lógica. Teniendo a la vista las teorías cognitivas que analizan, por ejemplo, la silogística aristotélica, cabe plantear lo siguiente: ¿Son las reglas aristotélicas del silogismo reglas psicológicas? ¿Cuáles son las diferencias de estas "reglas" de las teorías cognitivas con las reglas de la inferencia silogística? ¿Puede verse la teoría silogística aristotélica como una teoría cognitiva? ¿Es la naturaleza de la deducción un proceso en que se juega la información, más que las relaciones formales entre símbolos? ¿Es la deducción un proceso que en esencia se da en formatos no lingüísticos sino que modélicos? En otros términos, ¿puede la teoría de los modelos mentales en la deducción ofrecer una base para pensar que, tal vez, no sean los enunciados los formatos últimos sobre los que versa la lógica? Al menos podría pensarse que el formato proposicional no es *necesariamente* el formato básico y único posible sobre el cual construir la lógica. ¿Por qué, entonces, se construyó así? Pueden parecer, en una primera instancia, preguntas completamente descaminadas, que confunden de partida los órdenes psicológicos y lógicos. Pero tal crítica significa reconocer de partida lo que habría que analizar, que el cognitivismo lógico sería una tesis con insuficientes fundamentos.


## 1.3. Enfoques de la filosofía *estándar* de la lógica. Frege-Wittgenstein

Para considerar una visión cognitiva de la filosofía de la lógica, junto con las teorías del razonamiento se debe tener presente la manera en que la filosofía tradicionalmente (no cognitivamente) ha enfrentado el problema de la naturaleza de lo lógico, desde su misma creación por los pensadores griegos. Muchas teorías acerca de la naturaleza de la disciplina están disponibles y, como ocurre en el campo teórico en general muy a menudo, alguna de estas visiones no son siempre coherentes entre sí. No puede confundirse de ninguna manera el hecho de que las verdades lógicas lo sean transversalmente para muchos de estos enfoques, con el hecho de que los enfoques mismos sean muy diferentes. Si V, digamos, es una verdad lógica, ella puede serlo en diversos sistemas lógicos y para distintos contextos e historia. Pero ello no obsta para que las formas en que la filosofía entiende qué es V, qué rol juega en el razonamiento, cuál es su estatus epistemológico, etc., sean completamente diferentes y aun inconsistentes entre sí. Además, debe considerarse que hoy la disciplina lógica propiamente tal es vista más bien como un conjunto de sistemas. Más que Lógica, así, con mayúscula, hay un cierto consenso en que la disciplina es una pluralidad de sistemas lógicos, cada uno con sus propias características. Hoy ha llegado a ser un problema relevante si, ante tanta diversidad de sistemas, es posible y tiene sentido hablar de una "lógica universal", y cómo sería aquello posible[27]. La propia lógica, sobre todo a partir de la segunda parte del siglo pasado, comenzó, impelida por razones de índole empírica, una transformación, una apertura hacia la diversidad. El objetivo era dar cuenta de muchos tipos de enunciados y formas de razonamiento respecto de los cuales la lógica clásica no podría decir nada, o muy poco. Así, la disciplina empezó a tener otra cara, una más abierta y en consonancia con nuevas necesidades del razonar. Esto, entonces, también ha introducido otro asunto, además de la universalidad o unicidad de la lógica, y es la cuestión de si la lógica realmente es a-empírica.

La multiplicidad de lógicas versus una lógica universal tiene, en consecuencia, anejo este otro asunto: cómo puede la lógica ser estrictamente formal si tiene que responder a necesidades del hombre razonante en situaciones reales, si debe responder a formas reales de hablar, pensar y conocer. Es una vieja cuestión que la pluralidad de sistemas ha vuelto a poner por delante. Un sistema lógico S está definido por una estructura de la siguiente manera: $S = < L, D, SM >$, donde $L$ es un lenguaje compuesto por símbolos constantes y variables, por signos sintácticos como el paréntesis, por las constantes lógicas y por las reglas de formación de fórmulas; donde $D$ es la base deductiva del sistema y donde $SM$ indica

---

[27] Sobre el tema de la posibilidad de una lógica universal véase Jacquette, 2007 y Bèziau y Costa-Leite, 2007.

la semántica asociada al sistema[28]. Está en la base de la idea de sistema lógico el que las diferencias entre diversos sistemas radican en alguno o todos los tres elementos que lo componen. Así, ocurre que, para un sistema S1 la base deductiva D1 puede ser perfectamente distinta que la base D2 de S2. Lo mismo con L, aunque es menos frecuente. Por ejemplo, en los sistemas clásicos es parte fundamental de la base deductiva la regla de la eliminación del condicional, o la ley de bivalencia o tercero excluido. Sin embargo, en una lógica como la *fuzzy* tal regla no forma parte de su base D ni tampoco dicha ley[29].

Esta concepción de la lógica, como formada por sistemas, apunta, o tiene sentido, justamente como una respuesta a la cuestión del alcance empírico de la lógica. Y ello casi ha sido un anatema para la disciplina y lo que se considera su esencia: la no empiricidad. Pero ello merece una aclaración; ¿por qué la lógica respondería a condiciones empíricas como producto de la existencia de sistemas lógicos? La mera existencia de sistemas distintos divergentes conduce a ello. Se puede afirmar que la lógica no responde a la experiencia justamente debido a su carácter formal simbólico y *a priori*. La verdad lógica lo es al precio de no requerir ninguna apelación a condiciones externas a la estructura misma de la regla o del enunciado del caso. Sin embargo parece haber un matiz en esto, y es que, al menos externamente, se podría decir, la lógica posee un cierto rasgo empírico, aunque de manera distinta a cómo una hipótesis fáctica de las ciencias es contrastada hipotético-deductivamente. Y dicho rasgo se presenta solamente debido a que un sistema lógico determinado encuentra su sentido y la razón de por qué ha sido formado en el hecho de una necesidad de dar respuesta a una realidad extrasimbólica, externa a la

---

[28] Muchas veces se considera al sistema lógico compuesto solamente por L y D, esto es, la parte sintáctica del mismo. Pero, dado que en el desarrollo de la disciplina a partir de Tarski se ha considerado que un sistema lógico puramente sintáctico no lo es en plenitud, se prefiere aquí incorporar inmediatamente la condición semántica asociada.

[29] Véase Haack (1991) Palau (2002, 2004) respecto de la idea de sistema lógico, sus clasificaciones y problemas. Los sistemas denominados no clásicos son aquellos que tienen propiedades en su base deductiva D debilitadas respecto a los clásicos, lo que significa que se mantiene L pero que hay leyes y reglas que son válidas en el sistema clásico pero que no lo son en el no clásico. Hay sistemas que constituyen una "ampliación conservadora" respecto de los clásicos, que no se consideran propiamente como no clásicos, puesto que amplían D y L pero sin perder propiedades clásicas, como sí ocurre con las divergentes. La razón por la cual la lógica *fuzzy* no cuenta con el *Modus Tollens* en D se debe a la llamada paradoja del sorites. Véase sobre lógica *fuzzy* y vaguedad, Williamson 2001, Keefe 1998, 1999, 2000, Tanaka 1991.

lógica misma. Por ejemplo, el sistema no clásico *fuzzy* tiene sentido en la medida en que logra responder a la necesidad de razonar con enunciados que contienen términos vagos. Y ello se lo puede interpretar como un hecho no lógico sino que de la realidad lingüística humana en situaciones reales de comunicación y de razonamiento. Normal y cotidianamente usamos términos vagos. Normalmente esto se lo expresa como conjuntos; supongamos el término "perro" como el nombre del conjunto de todos los mamíferos que poseen las notas de un perro. Pues bien, se tiene intuitivamente que hay objetos que claramente pertenecen a ese conjunto en tanto que otros no. Pero si tomamos otro término, como "alto", como el conjunto de las personas altas, nos enfrentamos a un problema: hay personas que pertenecen claramente a ese conjunto y otras no. Mas algunas otras no sabremos decir con nitidez si pertenecen o no a ese conjunto, salvo que definamos una medida para separar las aguas. Pero ello es contextual; en Chile, una persona de 1,80 m es claramente alta y otro de 1,50 m, baja. Pero si tomamos a uno de 1,71 m, estaremos en duda. También esos límites son culturales, pues lo alto aquí no es lo mismo que alto allá. Si fijamos 1,80 m como alto tampoco salvamos el problema, pues, ¿qué sucede con una persona de 1,79 m? Diremos, según nuestra definición, que no es alta, pero sin mucho convencimiento. Pues bien, todas estas cuestiones, como se ve, son empíricas, no son formales. Son realidades, son facticidades que no pueden soslayarse. Entonces, la lógica recoge esas situaciones empíricas y las incorpora en nuevas formas deductivas. Estamos allí en una situación o ámbito lógico no clásico. Pero una vez que se las incorpora ellas quedan regidas por la forma. En ese sentido, la lógica es completamente a-empírica a la vez que es también empírica. Las reglas de un juego las puedo elegir por consideraciones empíricas, mas una vez elegidas no cabe sino respetarlas so pena de salirse del juego. Así, la lógica de la vaguedad es una lógica que considera grados de verdad; los enunciados ya no son o verdaderos o falsos sino que poseen infinitos valores, en el intervalo [0,1].

Lo mismo ocurre con los sistemas paraconsistentes o los sistemas relevantes o libres o sistemas eroteticos o epistémicos, etc.[30]. Cada uno de ellos responde a otras tantas necesidades del lenguaje real humano y, di-

---

[30] Se denomina a esos sistemas "lógicas filosóficas", nombre no muy acertado pero que, al menos, da cuenta del rasgo "empírico" aludido.

remos, de la cognición humana. La lógica ha sido siempre una disciplina cuyo material básico han sido enunciados, frases enunciativas susceptibles de tener valores de verdad. Por ello se pensaba que no podemos razonar sobre la base de otra cosa que no sean afirmaciones proposicionales. Pero, ¿qué sucede con las preguntas? ¿Deben quedar completamente fuera? Aparece, ante esto, otro sistema lógico, la lógica erotética, que incorpora aquello imposible en los orígenes, frases interrogativas. ¿O las reglas, en la lógica de normas?

La idea de sistema lógico significa, también, otra cuestión central hoy en la filosofía. Dado que, como se dijo, un sistema se compone de aspectos sintácticos y aspectos semánticos, ha habido dos tendencias acerca de cómo entender el centro de la lógica, si lo sintáctico o lo semántico. La sintaxis determina el orden y el concepto de derivación mediante la aplicación de reglas, en tanto que la semántica, a partir de Tarski, incorpora el conjunto de condiciones bajo las cuales un enunciado adquiere un cierto valor de verdad (Alchourrón, 1995).

En consecuencia, la tesis del sistema lógico trae consigo diferentes aproximaciones a la esencia de la lógica: el asunto de la unidad disciplinar de la lógica, el problema de la empiricidad de lo lógico, la dicotomía semántico-sintáctica.

Pero, por otra parte, la noción misma de inferencia lógica ha sido vista, en su historia, también, de varios modos. Al menos cuatro de ellas son claras, las que en realidad no son excluyentes. Primero, y antes que nada, la aproximación formal, con la que la lógica se ha identificado propiamente tal. En esta perspectiva solamente son aceptables las inferencias formalmente válidas, esto es, las deductivas. Las leyes de la lógica son leyes de símbolos; las relaciones lógicas son relaciones entre símbolos. Nada hay de subjetivo allí. Esta es la propuesta dominante a partir de la obra de Frege, Russell y también de Husserl, para quienes la psicología es una disciplina completamente ajena. La lógica es completamente normativa; no es descriptiva de los razonamientos reales. Esta visión significó un gran avance en la disciplina, pero, también, condujo a una matematización, en el sentido de que la lógica dejó de ser un arte de razonar o representativo de las leyes del pensamiento y ha pasado a ser parte de la matemática. Cuando se habla hoy de lógica simbólica se entiende esta visión fregeana.

La segunda aproximación a la naturaleza de la lógica es la ontológica, cuyos mentores principales son Bradley, Bosanquet, Hegel (y también Aristóteles, en cierto sentido), esto es, el idealismo neohegeliano británico contemporáneo, que combatió la visión formalista anterior, especialmente con Russell. La tesis central es que lo que se infiere es lo que está en la realidad. Es eso lo que hace posible y valida una inferencia deductiva. La naturaleza de la lógica, en este sentido, no sería sino una expresión de la naturaleza del mundo. En algo se acerca a esta visión la tesis de Wittgenstein en el *Tractatus:* la lógica es una colección de tautologías; y las tautologías, aunque vacuas de contenido, algo nos dicen, misteriosamente, de la conformación del mundo.

La tercera concepción de la lógica agrupa lo que se puede denominar enfoque epistemológico. Este enfoque, representado actualmente por ejemplo por R. Audi (2000), y desde la lógica propiamente tal algunas propuestas de J. Corcoran (1993) la lógica es concebida principalmente como un mecanismo de transferencia de algo: fuerza de apoyo (fuerte en el caso de la deducción y débil en el caso de la no deducción), información, creencias. Sobre esto, lo que muestra la complejidad de este panorama clasificatorio, puede afirmarse que tradicionalmente la lógica ha guardado esta visión epistemológica, puesto que a la deducción se la ha definido como un mecanismo de razonamiento capaz de preservar la verdad desde las premisas a la conclusión, lo que coincide con la visión semántica de la lógica, mas no con la sintáctica.

De acuerdo con otros autores, como R. Morado (2004, pp. 314 y ss.), ha habido al menos cuatro grandes aproximaciones a la lógica desde un punto de vista de su andar histórico. En Grecia la lógica estuvo en general ligada a la retórica. Era, según el autor, una cierta teoría de la argumentación, se diría hoy, a la vez que un cierto arte de dialogar. Y ello fue así puesto que el discurso más importante en la estructura de la sociedad era el político y el legal. En Grecia, afirma Morado, surge y se afianza la conciencia de que nuestras ideas han de ser siempre defendidas mediante argumentos, argumentos que debían ser *irresistibles.* Hay un sentido agonal fundamental en la cultura griega, trasfondo que explicaría el interés por llegar a formular una disciplina que diera cuenta en forma sistemática esa tendencia agonal del griego. En este sentido sería relevante indagar las relaciones en Grecia entre la formación de la lógica, la argumentación y la sofística, lugar por antonomasia del discurso destinado a convencer. En la Edad Media hubo una gran preocupación por la lógica pero se la concibió de manera muy diferente. El problema ya no era la disputa legal o forense, destinada a defender no solo las ideas sino que también la propiedad. Ahora el discurso decisivo para la vida era el ámbito religioso, especialmente la cuestión de la salvación. De allí que se desarrolló al mismo tiempo la disciplina interpretativa, la hermenéutica, como forma de entender el mensaje contenido en los textos sagrados. La retórica de Grecia fue reemplazada por la hermenéutica y por la filosofía del lenguaje[31]. Tal vez allí, aunque ello requiere una indagación histórica profunda, se encuentre, si no el origen al menos la consolidación de la relación entre lenguaje y lógica, tal como se la va a entender a partir de Frege.

La tercera concepción de la lógica que identifica Morado en el recorrido histórico de la disciplina, es la que corresponde a la época moderna. Pero aquí la lógica, salvo la obra de Leibniz, se ve puesta bajo fuerte crítica por Descartes y, también, por Bacon. Descartes desestimó a la lógica, pero eso solamente en cuanto se consideraba que ella podía aportar nuevos conocimientos. Aristóteles, en efecto, tenía una idea epistémica acerca del silogismo válido; en buena medida era fuente de ciencia. En cambio la concepción que subyace a la tesis de Leibniz es la automaticidad del cálculo. Fue una aspiración pero también una manera de entender la lógica como un sistema formal susceptible de ser manejado mecánicamente. Con ello se aleja un tanto de la idea de que la lógica representa un razonamiento humano y solo es un procedimiento que maneja símbolos de acuerdo con reglas[32].

El siglo XX es el momento del desarrollo extraordinario de la lógica. Adquiere la figura que se conoce desde entonces como propia de la disciplina. Pero, también, se registra un cambio en su sentido, en la manera de entenderla. La filosofía de la lógica se consolida como disciplina filosófica y da un vuelco a la manera en que se venía comprendiendo el concepto de lógica. Las figuras centrales de dicho cambio son Bolzano, Boole, Peirce y, sobre todo, Frege y Russell. La lógica ahora se hace eminentemente simbólica, se hace matemática, a la vez que se la piensa como una teoría acerca justamente del razonamiento matemático. La esencia de

---

[31] Tal vez quepa precisar algo acerca de la historia de la lógica; la escolástica no ha gozado de buena fama en Occidente. En términos del desarrollo de la lógica se ha considerado siempre que no hizo más que desarrollar, analizar, explicar y comentar la teoría silogística. Sin embargo, eso es bastante injusto, pues esa labor es ya meritoria en sí misma, y además hay algo más que eso en la lógica medieval; hay un aporte en lógica y en filosofía de la lógica referente a la lógica estoica. En efecto, se establece allí la preocupación por el concepto de *consecuentia* que es, hoy, pieza central en la concepción de lo que se entiende por lógica (véase por ejemplo W. Burleigh 2009 y Boehner 1952).

[32] Véase una exposición histórica en Niditch (1995).

la lógica está en la pura forma de los enunciados y en los argumentos; la lógica no guarda ninguna relación con el "pensamiento" ni con sus leyes o prácticas, esto es, solo analiza la validez formal de los argumentos, no los argumentos en sí ni sus compromisos empíricos de cualquier clase que sean. Ello implicó una doctrina fundamental, como fue (y aún hoy lo es) la doctrina del antipsicologismo lógico. Las ideas de Mill, acerca de la lógica, así como los desarrollos del siglo XIX respecto del psicologismo, quedan completamente fuera de la definición misma de lógica. Lo que se iba a entender por lógica estaba dado por la doctrina antipsicologista[33]. La lógica no guarda ninguna relación con las "leyes del pensamiento", es una disciplina abstracta formal, idealmente axiomatizada y formada como un cálculo.

Stennings y Van Lambalgen (2008) recogen una visión de la lógica que se aleja de las demás. Proviene esta de los análisis cognitivos acerca del razonamiento, específicamente acerca de las perspectivas evolutivas del razonamiento y la lógica. Según los planteamientos de Leda Cosmides, al que aluden los autores, el razonamiento exitoso, esto es lógicamente válido, es algo que ocurre en casos relacionados con contenidos extremadamente restringidos, contenidos que, además, han sido seleccionados evolutivamente en función de la sobrevivencia. La lógica es una abstracción; lo que hay son razonamientos adecuados a circunstancias. Dado que la lógica parece ser independiente de todo contenido, entonces se seguiría que los humanos no tienen por naturaleza la capacidad para el razonamiento formalmente válido. Según Cosmides, el razonamiento encuentra, además, su fundamento en cuestiones de orden sociológico, esto es, el razonamiento lógico respondería a una especie de contrato social, a una necesidad de establecer precauciones frente al engaño, a una necesidad de establecer seguridades a la hora de los intercambios de beneficios.

Pero, durante la segunda mitad del siglo XX, la imagen de la lógica como un sistema formal absolutamente independiente de todo contexto comienza a ser un tema para pensar. La aparición de las ciencias cognitivas, especialmente la psicología del razonamiento y los sistemas de inteligencia artificial para emular razonamientos humanos reales, aportan una perspectiva posible desde donde se podría reinterpretar lo que es la

---

[33] Véase más adelante el capítulo dedicado al problema del antipsicologismo y su tratamiento actual desde el punto de vista cognitivo.

lógica. El antipsicologismo deja de ser un asunto esencial para entender la lógica; los contextos algo tienen que decir y el concepto de lógica exclusivamente como la deducción también comienza a cambiar, como ocurre, por ejemplo, con la aparición de las lógicas *Default*, lógicas como todas pero *cuasi deductivas*; o el caso de la implementación en programas para implementar lógicas abductivas. ¿Es, por ejemplo, entonces, la monotonía un rasgo esencial de la lógica? A este último eslabón de preocupaciones sobre la lógica pertenece este libro.

De acuerdo con H. Glock (2008), se puede criticar que: (a) la esencia de lo lógico radique exclusivamente en la forma, en el símbolo y en la ausencia completa de cualquier contenido; (b) que la esencia de lo lógico radique solamente en lo veritativo-funcional, sobre la mera base de los significados de las constantes. Hans Glock (2008, p. 34) ofrece la siguiente esquematización de la filosofía de la lógica actual. Había, según la opinión del autor, cuatro teorías filosóficas acerca de lo que esencialmente se consideraba que era la lógica y que estaban vigentes en los tiempos en que Wittgenstein escribe el *Tractatus*. Según Glock, Wittgenstein consideraba entonces que, si bien Frege y Russell habían transformado la lógica y la habían convertido en una disciplina formal muy rigurosa, sin embargo no habían logrado clarificar del todo la naturaleza de la lógica, esto es, su filosofía de la lógica era incompleta. Eso es lo que pretendió remediar Wittgenstein en el *Tractatus*.

La primera de las cuatro visiones de la lógica vigente en la época era el empirismo de Mill. Para el británico las leyes de la lógica, al igual que toda ley, eran producto de generalizaciones de tipo inductivo que tenían la propiedad de ser excepcionalmente bien corroboradas. Esto es, se planteaba una suerte de graduación entre enunciados inductivos poco corroborados hasta los de muy alta evidencia, las leyes lógicas. La base de todo finalmente recae en la experiencia. La ley de no contradicción, por ejemplo, no es, en esta perspectiva, sino una alta generalización de situaciones fácticas en las que se comprueba que no se puede, ni nadie ha podido hasta ahora, estar aquí y allá al mismo tiempo.

La segunda concepción consignada por Glock, de gran desarrollo en el siglo XIX, es el psicologismo lógico, ya mencionado anteriormente. Las verdades de la lógica son ante todo leyes del pensamiento. En tal sentido lo que la lógica lleva a cabo es una descripción de la forma en que los hombres realmente piensan. Por consiguiente, se trata de una disciplina no normativa. La cuestión es entender cómo los hombres efectúan operaciones mentales para realizar una determinada inferencia. Así, la lógica estaría directamente determinada por la naturaleza de la mente humana. Como se vio con anterioridad, en contraposición con esta postura y, también, con la de Mill, se levantó la tradición de Bolzano, Frege y Russell. En la tercera concepción, las verdades lógicas son, al decir de Frege, *objetivas,* y no guardan relación con las interpretaciones que sí son mentales. La lógica habita, según Frege, en un *tercer reino,* el de los objetos que, si bien no son espacio-temporales, son objetivos. El primer reino es el de las subjetividades, aquello que es personal, a lo que nadie sino yo puede tener acceso; es el mundo de los sentimientos, de los dolores, de las percepciones, el mundo de la subjetividad en suma. Un segundo reino es el de los objetos físicos espaciotemporales. Así, si las verdades lógicas no están ni en el primero ni en el segundo reino debe haber un tercero, que tiene en común con el primero que no habitan allí objetos espaciotemporales pero que comparte con el segundo que son objetivas. Cuarto, Russell exponía que la lógica trata con proposiciones de máxima universalidad que versan sobre aspectos constantes de la realidad.

Wittgenstein rechaza todas estas concepciones. La lógica no descansa ni en generalizaciones inductivas ni tampoco pertenece a ningún reino de objetividad. No es esa su esencia. No son, tampoco, rasgos omnipresentes de la realidad como lo había pensado Russell. Las verdades de la lógica solamente son tautologías vacuas, que combinan información de tal manera que toda información del enunciado queda anulada. Así, por ejemplo, p∨¬p es una tautología puesto que, en este caso, lo que afirma p es cancelado por lo que dice no *p.* La idea de Wittgenstein es que las verdades lógicas son solo producto de las constantes lógicas, las que tampoco son entidades de algún tipo, como creían Russell y Frege. Las constantes lógicas solamente son elementos mediante los cuales se expresan operaciones veritativo-funcionales, con los que se forman enunciados moleculares. Es la doctrina del Atomismo lógico. No habitan en ninguna parte ni son objetos de ninguna clase; son solo operaciones. Por otro lado, la postura de Wittgenstein también se diferencia de Frege y Russell en que estos concibieron a la lógica como un lenguaje ideal, capaz de eliminar las ambigüedades del lenguaje natural. La lógica solamente es una "notación" ideal, que exhibe, muestra, la estructura lógica que todos los lenguajes deben tener en común bajo su engañosa apariencia. Las verdades lógicas son tautologías que se apoyan en el significado de las constantes lógicas.

## 1.4. La filosofía cognitiva de la lógica y sus ámbitos: apoyos, respuestas, reformulaciones

Una visión cognitiva de la filosofía de la lógica se constituye al menos a partir de tres ejes analíticos generales, que se centran en los tres conceptos guías ya formulados en la introducción:

a) *Apoyos*
b) *Respuestas*
c) *Reformulaciones*

Se considera a estos ejes como las maneras en que el enfoque cognitivo puede hacer cambiar de alguna forma la concepción filosófica de la lógica, y son los ámbitos donde el enfoque cognitivo puede impactar en las concepciones clásicas de la lógica recién reseñadas.

El primero de esos ejes analíticos que conforman la filosofía cognitiva de la lógica se refiere al análisis del *apoyo* que ciertas teorías cognitivas sobre el razonamiento pueden dar a posturas de la filosofía tradicional de la lógica. Esto significa que la ciencia cognitiva no tiene por qué significar una transformación radical de lo que entendemos por lógica sino que su influencia puede consistir en algo más débil, en ofrecer algunos fundamentos y respaldos a ciertos problemas tradicionales de la lógica que la filosofía tradicional no ha podido dar. Por ejemplo, ¿en qué medida la teoría prototípica de los conceptos da un apoyo o una justificación a la lógica *fuzzy*? Efectivamente, dado que, en este caso, la lógica *fuzzy* ha tenido detractores en la propia historia de esa disciplina, que, por ejemplo, se la confundió en sus comienzos con la probabilidad, en el sentido de que esta teoría era suficiente para lo que la lógica borrosa pretendía, la teoría de prototipos puede aportar una base para este sistema[34]. El apoyo, pues, es una de las formas importante en que la ciencia cognitiva tiene providencia en las concepciones de la lógica. Otro caso, entre muchos, es expresado en esta pregunta: ¿en qué medida los constreñimientos cogni-

---

[34] La lógica *fuzzy* se justificó como un sistema de pleno derecho mediante otro expediente, no téorico ni filosófico, sino que proveniente de las aplicaciones de la lógica. En efecto, una vez que en Japón la lógica *fuzzy* llegó a ser el lenguaje y la forma de los razonamientos en las tecnologías automáticas, pudo el sistema ser plenamente aceptado. Sobre la lógica *fuzzy* véase más adelante esta introducción en la Sección 1.3.

tivos que plantea McNamara (1994) para la formación de sistemas lógicos dan apoyo a ciertos sistemas no clásicos[35]? También, la propia historia de la lógica y de la filosofía de esta ha mostrado algunas reticencias de la diversidad de sistemas como el sentido real de aceptar sistemas que se alejan del sistema clásico. Y, también en este caso, el enfoque filosófico-cognitivo ha venido a conformar una nueva perspectiva teórica. Cabe resaltar aquí algo importante: el apoyo es algo que proviene desde fuera del sistema lógico mismo, con lo que evita una circularidad o logocentrismo, como se analizará en el Capítulo 4. La teoría de los prototipos no es una teoría lógica; da apoyo "desde fuera" a la lógica *fuzzy*.

El segundo eje que guía esta investigación lo constituye el análisis de teorías de la filosofía cognitiva que representan respuestas plausibles a problemas puntuales estándares de la filosofía tradicional (no cognitiva) de la lógica. A diferencia del primer eje, no se trata de justificar un sistema lógico sino que ofrecer una solución particular a una interrogante que la propia filosofía tradicional no ha podido dar. Por cierto que esto supone ya una conexión íntima entre ciencia cognitiva y lógica, conexión que debe quedar suficientemente clara a lo largo de los siguientes capítulos. Por ejemplo, desde la filosofía cognitiva de la lógica propuesta por Robert Hanna (ver cap. 4), y su tesis de una "facultad lógica", se da respuesta a tres problemas importantes de la filosofía tradicional de la lógica. El primero de ellos es el de la unidad de la lógica. En efecto, la disciplina lógica ha llegado a tener hoy en día una gran diversidad, pero no en cuanto abarca muchos temas, más que antes, cuestión que es un rasgo de cualquier disciplina. El punto es más bien que la lógica, que poseía cierta unidad hasta fines del siglo xix y comienzos del xx, consiste hoy de una multiplicidad de sistemas. La diversidad de sistemas genera ciertas dudas acerca de la unidad de la disciplina, acerca de si se puede hoy hablar de lógica sin más. ¿Es lógica la lógica *fuzzy*, o la lógica *default*? Pasa esto con el gran número de lógicas no clásicas, que se hacen cargo de muchas realidades del lenguaje y del razonamiento humano. Todo esto ha conducido a explorar ámbitos como el de una posible "lógica universal" (Jacquette 2007 y Bezieu y Costa-Leite 2007) tal que pueda contener aquellos rasgos esenciales a todo sistema lógico. Otro asunto respecto del

---

[35]  Véase McNamara 1994, primero los 9 constreñimientos de la psicología a la construcción de un sistema lógico y, luego, a la inversa, esto es, los constreñimientos lógicos a la psicología (pp. 19-24).

cual el enfoque cognitivo puede dar hoy una respuesta plausible es la cuestión del logocentrismo. La cuestión epistemológica de buscar un criterio de justificación de la deducción se ha hecho, en la filosofía clásica de la lógica, desde la lógica misma; de otro modo, para justificar la deducción hay que recurrir a la lógica a su vez. En este respecto la ciencia cognitiva ofrece la posibilidad de superar el logocentrismo y encontrar la justificación requerida en ámbitos no lógicos. Se puede mencionar, también, el problema del antipsicologismo lógico, cuestión central para la comprensión de la naturaleza de lo lógico. Si se pregunta a alguien que caracterice la lógica simbólica, seguramente las características que le asigne van a coincidir con lo que postula el antipsicologismo lógico, establecido por Frege y Husserl. La cuestión parecía zanjada, pero hoy, desde los estudios cognitivos, todo ese problema puede volver a plantearse.

El tercer eje, que puede ser el más radical de los tres, consiste en el análisis de las formas en que los desarrollos en ciencias cognitivas pueden plantear una reformulación de la naturaleza misma de lo que entendemos por lógica, como, por ejemplo, ocurre con la inteligencia artificial, disciplina desde la cual se implementan razonamientos *default,* lo cual puede significar una revisión de si la monotonía es realmente esencial en el concepto de lógica, como se lo considera en forma estándar hoy en día. El concepto de consecuencia lógica, concepto capital en la filosofía de la lógica actualmente, versus la preeminencia del concepto de verdad lógica[36], es definido como una relación inferencial en que se cumplen al menos tres propiedades: reflexividad, corte y monotonía[37]. Pues bien, en la inteligencia artificial se han implementado procesos lógicos que dan cuenta de razonamientos reales, que se consideran formalismos lógicos pero que, sin embargo, presentan una monotonía débil.

Como ocurre frecuentemente con cualquier clasificación, estos tres campos de estudio de una filosofía cognitiva de la lógica suelen presen-

---

[36] Sobre la visión acerca de la preeminencia de la idea inferencial, semántica o sintáctica, véase Alchourrón (1995); la tesis de que lo central de la lógica es la idea de verdad lógica es sustentada, en cierta manera, por Quine (1998).

[37] Si A es un conjunto premisa y c una conclusión, se tiene que:
a) Reflexividad: $A \vDash c$ syss $c \, \varepsilon \, A$;
b) Corte; $A \vDash b, A \cup b \vDash c \, / \, A \vDash c$;
c) Monotonía: $A \vDash c \, / \, A \cup B \vDash c$;
d) Compacidad: $A,B,B \vDash c \, / \, A,B \vDash c$;
e) Permutación: $A,B,C,D \vDash c \, / \, A,C,B,D \vDash c$.

tarse de forma interrelacionada en muchos autores. Sin embargo ello no impide poder distinguirlos adecuadamente. Resulta esclarecedor hacerlo así porque ello permite una mejor comprensión y exposición del tema. También resulta casi evidente que los tres conceptos anteriores tampoco necesariamente agotan los campos de acción de una filosofía cognitiva de la lógica; lo que se propone aquí es que al menos esos tres son relevantes para el tema. Lo mismo puede decirse de la clasificación entre las posturas (i)-(iii) acerca de la relación entre lógica y ciencia cognitiva; muchas otras subclasificaciones o distinciones cabe hacer al interior de cada uno de esos ítems pero, en lo grueso, la clasificación tripartita propuesta responde en general a lo que hoy se considera vigente en los estudios de este tema.

## 1.5. Bases de una posibilidad de una filosofía cognitiva de la lógica

La posibilidad de una filosofía cognitiva de la lógica posee sustento en algunas otras áreas de la filosofía que se han relacionado de buena forma con la ciencia cognitiva. Esto ya ha sucedido, pues, en la filosofía de las ciencias. Por cierto que se puede discutir la validez de esta analogía, por cuanto la ciencia es una disciplina empírica, al igual que la ciencia cognitiva. No obstante, eso es verdad, hay que considerar también que dentro de la filosofía de la ciencia se encuentra la filosofía de la matemática, disciplina formal al igual que la lógica. Por otro lado, lo que importa aquí es la influencia de la ciencia cognitiva en la filosofía de la lógica, y no en la lógica misma. Puede tenerse a la vista, al respecto, la influencia que la historiografía tuvo en la comprensión de la ciencia para el historicismo epistemológico a partir de Kuhn, a pesar de que se podría aducir que no hay mundos más separados que la historia y la ciencia natural. De nuevo, allí la relación es entre historia y filosofía de la ciencia, y no entre historia y ciencia.

Sobre la influencia de la cognición en la filosofía de las ciencias actuales vale la pena tener a la vista algunos ejemplos. Así, autores como Giere (1988, 1992), Nerssesian (2002), Thagard (1993, 1993a) Goldman (1986) han mirado la ciencia desde un punto de vista cognitivo. Esta analogía baste, al menos por ahora, como justificación de esta empresa teórica. El "giro cognitivo", en efecto, es considerado como un hecho en la historia de la filosofía de las ciencias. Fue justamente el trabajo de Ronald Giere (1988, 1992, 2002, 2002ª 2002b, 2004) quien llevó a cabo un replanteamiento de los problemas centrales de la filosofía de las ciencias a la luz de enfoques cognitivistas. Lo importante es que no se trata solamente de dar respuestas cognitivas a los problemas clásicos de la filosofía de las ciencias; se trata de considerar qué sucede con el corazón conceptual de la filosofía de las ciencias. Así como el historicismo epistemológico desde 1958, a partir de la obra de Hanson (1958, 1960, 1961), Harman (1965), Kuhn (2006), Toulmin (1979), Lakatos (1974) Feyerabend (1974), ayudó a cambiar las cosas en la disciplina[38], así también los estudios cognitivistas han producido un cambio semejante.

Ronald Giere se internó en el problema de la naturaleza de las teorías científicas. La filosofía cognitiva de las ciencias había puesto su atención en la cuestión de cuál era la naturaleza del conocimiento en su expresión central: los enunciados empíricos y aquello en lo que estos se constituyen en sistema: una teoría. Mas, el desplazamiento que se producía, advierte Giere, constituía un cambio mayor, pues ahora las preguntas pertinentes no son cómo justificar los enunciados empíricos, cómo se contrasta una hipótesis o una teoría, cuál es la lógica de la ciencia, cómo discriminar la ciencia de la no ciencia, ni tampoco cómo dos teorías no instanciales pueden ser inconmensurables, cuál es la forma de la explicación o de la predicción. Lo que comienza a ser interrogado más bien es otro asunto; es cómo un científico construye una teoría; qué procesos cognitivos son los que operan en dichos procesos. Es notoriamente diferente preguntar por la naturaleza de los enunciados, podría decirse una cuestión *de dicto*, a indagar en la naturaleza de los procesos reales cognitivos de cómo alguien formula y justifica esos enunciados, una cuestión *de re*, se podría decir con algo de libertad respecto de esos términos. Un teoría científica, así, es concebida como un producto cognitivo, más que una máquina de enunciados lógicamente relacionados. Las ciencias cognitivas ya están preparadas para asistir en este giro. Afirma Giere:

Las ciencias cognitivas han alcanzado un suficiente estado de madurez tal que pueden aportar una valiosa fuente para los filósofos de las ciencias, quienes han desarrollado teorías generales de las ciencias

---

[38] Hoy está en cuestión la tesis según la cual este historicismo "refutó" o no realmente a la filosofía de las ciencias del empirismo-positivismo lógico. En realidad, desde dentro, desde la llamada por Putnam *Concepción heredada,* ya había voces muy críticas, como por ejemplo, Quine. Véase al respecto F. Suppe (1979).

como actividad humana. La esperanza es que las ciencias cognitivas podrían llegar a jugar el tipo de rol que la lógica formal jugó para el Empirismo lógico o que la historia de las ciencias tuvo para la escuela historicista en la filosofía de las ciencias. Este desarrollo permitiría al conjunto de la filosofía de las ciencias finalmente moverse más allá de la división entre los enfoques "lógicos" e "históricos" que ha caracterizado el campo desde la década de los años 1960 (Giere, 1992, p. xv).

Giere hace notar que el fenómeno parece ser doble. En una dirección, existe hoy la filosofía de la ciencia cognitiva que puede interpretarse como una filosofía más que se especializa en una determinada disciplina científica, en este caso la cognitiva. En tal sentido la ciencia cognitiva es objeto de meditación filosófica tal como lo son hoy la filosofía de la física, de la biología, de las ciencias sociales, de la matemática, incluso de la información. Pero, en la otra dirección, existe, también, el fenómeno consistente en que la propia ciencia cognitiva está influyendo en la meditación epistemológica, de modo que hoy puede hacerse una filosofía cognitiva de la ciencia. Puede, por decirlo así, hacerse una filosofía cognitiva de la física o de las ciencias sociales (Giere, 1992, p. xvi).

Giere contempla tres ámbitos en que la ciencia cognitiva tiene un impacto en los problemas de la filosofía de las ciencias, que pueden tener o no alguna de las tres formas que se han mencionado antes (apoyos, respuestas y reformulaciones): el ámbito de la inteligencia artificial, el ámbito de la psicología cognitiva y el ámbito de la neurociencia. Para él, cada uno de estos grupos o ámbitos proporciona modelos de análisis para dar cuenta de problemas centrales de la filosofía de las ciencias.

Dentro de los modelos basados en la psicología cognitiva encuentran un lugar especial las teorías de los conceptos, cuestión antigua en la filosofía del conocimiento, explorada ya desde Locke y Hume. Los enfoques van desde las tesis según las cuales el "desarrollo conceptual" va desde el simple agregado de nuevos conceptos, nuevas creencias a las ya tenidas; otro enfoque defiende la idea que asegura que la adquisición de nuevos conceptos por un sujeto más bien tiene que ver con procesos de diferenciación y combinación. Es notoria, en este sentido, la aproximación de P. Thagard (1993) a la tesis kuhniana de la "revolución científica". La tesis historicista de Kuhn es *reformulada* por Thagard en términos de cambio conceptual. Kuhn había estructurado su teoría sobre la base de postular una unidad teórica de gran poder explicativo del avance del conocimiento, compuesta por la dupla paradigma-revolución, y sus conceptos asociados de ciencia normal, crisis, anomalía, como los centrales. Con ello el autor explica la cuestión, a su juicio, central de la filosofía de las ciencias: cómo se transforman las teorías científicas. Pero dicha unidad teórica kuhniana solo apela a recursos historiográficos, sobre la base de casos, ejemplos obtenidos de la denominada "ciencia real", esto es, lejos de las "reconstrucciones" del Empirismo lógico, que aparecían como algo más bien artificial.

El enfoque de Thagard, que se inscribe tanto en la psicología cognitiva como en la Inteligencia artificial, consiste en mirar, por decirlo así, a las revoluciones científicas "por dentro". Ello no es sino considerarlas como cambios conceptuales. Un paradigma determinado es un "sistema conceptual"; ¿qué tiene que ocurrir para que se produzca una revolución? No todo cambio conceptual es un quiebre revolucionario; puede haber cambios que no alcanzan a constituirse como una alternativa al sistema original y, por tanto, no son revolucionarios. El cambio conceptual es una herramienta que permite ahora explicar el cambio de paradigma. Las teorías y, en este caso, un paradigma, en cuanto entre otras cosas es una teoría, son concebidas por Thagard como una red de conceptos, conectados entre sí con diferentes niveles de fuerza. Algunos cambios entre esas relaciones no producirán cambios mayores en esa red, pero los cambios en otras, de mayor importancia, terminarán por configurar una revolución, un quiebre en el paradigma[39].

El enfoque cognitivo en la filosofía de las ciencias significa, en suma, "Estudiar cómo los científicos representan realmente el mundo y juzgar cuál representación es mejor" (Giere, 1992, p. xxv). Significa pasar de cómo se fundamentan los enunciados científicos, de cómo comprender los cambios de grandes sistemas teóricos a preguntar, con Nerssesian (1992, p. 3): "¿Cómo piensan los científicos?"

Las ciencias cognitivas han tenido, y siguen teniendo, un poder *transformador* para la naturaleza de la filosofía de las ciencias actuales, como sucede en el caso de P. Thagard; pudo dar, asimismo, *respuestas* a cuestiones que el modo clásico no había podido dar, o no veía incluso, como es

---

[39] Véase el desarrollo de Thagard sobre esto en (1993a). Por otra parte, el mismo autor, en otra aproximación relaciona el concepto de teoría empírica con un programa computacional, en lo que constituye una nueva formalidad para representar una teoría científica, esta vez ligada a la inteligencia artificial.

el caso de cómo son "por dentro" las revoluciones científicas en sentido kuhniano; o, con las tesis de Nersssesian (2002) y Magnani (2001, 2007, 2009) acerca del tema del "contexto del descubrimiento"; pero también da *apoyos* a tendencias estándar de la filosofía de las ciencias, como lo hace la inteligencia artificial a las teorías de la abducción y su rol epistemológico, cuestión explorada desde las reformulaciones de Hanson y Harman acerca de la tesis abductiva de Peirce. Todo esto ya ha ocurrido. El cambio hace mucho que está en marcha. Por analogía, es plausible que algo similar pueda llevarse a cabo en la filosofía de la lógica: ese es el proyecto que aquí se denomina *filosofía cognitiva de la lógica*.

Vale la pena tener en consideración, también, que los estudios cognitivos actuales no solo han influido en la filosofía de las ciencias sino que en otra disciplina fundamental como es la metafísica. En efecto, la metafísica hoy no solo se puede referir a la tradición de Aristóteles, a la tradición medieval y el problema de los universales, por ejemplo (íntimamente relacionada y determinada por la cuestión lógica, por lo demás), o a la tradición hegeliana y alemana hasta nuestros días, sino que también a la vuelta de tuerca producida en la disciplina en el siglo xx con el enfoque analítico de Whitehead, Russell, y en la tradición australiana actual con Armstrong. Así, E. García y F. Nef afirman que *la renovación de esta disciplina* (la metafísica) *está ligada al desarrollo de las lógicas modales* (en sus expresiones actuales con la sintaxis de D. Lewis y la semántica asociada a ella, obra de S. Kripke), "Y a las ciencias cognitivas que han equipado con metodología a la vez que reactualizado un cierto número de problemas tradicionales de esta disciplina" (García y Nef, 2007, p. 7)[40]. La estructura metafísica del mundo contiene personas, entes con percepción y con libertad. En los enfoques actuales la libertad es objeto de estudio a través del análisis de los procesos racionales de las decisiones; por otra parte, la percepción es hoy enfocada desde los estudios cognitivos que tienen que ver con los procesos de aprendizaje y comunicación (García y Nef, 2007, p. 309).

Si bien esta influencia de la ciencia cognitiva en la metafísica actual, que toma el nombre de "metafísica analítica", no es tan evidente como ocurre en la filosofía de las ciencias a la que se aludía anteriormente, es una muestra de la fuerza, pertinencia e importancia de estas nuevas aproximaciones a viejos problemas y al planteamiento de otros nuevos.

---

[40] Traducción del francés por el autor.

# 2. APOYO A PROBLEMAS CLÁSICOS DE LA FILOSOFÍA DE LA LÓGICA

## 2.1. Teoría prototípica de los conceptos y la visión cognitiva de la lógica *fuzzy*

### 2.1.1. *La lógica fuzzy*

Desde que Aristóteles y los estoicos meditaron y crearon la lógica en cuanto disciplina formal sobre el razonamiento, uno de los elementos centrales de dicha construcción fue considerar que los elementos constitutivos del razonamiento es el lenguaje, específicamente los enunciados. Una propiedad central de los enunciados es ser objeto de valores de verdad. La lógica, en sus inicios y hasta mediados del siglo pasado, consideró que dichos valores se reducían a dos: "verdad" y "falsedad". Con ello se copa toda la semántica (formal) de un enunciado en cuanto pieza básica del razonamiento. Ello mismo constituye la base de la versión semántica de la inferencia, la idea de consecuencia. Sexto Empírico y Diógenes Laercio atribuyen a los estoicos la idea que relaciona una implicación lógica (argumento) de un condicional verdadero (enunciado), sobre la base de la idea de constantes lógicas para la construcción de enunciados complejos a partir de otros atómicos. Y el condicional será verdadero si no es el caso que las premisas sean verdaderas y la conclusión falsa. De acuerdo con la correlación entre condicional y consecuencia lógica antes mencionada, entonces un argumento será lógicamente válido si sus premisas verdaderas no conducen a una conclusión falsa, en ninguno de los casos de valores de verdad asignados a cada enunciado[41]. Así, la idea

---

[41] Las teorías del condicional de los estoicos se suele entenderlas con dos expresiones: la de Filón, que corresponde a lo que hoy se entiende por condicional material y la expresión de Diodoro, que es un antecedente del condicional estricto de la lógica modal de Lewis (véase

de consecuencia lógica que se encuentra explícita en los estoicos (y de manera más bien implícita en Aristóteles) es dependiente de los valores "verdadero" y "falso"[42].

Sin embargo, Aristóteles[43] vio un problema en esta dualidad verdad-falsedad, problema que se conoce con la reflexión que el estagirita hizo respecto de lo que denominó los enunciados *futuros contingentes*. Al inicio del capítulo IX de *Acerca de la interpretación,* Aristóteles establece que todas las proposiciones, positivas o negativas, que se refieren a sucesos presentes o pasados, son verdaderas o falsas. Sin embargo, continúa, cuando tenemos enunciados cuyos predicados se refieren al futuro la cuestión de la verdad o falsedad de dicho enunciado se hace problemática. "Llueve ahora" puede ser verdadera; y si lo es, su negación "no llueve" será falsa. Y lo mismo sucede con "Llovió ayer". Pero con "Lloverá mañana" las cosas cambian. Aparece el elemento de contingencia, que algo pueda suceder o no pueda. Así, hay una indefinición sustancial acerca de la asignación del valor de verdad que tendrían tales enunciados. Dice: *Considerando las*

---

Palau G. 2004 p. 17). Sobre la lógica estoica puede verse las fuentes en Sexto, *Hipotipósis pirrónicas* y *Contra los matemáticos,* 1997, 2000. También, para un desarrollo histórico y a la vez sistemático del asunto, véase Kneale y Kneale 1962 (reimpreso 2008), cap. III y Benson Mates (1985) y Bochenski (1947, 1957). Así, los estoicos determinaron cinco formas condicionales primeras, que consideraron "indemostrables", dado que su validez se advierte directamente y porque todo otro argumento podría reducirse a ellos. Sexto Empírico, en *Contra los lógicos* L.II, 223 y ss (que corresponde también a *Contra los matemáticos* L.VIII) los expone así: (Sexto, 1997, versión de R.G.Bury) el primer argumento indemostrable: "Si es de día, hay luz; pero es de día; por tanto hay luz". Es importante notar que, también, los estoicos distinguieron claramente entre un argumento y su forma o su esquema: así, el esquema del primero es: "Si lo primero, lo segundo (es verdadero); pero lo primero (es verdadero); luego, lo segundo (es verdadero)". El segundo esquema es: "Si lo primero, entonces lo segundo (es verdadero); pero no lo segundo (es verdadero), luego no lo primero (es verdadero)". El tercer esquema: "No lo primero y lo segundo (es verdadero), pero lo primero (es verdadero); luego, lo primero (es verdadero)". Sexto solo reseña estos esquemas básicos, pero hay otros dos, que Sexto expone en *Hipotiposis Pirrónicas* L.II, 157 y ss). Dichos 2 esquemas son: el cuarto argumento no demostrable es: "Es de día o es de noche, es de día; por tanto no es de noche". Y el quinto argumento: "Es de día o es de noche, y no es de noche; por tanto es de día".

[42]  Debe tenerse en cuenta, también, que históricamente la cuestión de la consecuencia, de la condicionalidad, de la dependencia de las constantes lógicas de la validez y la verdad, si bien Aristóteles no se ocupó de ello, sí lo hicieron los peripatéticos, especialmente Teofrasto y Eudemo, sus cercanos seguidores. Se conoce la obra de Teofrasto como dedicada a lo que se denominó "silogismos hipotéticos". Véase Bochenski (1947).

[43]  La cuestión de la verdad o falsedad de enunciados que hablan de sucesos futuros también fue tratada con posterioridad por los megáricos, como Diodoro Crono y, en la época moderna, por Leibniz, hasta que el asunto remató en un cambio en la lógica para solucionar el problema.

*cosas en su presente o pasado, las proposiciones, sean positivas o negativas, necesa-riamente son verdaderas o falsas,* ἀληθῆ ἤ´ ψευδῆ εἶναι (Aristóteles, 2002, IX, 18ª,30). Pero, dice Aristóteles, respecto del futuro, ambos predicados, verdadero o falso, "no pueden pertenecer a un sujeto" (2002, IX, 18ª, 39).

Los estoicos establecieron lo que hoy se conoce como el principio de condicionalización y que relaciona los conceptos de argumento con condicional, de modo tal que un argumento es válido cuando el enuncia-do condicional que posee como antecedente al conjunto de las premisas del argumento y como consecuente la conclusión de dicho argumento, no admite verdad en el antecedente y falsedad en el consecuente. Esto es, el argumento es lógicamente válido si su correspondiente condicio-nal es verdad lógica. En resumen, tanto la verdad lógica como la validez inferencial estuvieron determinados por una cuestión semántica, como es la dicotomía verdad-falsedad.

La advertencia de Aristóteles de los futuros contingentes no cayó en el vacío. La lógica actual, a partir de los trabajos de Lukasiewicz, comenzó a considerar que existen enunciados a los que podemos atribuir propie-dades semánticas extendidas, como es agregar un tercer valor de verdad: verdad, falsedad e indeterminación. La lógica trivalente consideró dicha situación, aunque filosóficamente es difícil la interpretación de ese tercer valor. Dependiendo de aquella, hoy existen varios sistemas de trivalen-cia dependiendo de si ese tercer valor es: "indeterminado", "verdadero y falso", "ni verdadero ni falso" u otros.

A mediados del siglo xx Lofti Zadeh (1965) establece un sistema que extiende la trivalencia hacia muchos, y hasta infinitos, valores de verdad. La lógica *fuzzy* es un sistema no clásico que da cuenta de los razonamien-tos válidos con enunciados que contienen términos *borrosos*. En el len-guaje natural muchos son los predicados vagos. De acuerdo con Nguyen y Walter (2000, p. 223) términos vagos los encontramos en los predica-dos referentes a las personas, como "pequeño", "alto", "joven", "sano"; o como características de objetos, como "largo" o "corto", o "pesado"; en predicados de cantidad como "poco", "mucho", etc. Los ámbitos de la vaguedad, pues, son muy amplios. También se da en los mismos valores de verdad, como "muy verdadero", o "vagamente falso"[44]. De acuerdo

---

[44] Un error común, sobre todo en los momentos históricos iniciales de este sistema lógico, fue el confundir vaguedad con probabilidad o ambigüedad. La vaguedad tiene que ver con el hecho de que el término no puede aplicarse netamente a un objeto. Véase, al respecto, la aclaración en Mukaidono (2004, p.12).

con R. Keefe (1998, 1999, 2000) un predicado es vago si cumple con: (i) tener casos de borde; (ii) no poseer límites precisos; (iii) ser susceptible de la paradoja de *sorites*. En primer lugar, los casos de borde tienen que ver con aquellas situaciones en las que no es claro si el predicado se aplica o no; pero no por un problema de ignorancia sino porque no habría, en principio, cómo saberlo. Supongamos el predicado "alto" aplicado a la estatura de las personas. Puede haber personas que claramente son altas y otras que no lo sean. Supongamos, además, que definimos la clase de las personas altas como aquella que pone el límite en 1,80 m. Pues bien, alguien de 1,85 m es claramente alto y alguien de 1,71 m no lo es. Es notorio que la vaguedad de un predicado es un asunto de definición, función de muchos factores que aquí no cabe tratar. Los dos casos anteriores no son "borrosos" o "vagos"; esas personas pertenecen o no pertenecen a la clase definida por el predicado "alto", en Alto (x). Pero si, por ejemplo, x=persona de 1,795 m, ¿se podrá decir que es baja respecto del de 1,80 m? En suma, un predicado es vago si su extensión no es clara, esto es, si hay objetos algunos de los cuales presentan casos de borde. En segundo lugar (ii), la falta de precisión tiene que ver con que el predicado vago no especifica el punto en que se aplica o no a un objeto; entre 0 y 1,80 m no hay un criterio en el mismo predicado para definir a partir de cuándo se considera "alta" a una persona. Sobre esto en la filosofía de la lógica hay dos posturas: la de Williamson y Sorensen, que tratan el asunto de manera epistémica, esto es, se trata de que no podemos saber el punto de inflexión entre alto y bajo, pero que debe siempre haberlo, y la postura más extendida de quienes, como Keefe, no es epistémica[45]. Esto conduce a la tercera consideración del mismo Keefe: el *sorites*[46], la

<hr>

[45]   Las concepciones de lo que es realmente la vaguedad de un predicado son variadas: a) la concepción de la multivaluación, representada por Tye (1994) y Machina (1999), que asumen la realidad de la vaguedad de un predicado sin tratar de transformarla en otra cosa; b) la concepción epistémica de Williamson (2001) y Sorensen (2004), según la cual la vaguedad de un término se reduce a una ignorancia del sujeto que no puede determinar cuándo alguien alto pasa a ser bajo, no mediando, por supuesto, definiciones de tipo convencional o arbitrarias; la visión de la supervaluación, que es un intento por deshacer el problema propiamente tal, representado por Keefe o Van Fraassen (1980); la visión ontológica, según la cual la vaguedad es real, no solo una cuestión a nivel lingüístico: existen situaciones reales borrosas, como lo defienden por ejemplo Kosko (1995), G. Priest (2001); la teoría pragmática de la vaguedad, representada por Romerales (2004).

[46]   El término "sorites" es una transliteración de σωρείτης, y del sustantivo ὁ σωρός, "el montón", haciendo alusión a la paradoja que aparece justamente en argumentos que contienen

paradoja del "montón". Esta paradoja es el fundamento del sistema lógico no clásico multivaluado; ella conlleva a que si se define un sistema lógico clásico como $S_L = <L, D, Sm>$, un sistema *fuzzy* es $S_f = <L, D_f, Sm_f>$, en que la base deductiva $D_f$ y la semántica $Sm_f$ dejan de ser clásicos fundamentalmente por : (i) en $D_f$ no es válido el *modus ponens* ni (ii) *el tercero excluido.* La causa de esto es el *sorites,* paradoja que se representa justamente como una cadena de *modus ponens.* En términos resumidos, la paradoja puede representarse así:

(i) x es A (lo cual se supone claramente verdadero)

(ii) x' es una variación pequeñísima de x, tal que, x' es A también es verdadero

---

(iii) $x_n$ es A (es claramente falso, pero se obtiene por sucesivas pequeñísimas variaciones de x, x'…$x_n$)

De manera ampliada, donde se muestra la sucesión de condicionales:

1.  $A_0$
    $A_0 \rightarrow A_1$

    $\overline{A_1}$

2.  $A_1$
    $A_1 \rightarrow A_2$

    $\overline{A_2}$

    . . . .

n.  $A_{n-1}$
    $A_{n-1} \rightarrow A_n$

    $\overline{A_n}$

---

nombres que significan reunión de cosas, paradoja que se atribuye al lógico de Megara, Eubúlides. También se daba ese nombre en la filosofía griega a los "polisilogismos", argumentos en cadena: a$\rightarrow$b, b$\rightarrow$c, c$\rightarrow$d…m$\rightarrow$n entonces a$\rightarrow$n.

Esta estructura de la paradoja indica que mientras podemos afirmar que si el primer condicional en la primera premisa de 1. es verdadera, hay que aceptar que el condicional de *n* es falsa. ¿En cuál de los elementos de la cadena de *modus ponens* 1…*n* se pasó de un condicional verdadero a otro falso? En un ejemplo como el siguiente se puede observar esta paradoja: 1) Si tener un peso es poco, tener dos pesos en el bolsillo también es poco; un peso es poco, por tanto, dos pesos es poco; 2) dos pesos es poco; si dos pesos es poco, tres pesos también es poco, en consecuencia, 3 es poco; 3) tres pesos es poco; si tres es poco, cuatro es poco, en consecuencia cuatro pesos es poco; 4) cuatro pesos es poco; si cuatro es poco, cinco es poco; por tanto, cinco pesos es poco;… *499.999*) 499.999 pesos en el bolsillo es poco; si 499.999 pesos es poco, entonces 500 mil pesos es poco, por tanto 500 mil pesos en el bolsillo es poco. Cabe hacer las siguientes observaciones:

a. La paradoja consiste en que en la sucesión de condicionales en la estructura válida *modus ponens* es claro que podemos aceptar la verdad de las premisas de 1). Sin embargo, cuando llegamos al razonamiento N° *499.999*, las dos premisas ya no parecen verdaderas. Al menos cabe la duda. La cuestión, por supuesto, es cultural.

b. La duda anterior es función de una cuestión pragmática, ajena a la validez del razonamiento mismo: se trata de que tener 500 mil pesos en el bolsillo parece ser mucho, pero en otros casos puede no serlo. Por tanto, la paradoja es función de una circunstancia. Alguien de 1,77 m de altura, como ya se ha ejemplificado anteriormente, puede ser catalogado de "alto" en un lugar, etnia o cultura pero, seguramente, será "bajo" en otro lugar o, también, en otro tiempo (habida cuenta esto último, de las transformaciones en la talla de la población por obra de factores médicos y culturales).

c. La paradoja, como se observa, aparece si y solo si la serie de los *modus ponens* es "suficientemente" larga. Con, digamos, cinco pasos del ejemplo anterior no hay paradoja: podemos seguir considerando todas las premisas como verdaderas, siempre en una circunstancia dada.

d. De acuerdo con lo anterior, el punto problemático específico se lo puede formular así: Si el condicional inicial es verdadero y el condicional 500 mil es falso, ¿en cuál condicional entre esos dos precisamente se cambió el valor de verdad? ¿Si hay dos extremos, uno verdadero y otro falso, cuál es el valor de verdad de todas las premisas restantes? ¿Se puede determinar ese punto exacto en que un condicional cambió su valor de verdad? Las posturas difieren en las respuestas posibles, pero para los efectos de lo que aquí interesa solamente se puede resaltar la gradualidad en esos valores de verdad. Junto con ello, la paradoja indica que la lógica *fuzzy* queda definida como aquella en que hay infinitos valores de verdad, en que no es válido el *modus ponens*, pues conduce a una paradoja, así como tampoco es válido el tercero excluido.

El problema de la borrosidad tiene que ver directamente, pues, con la graduación de los valores de verdad. No hay bivalencia, rasgo fundamental de la lógica clásica, como lo afirma Williamson (2001, Cap. 4). Si en los sistemas de lógica trivalente se puede hablar aún de un conjunto de valores $\{1, 1/2, 0\}$, siendo ½ interpretable de varias maneras (verdadero y falso; ni verdadero ni falso; indeterminado), en la lógica de la borrosidad sin embargo ya no se puede hablar de conjunto sino más bien de un intervalo $[0,1]$. El intervalo habla de un infinito número de valores, cuyos extremos son la verdad y la falsedad.

Los razonamientos borrosos están presentes en nuestra vida cotidiana y en la ciencia de manera mucho más regular de lo que pareciera: por ejemplo, (i) Si llueve debemos bajar la velocidad; (ii) está lloviendo *poco*, ahora; (iii) entonces, no bajamos la velocidad, o bien (iii), bajamos *poco* la velocidad. Las palabras "poco" y "mucho" expresan aquí la borrosidad que debe manejar esta lógica y expresan, a su vez, que la verdad o falsedad no son las únicas valuaciones posibles.

La paradoja del *sorites* es explicada en función de la idea de predicado vago de la siguiente manera por P. Geenough (2003): $\forall a \forall b$, si $v(b){-}v(a) < c$, entonces S es verdadera en *a* si y solo si S es verdad en *b*; S es una sentencia y *c* es un número real muy pequeño, que representa el paso gradual entre un condicional y el inmediatamente siguiente en la cadena del *sorites*, digamos entre el N° 54 y el N° 55 en el ejemplo de los pesos en el bolsillo. Por otra parte, la expresión $\forall(b){-}\forall(a)$ representa la diferencia de valuación entre los dos condicionales sucesivos. Así, la definición de Geenough equivale a decir que, como la diferencia entre *a* y *b* es muy pequeña, hay gradualidad entre dos pasos sucesivos, y si esa diferencia entre *a* y *b* es menor que el número real *c* que es pequeño, entonces la verdad de *a* no alcanza a cambiar a falso en *b*. Así, por ejemplo, siendo $c = 2$, si a es tener 3 pesos en el bolsillo y *b* es tener 4, $4{-}3 < c$, por lo que si tener 3 pesos es poco también lo es tener 4. Si *c* fuese un número grande, digamos, $c = 100$, no habría gradualidad.

En la definición de K. Tanaka (1996, p. 9) encontramos la asociación que comúnmente se hace entre predicado vago y conjunto vago. En tal sentido los conjuntos se pueden dividir en dos clases: conjuntos *Fuzzy* y conjuntos *crisp:*

1) Supongamos que A es un conjunto *crisp* y X un universo: entonces x = 1 si x $\in$ X y x = 0 si x $\notin$ X, esto es, los valores posibles de x son el conjunto: {0,1}.

2) Supongamos que A es *fuzzy*; la función *membresía* $\mu_A$ es X$\rightarrow$[0.1]. $\mu_A$ representa el grado en que x pertenece a A.

Puede decirse que un conjunto *fuzzy* F es una función en un universo U, F: U$\rightarrow$[0.1], de modo que F asigna a cada valor x de U un valor entre 0 y 1 Ese número, entre 0 y 1 se llama grado de membresía de x al conjunto F. Ahora bien, se lo suele interpretar como un *grado de verdad* de la proposición "x es miembro de F". Según esto, un conjunto *crisp* que solo considera los valores extremos 0 y 1, puede ser entendido como un caso especial de conjunto *fuzzy*. Y, al revés, un conjunto *fuzzy* como una ampliación de uno *crisp.*

La semántica de la lógica *fuzzy* extiende las ideas de la trivalencia, y la trivalencia puede ser vista, a la inversa, como una multivaluación restringida. El cálculo proposicional trivalente vale, entonces, para la lógica *fuzzy.* Así, en el sistema $S_f$, las constantes lógicas se determinan así:

1) $\neg x = 1- x$
2) x$\rightarrow$y = mín (1, 1- x+y), o también: x$\rightarrow$y = 1 si x $\leq$ y, o x$\rightarrow$y = 1- x+y de otro modo
3) x $\vee$ y = máx (x,y)
4) x $\wedge$ y = mín (x,y)
5) x $\Leftrightarrow$ y = (x$\rightarrow$y) $\wedge$ (y$\rightarrow$x) = 1- (x - y)

Solo a modo ilustrativo, se puede considerar la valuación de un condicional *fuzzy* x$\rightarrow$y$_f$ con *p* y *q* asociados a valores graduados, no solo 1 y 0[47]; x = {0, 0.2, 0.5, 0.8, 1} e y = {0, 0.2, 0.5, 0.8, 1}:

---

[47] Los valores de *p* y *q* son asignados por el sujeto según el problema específico que se trate. La graduación elegida depende de ello, no de propiedades del condicional ni de *p* ni *q*. Los

| x→y | 0 | 0.2 | 0.5 | 0.8 | 1 |
|---|---|---|---|---|---|
| 0 | 1 | 1 | 1 | 1 | 1 |
| 0.2 | 0.8 | 1 | 1 | 1 | 1 |
| 0.5 | 0.5 | 0.7 | 1 | 1 | 1 |
| 0.8 | 0.2 | 0.4 | 0.7 | 1 | 1 |
| 1 | 0 | 0.2 | 0.5 | 0.8 | 1 |

Dado que en x→y se tiene valor verdadero si se da la combinación FV, el condicional borroso se considera verdadero si el valor de x nunca es mayor que el valor de $y$.

Veamos de qué manera el tercero excluido *fuzzy* x v ¬$x_f$ no es válido en $S_f$. Se usarán los mismos valores para x = $\{0, 0.2, 0.5, 0.8, 1\}$. De acuerdo con la definición de la negación, se tiene que ¬x = $\{1, 0.8, 0.5, 0.2, 0\}$. La matriz es, entonces:

| x | ¬x | x v¬$x_f$ |
|---|---|---|
| 0 | 1 | *1* |
| 0.2 | 0.8 | *0.8* |
| 0.5 | 0.5 | *0.5* |
| 0.8 | 0.2 | *0.8* |
| 1 | 0 | *1* |

El tercero excluido tiene, pues, solo dos valores verdaderos de los cinco posibles. En consecuencia, no es válido en lógica borrosa[48]. En la matriz puede observarse, también, que solo los valores de x =1 y x=0 dan resul-

---

valores de la matriz ejemplificada van así, por ejemplo, de verdad para 1, casi verdadero para 0.8, menos verdadero para 0.5, casi falso para 0.2. Los términos utilizados son, por supuesto, convencionales. Estos valores se obtienen aplicando la definición *fuzzy* de p→q. Por ejemplo: 0→0 = (1, 1- 0 + 0) =1; 0→ 0.2 = (1, 1- 0 + 0.2= 1,2, por lo que se considera 1; para el caso 0.5→ 0.2 = ( 1, 1- 0.5 + 0.2 )= 0.7, por lo que el valor será 0.7, al ser menor que 1. Así con todos los valores de la matriz.

[48] Se denomina valor designado D a aquel que se considera que da el valor de verdad. En el caso del ejemplo analizado, D = 1. De acuerdo con esto se tiene que un argumento *fuzzy* se considera válido si cuando las premisas tienen valor igual a 1 la conclusión no puede tener un valor menor que 1.

tado 1; cualquier gradualidad en la valuación, cualquier otro valor 0 < x < 1 hace inválido el principio de tercero excluido.

Pero S. Haack realizó una crítica importante a la interpretación de la lógica *fuzzy* que entiende que la verdad pueda, ella misma, ser borrosa. Haack aduce que ello es un error. Proponemos aquí que desde el punto de vista de algunas teorías cognitivas, ello podría defenderse, no obstante la fuerza de los argumentos de Haack. Cuando se dice que una persona P es alta y en la lógica la sentencia "P es alta" se le asocia el grado 0.9, ello no significa que la verdad sea ella misma solo "acaso verdadera", con el valor 0.9. La crítica de Haack se dirige al hecho de que L. Zadeh (1965) construyó para el término mismo "verdad" un conjunto graduado de valores, tal como se puede hacer para el término alto. Así, por ejemplo, verdad = {0, 0.2, 0.3...1}, "poco verdadero", "bastante verdadero", "casi verdadero", "muy verdadero", etc. En cambio, según la autora, solo se puede hacer eso para los enunciados x, y, z... Hay modificadores adverbiales (*hedges*) como "bastante" (*quite*), o "muy" (*very*) que se aplican a términos borrosos como "alto", "bajo" o "enfermo", pero que si se aplican a "verdadero" puede en algunos casos resultar locuciones inadecuadas. Así, por ejemplo, "bastante alto" puede considerarse como algo equivalente a "más o menos alto", pero "bastante verdadero" no puede con claridad considerarse equivalente a "más o menos verdadero". Al primero podríamos asociarle, por ejemplo, un valor igual a 0.8, pero al segundo podría ser 0.8 pero también 0.5[49]. Podemos presumir, aunque la autora no dice más, que mientras los términos vagos, como "alto", ellos mismos revelan una gradualidad, en cambio "verdadero" o "falso" no lo son.

### 2.1.2. *Teorías cognitivas y el apoyo a la lógica* fuzzy

Si bien la cuestión de la vaguedad ha sido entendida de manera ontológica, pragmática y epistémica, entre otras, se propone aquí que también puede ser comprendida *desde un punto de vista cognitivo*. Ello permite: a) postular que en ciertas teorías de la ciencia cognitiva puede encontrarse un apoyo teórico a la lógica *fuzzy,* y b) que también la perspectiva cognitiva puede ofrecer una idea de que la cuestión de Haack puede ser, si no resuelta, al

---

[49] Véase en S. Haack 1996 a, p. 241, un listado de los adverbios inadecuadamente aplicados.

menos "disuelta" al entender la vaguedad no como propiedades de enunciados sino que de cogniciones. Si la graduación, según Haack, no puede tener providencia en la verdad de los enunciados, entonces sí la puede tener en las cogniciones de la gradualidad. La filosofía de la lógica *fuzzy* y del concepto de vaguedad puede encontrar ese apoyo en dos tesis: en la teoría prototípica de los conceptos y en la tesis de la creencia no binaria. Esto es, la raíz de la vaguedad y, por ende, la justificación de la lógica *fuzzy* no solo debe buscarse en cuestiones epistémicas, al estilo Williamson, o netamente lógicas, como Haack, sino que también en cuestiones cognitivas.

D. Christensen (2004) propone una reformulación entre lógica y razonamiento. Contra autores como G. Harman (1986), que postulan que no hay tal relación, el autor defiende al menos un lado efectivo en que ella se da. Las creencias, afirma Christensen, han sido consideradas en la filosofía bajo la exigencia de ser lógicamente consistentes unas con otras. Además se ha considerado que si un sujeto cree las premisas y la conclusión es derivada (sintácticamente) de esas premisas (o, en términos semánticos, la conclusión es consecuencia lógica de las premisas), entonces tenemos que ese sujeto debe creer en la conclusión[50]. Según Christensen puede considerarse dos tipos fundamentales de concebir la creencia: a) el enfoque binario de la creencia, y b) el enfoque no binario o pragmático.

El primer tipo, el binario, guarda estrecha relación con la bivalencia lógica de los sistemas clásicos, mientras que el segundo tipo de aproximación, el pragmático, se acerca mucho a la polivalencia de la lógica *fuzzy* y es por ello, que se analizará aquí. Pero debe aclararse de inmediato que el autor no habla en términos de "vaguedad"; lo que se propone en esta sección, entonces, es hacer una interpretación de la propuesta de Christensen debido a su manifiesta cercanía con el concepto de vaguedad.

La creencia binaria considera constreñimientos deductivos sobre dichas creencias, en el sentido de que debe haber una consistencia entre las creencias del sujeto y, además, el sujeto debe creer las consecuencias de una creencia. Pero el punto decisivo es que lo binario significa que el sujeto cree en P o no cree en P. A diferencia de ello, la perspectiva denominada pragmática considera que la creencia no solo se da entre esas dos únicas alternativas, creer o no creer, sino que en una gradualidad cuyos extremos

---

[50] Esto último corresponde al problema de la clausura bajo deducción. Puede estar el conocimiento clausurado bajo deducción. Puede verse al respecto el debate Dretske (2005) y Hawthorne (2005). En nuestro tema se trataría de clausura de la creencia bajo implicación.

son creer que P y no creer que P. Hay situaciones en las que la creencia es binaria y la gradualidad no se observa, pero en otras la dicotomía resulta muy estrecha. Es más, se podría decir que la mayoría de las creencias, justamente por ser creencias, no son binarias. "Creo que Juan vendrá a la reunión" y "no creo que Juan vendrá a la reunión" puede ser una situación binaria. Pero ello depende de la profundidad de la creencia; también esa misma creencia podría ser interpretada como "creo que probablemente Juan vendrá" (Christensen, 2007, cap. 2). Algunas creencias parecen precisas, otras no; algunas parecen precisas dependiendo de la situación.

El modelo que interpreta la creencia en forma gradual, en cambio, está basado en una propiedad no formal: la confianza o desconfianza que tenemos en que suceda cierto hecho, por ejemplo. La confianza en que, dadas las circunstancias, hoy en la tarde lloverá puede ir disminuyendo o aumentando durante el día. Y con ello, la creencia misma será graduada. Ello se deberá a la observación de evidencias a favor o en contra de la ocurrencia del hecho en cuestión. De acuerdo con Christensen muchas de las acciones tanto en la vida cotidiana como en las decisiones teóricas, pueden ser explicadas por los grados de creencias, sobre los que el agente actuó.

En el modelo binario de creencia hay un conjunto claro, digamos, *crisp*, de exigencias en el cual el sujeto cree. La membresía al conjunto es "pertenece" o "no pertenece". Pero en la concepción graduada no hay un conjunto claro de exigencias o propiedades en el cual el agente cree. Para este último caso Christensen acude a la probabilidad, que rangea entre 1 para la certeza de que las exigencias del conjunto son ciertas y 0 para lo contrario. En términos formales el autor plantea la cuestión en relación con algunas reglas válidas; así uno cree $p \lor q$ tan fuertemente como se cree en $p$. Esto debido a que p ⊨ p ∨ q. Entonces: "El dictado de la clausura lógica para las creencias binarias requiere que un agente racional ideal no crea $p$ si falla en creer $p \lor q$" (Christensen 2007, p.15). Como se ve, la validez de la inferencia aquella aquí falla, pero falla no por razones formales (como ocurre con la falla del *modus ponens* en razón de una paradoja) ni epistémicas ni ontológicas; sus razones son cognitivas. Por otra parte, la concepción gradual o no binaria de la creencia: "Requiere que un agente racional ideal no crea en un cierto grado que $p$ mientras falla en creer que $p \lor q$ al menos en un cierto grado. De igual manera: la consistencia lógica de la creencia binaria requiere que un agente racional ideal no crea ambos, que $p$ y que ¬(p∨q)" (Christensen, 2007, p. 16). Esto es, si un sujeto cree uno de esos enunciados, no puede creer en el otro. Por otro lado, en la concepción gradualista: "La coherencia probabilística de la creencia graduada requiere que el grado de creencia de un agente racionalmente ideal que $p$ y que $\neg(p \vee q)$ no sume más que 1. En otras palabras, mientras más fuertemente el agente cree en alguna de las dos sentencias menos fuertemente debe creer en la otra" (*ibídem*, p. 16).

Se plantea aquí que esta aproximación del autor puede asociarse o reinterpretarse como un fenómeno *fuzzy*, más que probabilístico. Como se observa en las citas anteriores, la condición de creencia gradual del agente coincide con la invalidez en la lógica *fuzzy* del tercero excluido. No es válido que $p$ o no $p$; y no es verdad que o se crea $p$ o se crea no $p$. Esta aproximación gradualista de Christensen, pues, da apoyo a la lógica borrosa. Dicho apoyo, en suma, proviene de un acto cognitivo, no simbólico ni formal.

La teoría de los conceptos significa otro fundamento para la lógica *fuzzy*. Destaca en este respecto la teoría prototípica planteada originalmente por E. Rosch. La conceptualización es sin duda uno de los procesos cognitivos relevantes junto con la inferencia, la memoria, la percepción, los que juegan, todos ellos, roles notorios en la aprehensión del entorno. La tesis de Rosch es radical: no solo hay relación entre la naturaleza de los conceptos y la vaguedad: los conceptos serían *fuzzy* por naturaleza. De otro modo: los conceptos pueden entenderse como conjuntos *fuzzy* y, como tales, son la estructura interna de los conceptos. Los conceptos han sido entendidos en la filosofía de muchas maneras; como entidades o como no entidades sino como ficciones; como entidades han sido entendidas como mentales, o abstracciones, como en Aristóteles; como entidades metafísicas, como en Platón, como entidades mentales han sido a su vez consideradas como innatas o aprendidas. Como entidades, finalmente, se las ha visto como entidades lingüísticas, como en Wittgenstein (Thagard 1993, p. 18).

Los conceptos, afirma Rosch, son desde un punto de vista cognitivo los principales elementos de las teorías de la mente. Los seres humanos "viven", por decirlo así, ampliamente, en un mundo categorizado conceptualmente. Esto se revela en el hecho de que todos los objetos y todos los eventos y sucesos tienen siempre el carácter de ser miembros de una clase: la clase definida por un concepto[51]. Según la autora, hay tres enfoques

---

[51] Recordemos que en lógica un predicado monádico define una clase, así como un predicado diádico define una relación.

centrales respecto de la naturaleza de los conceptos: la clásica, que aquí la asociamos con los conjuntos *crisp*, la prototípica y la ecológica. Estas dos últimas son las que fundamentan la lógica *fuzzy*. En la visión clásica los conceptos son estables, exactos, universales, poseen límites claros de aplicación. En esta aproximación los miembros pertenecientes a un objeto tienen atributos que son *suficientes y necesarios* para pertenecer al concepto. Esta idea de los conceptos fundamenta la inferencia deductiva: una vez que se conoce la membresía de un determinado ítem, afirma Rosch, se pueden realizar inferencias acerca de ello sin necesidad de recurrir a ningún expediente del mundo, independiente del predicado. Dicho ítem llega a ser un elemento abstracto. Así, en el canónico caso de "Todo hombre es mortal" y "Sócrates es hombre", entonces "Sócrates es mortal", y esto sin tener que agregar ningún aspecto ajeno a Sócrates mismo, como por ejemplo su salud, su edad, su tamaño, su nacionalidad, sus preferencias, etc. Que Sócrates se constituya como un predicado abstracto significa justamente lo anterior: que sus otras determinaciones fácticas son irrelevantes para producir una inferencia válida. Dicho en formato lógico: solo cuenta la forma de los enunciados y la forma de la inferencia que los relaciona, sin tener que considerar sus condiciones fácticas. Afirma la autora: "Solo es necesario y suficiente que la categoría obedezca los criterios de ser una base de conocimiento y significado" (Rosch 2011, p. 92).

Frente a esta teoría, la autora ha sido la impulsora de otra teoría de los conceptos, la teoría prototípica, que está fundada no en la lógica ni en la lingüística sino que en la piscología y en la teoría de la cognición. Consideremos, ejemplifica Rosch, ¿es el sillón del dentista un buen ejemplar de sillón? Sin duda que es un sillón, pero ¿es un buen caso de sillón? ¿No representaría mejor el concepto de sillón una cómoda poltrona? Afirma la autora: "¿Está usted inmediatamente seguro acerca de cómo clasificar y nombrar cada color que usted ve? (…) Todos los miembros de una categoría conceptual no parecían ser todos igualmente buenos miembros (2011, p. 94)". Rosch, desde la psicología, partió estudiando las membresías de colores; si el color del pomelo es claramente o no perteneciente a la categoría de ser amarillo. Luego continuó con categorías del idioma común, específicamente con nombres como fruta, pájaro, árbol, vegetal, pero nombres de categoría, no nombres propios. Respecto de un nombre propio no podría haber borrosidad. La tesis es que hay prototipos de una categoría, un objeto que cumple bien, regular o apenas con las características de la categoría; en otros términos el prototipo es un objeto que cumple bien con las condiciones de pertenencia que plantea la categoría. La teoría clásica de los conceptos afirma que un objeto pertenece al concepto o no; este objeto cumple o no cumple con las condiciones necesarias para ser conceptualizado como "manzana". En tal sentido la teoría clásica sería interpretable como una teoría que maneja conjuntos *crisp*.

Experimentalmente, los trabajos de Rosch presentaban a un grupo determinado de sujetos la tarea de clasificación de un objeto bajo un concepto: así, respecto del concepto "fruta" se veía que una manzana era claramente clasificada como fruta; en cambio un tomate era clasificado débilmente como una fruta. Esto, como se aprecia, tal como ocurre con lo *fuzzy*, es altamente cultural; así como clasificar a una persona como "alta" puede ser cultural, así también con la conceptualización. Así, un canario es claramente un prototipo de "pájaro". Sin embargo el pingüino no cumple con ciertas características de los pájaros, como es volar, aunque no dudamos en clasificarlo como tal. Volar no sería una condición suficiente y necesaria para que algo sea pájaro. No hay membresía *crisp*, sino que hay gradualidad, esencial, diría Rosch[52].

La cuestión de la inferencia, entonces, es pensada cognitivamente de nueva manera a la luz de lo anterior. Según Rosch, la inferencia inductiva, en términos cognitivos, posee el rasgo de la asimetría, según el dominio del que se trate. Las investigaciones en psicología cognitiva llevadas a cabo por Carey, afirma la autora, informan los casos en que los niños pequeños, alrededor de cinco años, realizan inducciones en el dominio específico de los animales y sus propiedades. Por ejemplo, dice Rosch, si un niño de cinco años ya sabe que los animales humanos poseen un órgano llamado "bazo", seguramente inferirá que todo animal lo tiene también, incluso una abeja. Pero cuando dice que una abeja tiene "bazo", no induce que todo animal lo tiene. Esto revela que la inducción, en términos cognitivos, o sea como razonamiento humano, es dependiente del dominio. Su asimetría responde a eso.

---

[52] Véase en Rosch 2011, p. 96, la exposición de la autora respecto de cómo el planteamiento gradualista de los conceptos es base para un conjunto de procedimientos y explicaciones psicológicas. Por ejemplo, respecto de los tiempos de reacción, el mejor ejemplo de un concepto es más rápidamente reconocido como perteneciente al conjunto que el peor ejemplo; esto es, "la manzana es una fruta" es más rápidamente respondido afirmativamente por los sujetos que "el tomate es una fruta". O, también, las categorías son aprendidas más rápidamente si los mejores ejemplos o los más claros son presentados primero al sujeto.

La deducción es, por el contrario, una relación simétrica y reversible. Pero en el sentido de los juicios de similitud. Por ejemplo, la distancia del punto A al punto B es la misma que la distancia entre el punto B hacia el A, al menos en la relaciones planas[53]. En este caso, la gradualidad puede romper la simetría. En términos simétricos, Corea del Norte es similar a China de igual forma que China es similar a Corea del Norte. Ello guardaría una relación simétrica. Sin embargo la gradualidad de los miembros de una categoría hace que la simetría pueda romperse: así, hoy al menos, ejemplifica la autora, Corea del Norte es juzgada más similar a China que China a Corea del Norte. Juicios inferenciales como estos se ven determinados, pues, por la gradualidad.

Así, concluye Rosch, la gradualidad en la membresía implica consecuencias para diversas funciones psicológicas. Entonces:

> Si el concepto no es un conjunto clásico, con las condiciones necesarias y suficientes para la membresía, ¿qué es? ¿Qué es la representación mental de un concepto y cómo funciona? (…) La respuesta que propuse a esta cuestión fue que las personas forman y utilizan una idea y/o una imagen de la categoría que representa la categoría para ellas, y la cual es más parecida (o más fácilmente generada) a los buenos ejemplos de la categoría que a los malo (…) He llamado a estas representaciones un prototipo (Rosch, 2011, p. 99).

Los prototipos, entonces, son generados en el uso de los sujetos. Se trata, pues, de una cuestión no normativa sino más bien empírica. En tal sentido los prototipos, como representaciones, permiten diversas funciones cognitivas como comparar, clasificar, comprender e inferir. Los estereotipos sociales, por ejemplos, son prototipos aplicados a grupos de personas o los precedentes: se juzga aplicar un concepto a algo en la medida en que se asemeje a casos precedentes. Pero los prototipos poseen una propiedad que es relevante aquí: su "grado" de concreción-abstracción. Así, el prototipo del concepto de *sillón* estará determinado por características concretas de la categoría que tendrá el mueble en cuestión, en forma graduada. Pero si tomamos ahora la categoría de *mueble,* es más difícil encontrar

---

[53] Estos conceptos de simetría de las relaciones no coinciden con el concepto estricto en lógica. Como lo trata Russell, por ejemplo, "ser hermano de" es simétrica, pero "ser padre de" es asimétrica. Según ello, la deducción es una relación asimétrica. Véase Russell (1946).

determinaciones sensoriales, de apariencias, como en la categoría *sillón*. Con la categoría de *objeto* parece haber una complicación mayor, aunque, por otra parte, bien podemos entender que este lápiz, muy concreto, es un prototipo de objeto, aunque también lo podría ser de un número. En suma, para los dominios sensoriales, los prototipos de una categoría quedan determinados por tener la mayor semejanza con los miembros de la clase.

De acuerdo con Rosch (2011, p. 101), los ideales funcionan como prototipos. El ideal de algo hace las veces de prototipo. Si combinamos esto con la tesis anterior de que los conceptos abstractos también admiten prototipos, podemos arribar a la pregunta por la gradualidad de la verdad. Según lo anterior podemos imaginar que el concepto de verdad puede también funcionar prototípicamente. Así, por ejemplo, a=a podría ser un prototipo de enunciado verdadero, mientras que "hoy es viernes", siendo verdadero, pero al ser contingente sería usado más débilmente como prototipo de verdad. Por esta vía puede responderse a las críticas de Haack, en cuanto la teoría de prototipos puede fundamentar la graduación de la verdad, rechazada por Haack. Sin embargo, el tema central aquí no es ese, sino, como lo hemos visto, la teoría cognitiva de la construcción subjetiva de prototipos da apoyo a la lógica *fuzzy*.

Pero Rosch presenta otra versión de la teoría: la teoría ecológica de los conceptos, que también es relevante para la lógica borrosa. Los conceptos, afirma, no ocurren en forma aislada y solo en tiempo presente[54]; si un concepto es parte de la memora de un suceso, esa memoria del concepto está cognitivamente ocurriendo en tiempo presente. El concepto solo ocurre "en situación", parafraseando a Sartre. El contexto de un concepto son todos los otros conceptos, todo el conjunto de hábitos, emociones, valores, conocimientos adquiridos; y todo ello está abierto a gradualidad.

Rosch diagnostica que, en general, aún persiste una concepción "estanca" de los conceptos y de las palabras; aún se desconoce que los sujetos razonan y conceptualizan de manera distinta a la idea de que los conceptos son representaciones fijas, eternas, que están más allá del flujo de la experiencia. Ello parece ser tributario de una metafísica de lo quieto, donde lo móvil resulta siempre sospechoso. Tal vez toda la ontología, desde Parménides, salvando a Heráclito entre otros, haya sido un pensa-

---

[54] Este rasgo puede relacionarse con la lógica temporal, en la que, por el contrario, se trata de formalizar enunciados en tiempos presentes y también pasados y futuros, como "A es B", "A será B", o "A ha sido B en t".

miento de lo quieto, lo constante, lo inmóvil, como valores superiores de racionalidad y de realidad. De acuerdo con esto, la autora postula que la deducción, esto es, la validez lógica, la validez lógica clásica hay que precisar, está construida sobre dicha idea de los conceptos como entes sin gradualidad posible. Afirma la autora: "La lógica deductiva clásica está instalada como la reina del razonamiento que provee seguridad cognitiva y emocional a través de reglas claras y bordes seguros" (Rosch, 2011, p. 114). Pero tanto la lógica *fuzzy* y su fundamento extralógico en una teoría cognitiva de los conceptos graduados desafían hoy esto.

Sin embargo, para evitar las críticas que se han levantado contra el hecho de que la lógica *fuzzy* pueda relacionarse con los prototipos conceptuales, hay que considerar que esas críticas se centran en un malentendido, que es el de confundir a la lógica *fuzzy* con una teoría acerca de los conceptos. No lo es. Son ámbitos diferentes. Sin embargo, como se ha tratado de mostrar aquí, la justificación epistémica de la lógica borrosa puede encontrar un apoyo, sino el único, en las tesis cognitivas de la gradualidad de los conceptos, en su uso real por los sujetos racionales[55].

En suma, la lógica clásica no solo está asentada sobre un lenguaje y determinada base deductiva, como de ordinario se define a un sistema

---

[55] Las críticas a la relación entre lógica *fuzzy* y gradualidad conceptual son respondidas por la misma E. Rosch (2011) y también por Belohlavek y Klir (2011). Los autores analizan y refutan a Osherson y Smith, O-S, en su artículo de 1981, donde estos niegan que la lógica *fuzzy* pueda representar a los conceptos. Pero ello se basa en la falacia de atribuir a la lógica borrosa la calidad de teoría de los conceptos. Según O-S la reunión de lógica *fuzzy* con teoría de los conceptos prototípicos contradice lo que intuitivamente entendemos por concepto. El mayor problema, que varios autores han hecho ver, radica en la conjunción. Como lo analizan Bell , DeVinci y Solomon (2011, p. 227), supongamos que a, b, c, e son bolas, R es rojo y S es pequeño. Y supongamos las valuaciones: Ra=1, Rb=½, Rc=½, Re=0.4 y Sa=½ y Sb=½, Sc=0. Entonces, según la semántica *fuzzy* que se ha expuesto en esta sección, se tiene que Ra∧Sa=Rb ∧ Sb=½. Luego, ¿cuál sería realmente una "pelota roja pequeña"? ¿Indicaríamos Ra y Sa o Rb y Sb? Parecería que la primera conjunción pues Ra vale 1. Pero, sin embargo, las dos conjunciones dan ½, por lo que la situación es indecidible. Por otro lado, la conjunción Rb ∧ Re=0.4, según la semántica *fuzzy* (p ∧q=min(p, q)); la pelota b es levemente más roja que la pelota e. Mas, a su vez, ¬Rb ∧ Rc=0.4 , esto es: min (1- ½, 0.4)=0.4. Por tanto, contraintuitivamente, tanto Rb o su negación tendrían el mismo grado de rojez, b es ½ roja y no-b es ½ roja. La conjunción *fuzz*y, pues presenta graves problemas intuitivos. La observación de los autores a esto es que la lógica *fuzzy* solo ofrece un cálculo y no sería una buena aproximación a los conceptos. El problema es complejo pues se transforma en una discusión acerca de cuándo la intuición debe dar la última palabra, cosa que la filosofía de la lógica no ha respondido. Lo que se puede decir como mínimo es que la lógica *fuzzy* encuentra una base de justificación en la gradualidad de los conceptos, sin desconocer los problemas que se presentan entre ambos ámbitos.

lógico. Debe explicitarse que, además, encuentra su fundamento en una determinada concepción de los conceptos, esto es, la concepción de los conceptos como entidades lingüísticas "inmóviles". Pero un sistema como el multivaluado está basado en otra concepción en la que el concepto es eminentemente una entidad gradual. Y esto último es una realidad develada por una teoría cognitiva, no lingüística. La custión lingûística no es necesariamente el elemento básico de la construcción lógica.

## 2.2. Lógica heterogénea, cognición dual $S_1$-$S_2$, cognición distribuida

### 2.2.1. *La lógica heterogénea encuentra apoyo en las teorías de la cognición distribuida y en la teoría de la cognición dual*

A veces, en la literatura especializada, se reserva el nombre de "inferencia heterogénea" para aquella que utiliza más de un formato de base: lingüístico y visual, y para "razonamiento diagramático" para aquel en el que las inferencias se realizan sobre la base de formato visual. En lo que sigue se intenta relacionar la primera de ellas con algunas teorías cognitivas actuales bajo la hipótesis que estas prestan a aquella un apoyo justificatorio.

La lógica heterogénea es un sistema clásico, esto es no divergente, a diferencia del caso anterior analizado, la lógica borrosa. En la historia de la lógica, en general, la participación en una demostración de expedientes que no sean reglas simbólicas formalmente estructuradas, fue relegada a una función secundaria, de mero apoyo, de auxiliar, pero nunca de actor relevante a la par con la aplicación de reglas. En suma, su rol no se lo ha considerado esencial; nada de lo que aporte será diferente de lo que aporte el "puro razonamiento". Esto ha tenido que ver, también, con el problema que juega en la lógica la intuición, cuestión que, hasta la llegada del "Intuicionismo" en lógica parecía algo que debía ser excluido. Se trata de un problema de confianza, a la luz de lo que pasó, por ejemplo, con cuestiones al parecer altamente intuitivas como la verdad del postulado euclidiano sobre las paralelas. La geometría, pues, era un ejemplo de heterogeneidad, mas el problema de la confianza hizo que la opinión sobre el papel de la visualidad se tornara conservadora. El problema, pues, de si en una demostración puede o no lícitamente intervenir algo más que la pura forma de los enunciados, o si otros formatos pueden actuar en conjunto con aquellos, o si la intuición es o no lícita (cuestiones que habían planteado Poincaré y H. Hahn, Carnap, entre muchos, y habían dado una respuesta negativa) encuentra hoy una respuesta positiva en la filosofía de la lógica desde un punto de vista cognitivo. La tesis que se explora aquí es que desde algunas teorías cognitivas del razonamiento es posible reinterpretar lo que se denomina, en este contexto, *intuición,* y darle una base teórica capaz de apoyar una visión más flexible de la naturaleza de la lógica.

Según Barwise y Etchemendy (1996), las representaciones visuales han permanecido como algo de segunda importancia en las demostraciones y sirven, más que nada, como apoyo en instancias de explicaciones pedagógicas. Una opinión representativa de ello la encuentran en la siguiente cita de Tennant, en un texto de 1984):

[el diagrama] es solamente una heurística para apoyar ciertas inferencias;…es dispensable en cuanto instrumento de prueba teorética; en realidad, …no tiene lugar propio en una prueba como tal. Pues la prueba es un objeto sintáctico que consiste solamente en sentencias organizadas en una estructura finita e inspeccionable (Barwise y Etchemendy, 1996, p. 3).

En concordancia con esta visión conservadora, la idea de inferencia válida ha estado, y sigue en realidad aún estando, centrada en el formato lingüístico. Así, tanto en los conceptos de consecuencia lógica (semántica) como en el de derivación (sintáctico), los elementos basales con los que se construye la demostración son enunciados. La definición actual de lo que se entiende por sistema lógico, como ya se ha dicho, lo revela: lenguaje L y base deductiva D son aquellos elementos. Y por "lenguaje" se entiende aquí una formalización de sentencias, con un vocabulario, constantes, signos sintácticos, reglas para construir fórmulas bien formadas, reglas de derivación que se aplican a los enunciados premisas. Así, la lógica consiste en identificar formas de enunciados en secuencias en un cierto lenguaje L al que se aplican reglas, reglas que son a su vez estructuras de enunciados. La cuestión, entonces, radica en elucidar lo que significa "lenguaje". La tesis de la lógica heterogénea consiste en una propuesta para ampliar dicho concepto. Pero, desde otro punto de vista, si bien el lenguaje sentencial es portador de información, y es el único que la lógica tradicionalmente ha considerado, hoy se comienza a pensar que dicho lenguaje no es el único informativo: también lo son, por ejemplo, los diagramas geométricos, los gráficos, los mapas, las escenas visuales sobre situaciones espaciales y otros (Barwise y Etchemendy, 1996, p. 3).

Desde la psicología cognitiva se ha cuestionado la concepción única y excluyente de la validez inferencial basada en una secuencia de sentencias. La lógica no trataría exclusivamente con enunciados. Trataría, además, con formatos cognitivos tales como las creencias graduales, las visualidades, los modelos mentales, la información, los razonamientos revisables, la heterogeneidad de formatos.

Ejemplifican así los autores: en el caso de un mapa no se trata esencialmente de "ver" o "leer" el mapa; se trata más bien de "extraer" la información implícita en un cierto formato visual acerca de un territorio y se la puede o no trasvasijar en otro formato, por ejemplo, sentencial. El punto interesante aquí a notar es que no se trata tampoco de reemplazar un formato por otro de manera absoluta; los autores acuden a la opinión de Kosslyn, quien afirma que los formatos visual y sentencial tienen propiedades suficientemente diferentes como para que puedan aplicarse con éxito cada uno en circunstancias diferentes. Las cosas y situaciones pueden ser representadas por más de una manera.

Otro caso al que acuden los autores es el de la tarea de reconocimiento, tarea que implica una inferencia. Reconocer a una persona como la que es y a la que no se ha visto antes, a la que solo se la ha escuchado por la voz y solo conocemos su nombre; dado que ella debe estar en el recinto X a tal hora, que allí hay una persona hablando con otra y cuya voz reconocemos, inferimos que esa persona debe ser esa persona que no conocemos visualmente. Allí hay una inferencia; hay un paso de cierta información a otra que consideramos conclusiva. Pero esa conclusión es una cognición, en el sentido que se produce por un proceso visual de asociación entre dos factores, voz e imagen de persona, y no por un manejo formal de símbolos bajo reglas explícitas de inferencia. La conclusión asocia un nombre con una imagen y un sonido de una manera que va más allá de la pura visualidad y la pura enunciación. Por ello, en este caso, el razonamiento no puede ser modelado por una secuencia de sentencias (*ibídem,* p. 6).

Acudamos a este ejemplo: podemos demostrar que la superficie del triángulo ABC siguiente es igual a la superficie del rombo de la derecha en el siguiente caso[56]:

---

[56] Véanse ejemplos diversos, 2.1 al 2.5, en el texto de los autores (Barwise y Etchemendy, 1996).

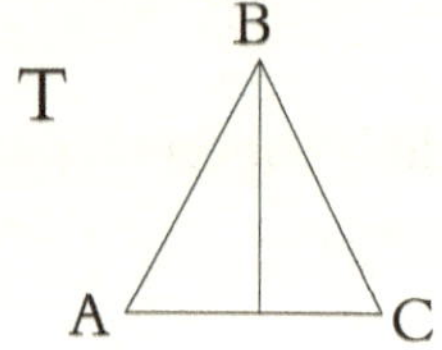


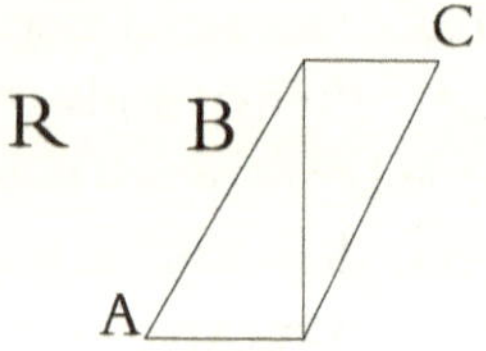


Si la altura del triángulo T, ABC, es la misma altura del rombo R y las caras menores y mayores y ángulos de ABC son las mismas que las del rombo, entonces se concluye que la superficie de ambas figuras es la misma.

Pero la prueba heterogénea apela a algo sutilmente distinto; apela a la participación, en una demostración, de ambos expedientes: por ejemplo el gráfico y el analítico. Esto es, consisten en los casos en que información visual es parte integrante, a la par que la información sentencial, de la prueba. Por ejemplo, es el caso del razonamiento en óptica geométrica o en vectores. Barwise y Etchemendy crearon un programa computacional, "Hiperprueba", capaz justamente de modelar razonamientos acudiendo a los dos formatos: gráficos y enunciados. Ambos aportan información. Figuras geométricas en volumen y enunciados; reglas lógicas y reglas que tratan con información visual.

Un caso mínimo de Hiperprueba, solo para ilustrar cómo es que procede la demostración con dos formatos que aportan información propia, es el siguiente (véase H. Faas, 2005, pp. 18-19 y Barwise y Etchemendy, 1996, pp. 16, 17). Hiperprueba parte dando al sujeto dos series de información:

a) un conjunto de figuras geométricas volumétricas y
b) un conjunto de premisas en formato sentencial.

Por ejemplo (Faas 2005, p. 18):

(i) Se muestran tres pirámides de igual tamaño; un cubo y dos dodecaedros, uno pequeño y otro grande. Ninguna figura tiene asociada una letra que lo identifique y distinga.
(ii) Dodec (c) → Dodec (d)
(iii) Pequeño (c)

Demostrar que: Misma forma (c,d), esto es que la figura c y la d tienen igual forma geométrica.

(iv)  Dodec(c). Se asocia la letra *c* al dodecaedro pequeño, según (iii) y
      según las figuras, en que se muestra que no existe otra figura pequeña
      que no sea el pequeño dodecaedro. Como se constata, el paso (iv)
      se infiere de información mezclada: que uno de los dodecaedros
      sea pequeño es una información solo visual, que no está en los dos
      enunciados; por otra parte, que *c* sea la figura pequeña y no la gran-
      de, es una información de la premisa sentencial (iii) y no está en la
      escena visual. Entonces, el paso inferencial (iv) solo es posible gracias
      a la consideración de ambos formatos en conjunto.

(v)   Dodec (d), según (ii) y (iv). Se aplica en este paso aquí una regla
      lógica: la eliminación del condicional.

Así, el proceso de Hiperprueba (i)-(v) ejemplificado recién muestra que la
inferencia heterogénea es la que permite los pasos demostrativos (iv) y (v);
que ello no se podría haber realizado solo contando con un solo formato.

La lógica tradicional, concluyen Barwise y Etchemendy, entiende el
lenguaje solo como aquel que porta información vía base sentencial. Pero
ello resulta demasiado restrictivo, puesto que:

> Primero, está equivocado en considerar la frecuencia con la que for-
> mas no lingüísticas de información son utilizadas en el razonamiento.
> Hay buenas razones para considerar que muchos, si no la mayoría,
> de los razonamientos hacen uso de alguna forma de representación
> visual. Segundo, es equivocado considerar la extensión en la cual aún
> el razonamiento lingüístico cuenta para las teorías corrientes de la
> inferencia. Como la investigación semántica de los últimos veinte años
> ha mostrado, el lenguaje humano es infinitamente más rico y más
> sutil que los lenguajes formales (Barwise y Etchemendy 1996, p. 23).

## 2.2.2. *Cognición distribuida, cognición dual, modelos mentales y lógica heterogénea*

A. Clark (2007) y E. Hutchins (1995) han sido los impulsores principales
de la teoría de que la cognición hay que comprenderla en forma "extendida". Un acto cognitivo, digamos en general, no está enclaustrado
en el ámbito de lo mental sino que puede extenderse más allá, a otros
componentes que consideraríamos como no mentales. Esto dicho en

términos muy genéricos. R. Giere (2002, 2002a, 2002b, 2004,) por su parte, ha tomado, con cierta precaución, eso sí, esta tesis y la ha aplicado al orden epistémico y de la filosofía de la ciencia.

La cuestión reside en cuál es el límite dentro de los cuales se da una cognición. Hasta ahora dicho fenómeno era visto como algo propio de los procesos mentales, lo que los diferenciaba netamente de los sucesos "externos". La teoría de la "extensión" cambia radicalmente dicha concepción y propone que en una cognición puede, aunque no exclusivamente, participar más de una instancia, no solo la mente. Es más, en la mayoría de los procesos cognitivos cotidianos y también científicos de conocimiento parece ser que se da la extensión. La hipótesis considera que la cognición puede distribuirse entre más de una mente o entre una mente y dispositivos no mentales. No se trata, como a primera vista pudiera parecer, simplemente de "trabajo en conjunto", sino que de algo más. La tesis postula que el resultado de una cognición, no solo de un trabajo, resulta de la acción conjunta de más de una instancia cognitiva; en ciertas situaciones la comprensión de algo, una inferencia determinada, la producción de un conocimiento, solo se puede hacer si concurre más de un centro cognitivo. Giere refiere así el problema en relación con la propuesta original de Hutchins, quien realiza un análisis de un proceso cognitivo real: el proceso de pilotaje de un barco grande al momento del atraque:

> Hutchins demuestra que individualmente los seres humanos pueden ser meramente componentes de un sistema cognitivo complejo. Ningún ser humano podría físicamente realizar todas las cosas que debe ser hechas para una completa tarea cognitiva, en este caso para determinar la localización relativa de un barco tradicional cerca del puerto (Giere, 2002, p. 286).

Giere menciona dos elementos que pueden diferenciar la cognición distribuida de un mero *pool* de trabajo, aun cuando las similitudes son evidentes. El primer elemento, según el autor, es que la diferencia solo radica en el enfoque: muchas tareas colectivas pueden ser mejor entendidas si se las considera como un tipo de cognición y no solo como una tarea. Pero la segunda razón, algo más fuerte, es que la cognición distribuida tiene que ver con procesos de *adquisición* de conocimientos, más que con la *posesión estática* de conocimientos (Giere, 2002, p. 287). Afirma Giere, siguiendo el ejemplo del pilotaje, que

El conocimiento adquirido por los miembros de la tripulación no es "pooled" en el sentido de que ellos simplemente ponen sus cuotas de conocimiento (bits) todas juntas. Más bien, las cuotas individuales de conocimiento son adquiridos y coordinados en un sistema cuidadosamente organizado operativo a través del tiempo real (Giere, 2002, p. 287).

Según Andy Clark, la hipótesis de la ampliación de la cognición desafía los enfoques tradicionales:

Dado que los estudios de neuroimagen revelan más y más acerca del rol del cerebro en una amplia variedad de actos y operaciones cognitivas, la tentación es localizar toda la maquinaria física de la mente firmemente en la cabeza y en el sistema nervioso central. Sin embargo no deberíamos concluir, simplemente de la indudable importancia de lo neural en todos los esfuerzos cognitivos, que la máquina neural y la máquina cognitiva son siempre y cada vez las mismas (Clark, 2007, p. 164).

La cita de Clark ofrece la segunda cara de la hipótesis: no se trata solo de distribución "entre" sujetos, como es el caso social de Hutchins y el pilotaje; ahora se trata de otra forma de distribución, la que ocurre entre una mente y un cerebro y dispositivos externos a ellos. Es sobre todo este segundo caso el que aquí interesa sobremanera para la comprensión de la lógica heterogénea. Muchos de los ejemplos aducidos por los autores de la cognición distribuida coinciden con los razonamientos heterogéneos, de hecho. Dichos dispositivos externos son partes de la cognición específica de la que se trate. Clark acude a Rupert sobre este aspecto en el sentido de que la cognición depende de instancias y estructuras que son parte del entorno en el cual se está realizando la cognición (Clark, 2007, p. 165)[57]. El lápiz, como artefacto del entorno, el papel sobre el que escribimos y es el soporte físico de una suma, por ejemplo, son extensiones de la operación sumatoria, la que no solo se aloja en una mente concebida restringida en un cerebro, sino que se *distribuye* en la actividad mental y

---

[57] Véase en Clark 2007, p. 165, las dos expresiones que plantea Rupert acerca de la cognición distribuida: una hipótesis fuerte, en la que la cognición "literalmenmte se extiende" hacia el entorno y una hipótesis débil, más conservadora, en que la cognición "depende" del entorno donde esta ocurre.

en un lápiz. Es claro el caso del dispositivo electrónico; el computador, la calculadora, el teléfono, el telescopio, por ejemplo[58]. Una simple suma envuelve tanto actividades neuronales como actividades motoras, como el movimiento de la mano, los ojos, el lápiz. El que realiza el *proceso* cognitivo de la suma no es solo la mente–cerebro del sujeto; es junto a ello un sistema de representaciones externas, como símbolos matemáticos, soporte del papel, movimiento de la mano y los ojos. La instrumentación, las representaciones visuales, los gráficos, modelos físicos. Por cierto que un sistema distribuido de cognición tiene un límite; no puede extenderse hacia todo lo que existe en el entorno. Dicho límite dependerá de si el artefacto en cuestión contribuye directamente y ha sido diseñado para contribuir a la producción del conocimiento. El sillón donde el sujeto está sentado mientras realiza la suma no puede, así, considerarse como parte del sistema cognitivo que conduce a realizar la suma.

Así, y tal como Giere lo reconoce (2002, 2002a), una inferencia diagramática, como las ejemplificadas anteriormente, pueden ser interpretadas como casos de cognición distribuida. La deducción no solo basada en información en formato sentencial sino que en dicho formato más otros, como es el visual, sin duda que se deja entender como distribución. La inferencia heterogénea, Hiperprueba, por ejemplo, no es sino expresión de un fenómeno cognitivo real, como es el hecho de que la inferencia se realiza, el proceso mismo se lleva a cabo, con dos expedientes, sin que ninguno aporte la totalidad de la información necesaria. Sentencias y figuras geométricas aportan sus *bits* de información para la conclusión[59].


## 2.2.3. *Cognición dual $S_1$-$S_2$ y lógica heterogénea*

¿Es el razonamiento un proceso que es conducido por solo un sistema cognitivo simple o por más de un sistema a la vez? (Clater y Oaksford, 2010). Es la interrogación básica de la teoría dual del razonamiento. Hoy se ha consolidado, afirman los autores, un enfoque acerca del razonamiento en el que su comprensión requiere suponer más de un sistema cognitivo

---

[58] Es notoria la semejanza de esta teoría de la cognición con la filosofía de las extensiones de los medios, sustentada ya hace mucho por McLuhan.

[59] Es posible ligar, aunque con menos fuerza, la tesis de la cognición distribuida y, por tanto, la lógica heterogénea, con otra teoría cognitiva relevante: la idea de los razonamientos basados en modelos mentales. Véase más adelante en el presente capítulo.

actuando e interactuando. Específicamente la denominada teoría dual $S_1$-$S_2$ se basa en la participación de dos sistemas en un mismo razonamiento. En otros términos, para explicar un razonamiento real se requiere más de un mecanismo inferencial. Si se considera que las deducciones también son "reales", tenemos que $S_1$-$S_2$ puede ayudar a explicarla. En especial a la deducción heterogénea. De inmediato hay que aclarar que no se trata de ninguna manera de una partición de tipos de inferencias; que S1 corresponda, por ejemplo, a la deducción y $S_2$ a la no-deducción. La situación es más compleja que esa, pues, en una inferencia deductiva, por ejemplo, pueden intervenir $S_1$ y $S_2$.

Un ejemplo de los autores expresa el funcionamiento de $S_1$-$S_2$, lo que parece una formalización de un sistema *Default*. El ejemplo es este (2010, p. 396):

| | | |
|---|---|---|
| (i) | Si el interruptor se baja, la luz se enciende | P |
| (ii) | El interruptor baja | P |
| (iii) | Hay un cortocircuito | P |
| (iv) | La luz se enciende | MPP en (i), (ii) |
| (v) | La luz no se enciende | Default en (i),(ii),(iii) |

Según la regla lógica del MMP, y monotonía, se debe inferir (iv); pero, según la información (iii), se debe inferir (v). La teoría indica que en (iv) opera $S_2$ y que en (iii) y (v) opera $S_1$. La teoría asume que si $S_1$ y $S_2$ actuaran con independencia entre sí, entonces se produciría un conflicto sin resolver. Entonces la teoría asume que $S_2$ es influenciado, e inhibido, por S1 y (iii), por lo que finalmente lo que ocurre es que el sujeto no infiere (iv), aun cuando MPP se lo permitiría. $S_1$ y $S_2$ no actúan independientemente sino como un sistema complejo que influye uno en el otro. En este caso, $S_1$ sobre $S_2$, pero también puede ser a la inversa. Se puede graficar así la situación:

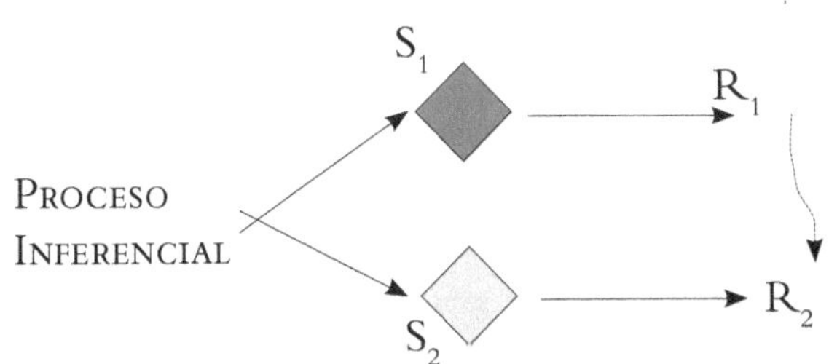

- $S_1$ es el sistema relacionado con lo contextual, que produce una respuesta $R_1$ (inferencia) heurística, automática, asociativa, sin reglas explícitas, rápido y libre de atención, y dependiente de información extra.

- $S_2$ es el sistema más bien ligado a la intervención de reglas explícitas de la lógica, descontextualizado, formal, de proceso lento y consumidor de atención cognitiva, que produce la inferencia $R_2$[60].

La relación S1 y S2 y la naturaleza de las estructuras inferenciales que concurren en el proceso inferencial se puede, también, graficar así:

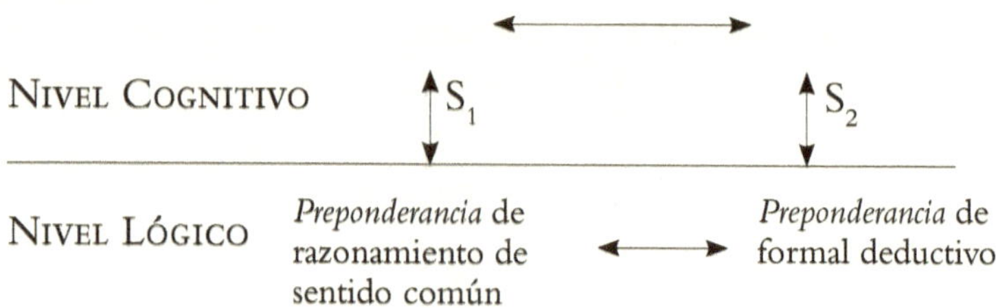


V. Thomson (2010, pp. 336 y ss.), expone que $S_1$ produce una respuesta R1 que, a menos que algo gatille $S_2$, será la respuesta final. Habría un proceso y una relación temporal implicada, entonces, entre $S_1$ y $S_2$. $S_1$ tiene que ver con la comprensión del discurso, con el reconocimiento de patrones; el input para $S_1$ son conocimientos background, creencias previas, relaciones categoriales. En contraste, $S_2$ opera infiriendo merced a reglas explícitas sin considerar si la conclusión coincide o no con el sistema de creencias del sujeto razonador. Para que $S_2$ produzca $R_2$, como alternativa a $R_1$ debe inhibirla. Afirma Thomson: "En la mayoría de los casos, la evidencia de la intervención de $S_2$ es medida por el número de respuestas que están de acuerdo con un modelo normativo, tal como la lógica deductiva" (Thomson, 2010, p. 336). $S_2$ intervendrá, entonces, cuando $R_1$ se revele insuficiente. Hay que observar aquí, en la cita anterior, que $S_2$ es *en la mayoría de los casos* de carácter normativo. Esto significa que en la teoría $S_2$ no equivale a deducción necesariamente, aunque la

---

[60] Véase Vershueren y Schaeken (2010, p. 355), acerca de un listado amplio de características de S1 y S2 en diversos autores. Con ello se da a entender que la teoría dual ha estado ya presente en muchas otras teorías cognitivas, aunque de manera no explícita.

tendencia es que S2 sea del ámbito de lo formal. Tampoco $S_2$ es siempre correcta: "Así, por muchas razones, $S_2$ puede producir una respuesta normativa pero incorrecta: capacidad cognitiva limitada, mala comprensión de la tarea, ausencia de principios lógicos relevantes" (Thomson, 2010, p. 337). Veamos un caso: la inferencia siguiente: $p \rightarrow q$, $p \vDash q$ es candidata a S1; como se ve, es deductiva y es, cognitivamente, automática; es éste último rasgo el que aquí juega el rol central. Pero, por ejemplo, $p \rightarrow q$, $\neg q \vDash \neg p$, siendo también deductiva, es, en cambio, candidata a $S_2$, pues su realización requiere algo más de gasto cognitivo, no aparece tan automáticamente generada en el sujeto.

De acuerdo con V. Thomson, el proceso que hace intervenir $S_1$ y $S_2$ tiene que ver con lo que ella denomina "sentimiento de corrección" *(feelinf of rightness)*. Dicho sentimiento es el que, dada una respuesta R1 insatisfactoria, gatilla $R_2$. La respuesta $R_1$ tiene carácter *default*, por lo que será la respuesta final si no hay nada que gatille a $S_2$ para producir la respuesta $R_2$. Según la autora, $R_2$ se gatilla para "intervenir" en $R_1$. Al menos los siguientes tipos de intervención, y por las correspondientes razones, pueden ser reconocidos: a) $S_2$ es gatillado para justificar S1, lo que quiere decir aquí para explicar por qué $R_1$ es correcto; b) $S_2$ reformula el problema inicial. Las activaciones de $S_2$ tienen que ver, según la autora, justamente con la intensidad del "sentimiento de certeza" que produce el argumento: por ejemplo[61]:

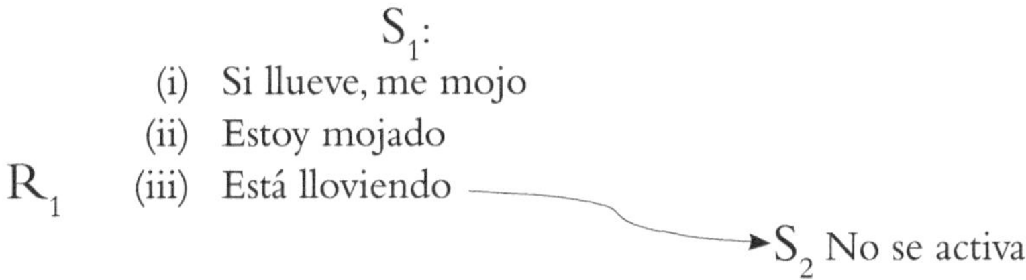


Ante $R_1$, que es automática, se puede tener un fuerte sentimiento de certeza de que está lloviendo, aun cuando la inferencia, como se constata, no es válida. A mayor fuerza de ese sentimiento menor probabilidad que se gatille $S_2$ y $R_1$ será la respuesta final, sin que se requiere mayor análisis. Si, $R_1$ se la observa como respaldada por el contexto, no se activa $S_2$,

61    Véanse otros ejemplos de esto en Thomson 2010, p. 343.

como puede suceder en el caso del ejemplo. Si, en cambio, ante R1 se produce un sentimiento de certeza más débil, si caben dudas, si no es tan creíble, se gatilla S2 produciendo otra respuesta. Notar que esa debilidad se produce en la creencia en el condicional (i). Por ejemplo:

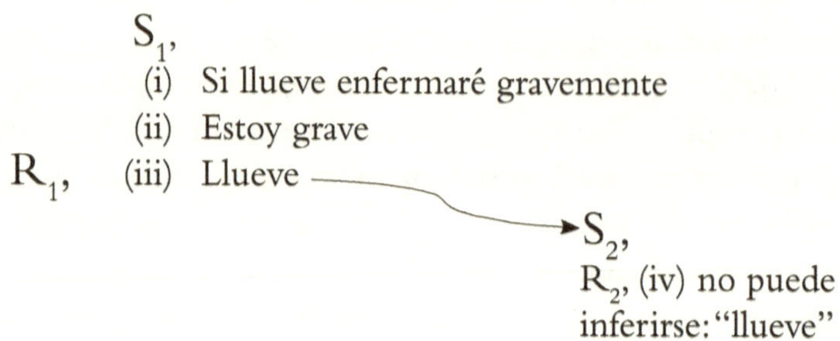



En este caso $S_2$, significa un proceso de análisis sobre la validez lógica de $S_1$, y produce, por ejemplo $R_2$, que no puede inferirse que "llueve".

La dualidad en los procesos cognitivos de fortaleza o debilidad en la creencia de un condicional, y del razonamiento puede dar un apoyo teórico, más allá de lo fáctico, de la lógica heterogénea, por cuanto esta maneja dos formatos inferenciales. Sin embargo esta base tiene sus límites, pues entre $S_1$-$S_2$ y lo heterogéneo parece haber diferencias. Al menos en la lógica heterogénea solo se da la inferencia válida; no hay allí, tampoco, una relación temporal, como parece haberla en $S_1$-$S_2$; en la lógica heterogénea, por otra parte, siempre actúan los dos formatos, cosa que no ocurre siempre así en $S_1$-$S_2$, como se ha visto recién. Sin embargo estas diferencias no vienen al caso, pues no se trata de que tenga que haber una identidad, una relación uno a uno entre $S_1$-$S_2$ y lógica heterogénea; ambas son dos instancias diferentes. Lo que se postula aquí es una relación de fundamentación; tras o debajo de la inferencia diagramática, por ejemplo, puede estar operando un proceso cognitivo complejo compuesto por dos instancias inferenciales, lo que explicaría cómo es que ocurren tales inferencias. Si es así, y por el momento lo dejamos con ese carácter, el hipotético, entonces se puede afirmar con alguna seguridad que la naturaleza de la lógica tiene un cierto rasgo cognitivo.

En relación con lo anterior, se propone el siguiente argumento:

(i)   Es evidente que en la inferencia heterogénea deben estar presentes más de una instancia inferencial, más de un formato: lo visual y lo sentencial.

(ii) Ello conduce a pensar que dichas instancias deben tener soportes cognitivos diferentes.

(iii) Ahora, la lógica heterogénea afirma que ambas instancias son deductivas y no hay respecto de dicho carácter ninguna diferencia entre ellas.

(iv) Si eso es así podemos, entonces, concluir esta tesis mínima: que la deducción puede sustentarse en más de una base: la cognición diferenciada ofrece esa dualidad.

Como segunda tesis conclusiva de este análisis se puede afirmar que es posible asociar $S_1$ con la instancia diagramática y $S_2$ con la instancia sentencial. Dado que, como se vio, ni $S_1$ ni $S_2$ están comprometidas con la validez formal, aunque ambos pueden estarlo, ambos procesos cognitivos los podemos asociar con la inferencia heterogénea del siguiente modo: $S_1$, el nivel contextual, "intuitivo", automático da apoyo a la inferencia permitida por lo visual, por la apreciación sensorial que da la información de formas, tamaños y localizaciones relativas en un espacio. En cambio $S_2$ puede dar apoyo a la intervención de la regla explícita de la lógica aplicada en enunciados. Aun consideradas las diferencias apuntadas más arriba, la teoría cognitiva dual del razonamiento es una base teórica plausible de la deducción compleja.

Finalmente, en esta Sección, se trata la cuestión de que es posible ligar, aunque con menos fuerza, la tesis de la cognición distribuida y, por tanto, la lógica heterogénea, con otra teoría cognitiva relevante: la idea de los razonamientos basados en *modelos mentales,* teoría que se expuso en sus aspectos centrales y más atingentes al tema de este libro, en el Capítulo 1, Sección 1.2, por lo que no cabe aquí repetir los detalles de la teoría sino solo recordarla brevemente. A partir de su libro de 1983 *Mental Models* (1995) Ph. Johnson-Laird desarrolla la tesis de que hay razonamientos, deductivos o no, que no se hacen sobre la base de formatos sentenciales sino que solo mediante modelos que representan situaciones y objetos. La inferencia se lleva a cabo sobre dichos formatos la que es válida para la situación real. Allí no hay reglas de la lógica ni reglas explícitas, sino que intervienen modelos. Situaciones muy representativas de este tipo de razonamientos son las inferencias visuespaciales, representables en esquemas o *Array* (Véase ejemplo en el capítulo y sección señalados).

Los modelos mentales, en cuanto formato no proposicional, pueden, entonces, dar una base a la lógica heterogénea, pero, además, puede constituirse en una base también a la idea de que el formato lingüístico sea necesario para comprender la naturaleza de la lógica. Recurramos de nuevo a un ejemplo "visuespacial", como el del primer capítulo, que son los que más se acomodan a la idea de modelo mental, pero ahora con la intención de conectar la teoría con la cuestión de la heterogeneidad y del problema del formato único. En efecto, a la pregunta ¿tiene la lógica un formato único de base? la respuesta es plausiblemente negativa.

Supongamos, entonces, que (i) "El triángulo está a la derecha del círculo"; (ii) el cuadrado está a la derecha del círculo; (iii) el cuadrado está encima del círculo. Hay aquí tres situaciones que se pueden modelar según el método de los *array*, de varias maneras. Un buen modelo permitirá responder a preguntas como ¿en qué relación de localización está el cuadrado respecto del triángulo? En este caso, el mejor modelo es $M_1$ aunque también podría ser $M_2$, dependiendo ello de lo que se entienda en esta circunstancia por "estar encima de"; si ello significa solo verticalmente, entonces el modelo $M_2$ no será adecuado:

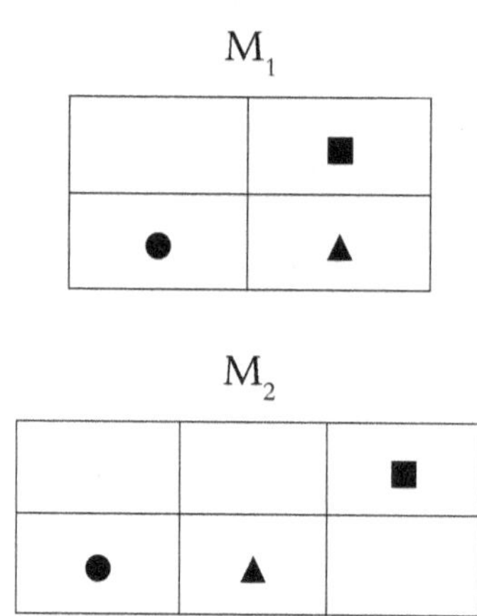

La respuesta se dará por inspección del modelo construido: "el cuadrado está encima del triángulo". Dicha conclusión se la obtiene "manipulando" el modelo, que representa la situación señalada en los enunciados. La conclusión no acude a reglas explícitas de la lógica, sino que se presenta inmediatamente al sujeto, por decirlo así. El formato del razonamiento deductivo y no deductivo no está, en consecuencia, necesariamente ligado a un formato sentencial, como ha sido la concepción de toda la historia de la disciplina desde los griegos. Está, más bien, ligada a procesos cognitivos. Distinto es que dichos procesos se puede expresar como fórmulas sentenciales, o que se puedan reducir a dichos elementos.

Hay situaciones de razonamiento donde se puede constatar esto. Es el caso, por ejemplo, en que razonamientos, que pueden ser deductivos, no pueden ser pensados plausiblemente como solamente hechos con formato lingüístico. Un ejemplo de ello es el proceso inferencial que puede desarrollar un arquitecto en el proceso de diseño. Es cierto que se podría reducir toda la información de relaciones espaciales, dimensionales, de localización relativa de elementos, etc., a un listado de enunciados; mas, ello solo podría resultar para casos extremadamente simples; en la generalidad de ellos tal vía no es factible. El arquitecto razona, obtiene una conclusión, toma una decisión de diseño creando modelos mentales de situaciones posibles, manipulando dichos modelos y luego concluyendo que una solución formal, constructiva o estructural es posible o no de adoptar. Es relativamente fácil convertir, digamos, un cubo de lado L, a un conjunto de sentencias; pero si ese cubo de lado L se encaja con otro cubo de lado L/3 en uno de sus lados, y con un ángulo de 45° respecto de ese lado, la tarea de traducción ya no lo es tanto.

La tesis de los modelos mentales muestra, pues, una conexión con la teoría de la cognición distribuida y, ambas tesis cognitivas, a su vez, dan luz para ver que la lógica heterogénea tiene un fundamento más allá de la formalidad simbólica; responde no solo a un determinado sistema particular entre muchos: responde a la naturaleza cognitiva de la lógica.

El hecho de que los sistemas lógicos se expresen en un lenguaje formal no significa que ello sea su naturaleza.

## 2.3. La cognición y la preeminencia de la visión sintáctica de la lógica

Una de las cuestiones establecidas en la filosofía de la lógica actual es la doble consideración, semántica y sintáctica, de la validez formal. De esa doble aproximación, que es a su vez una doble naturaleza de la lógica, emerge una importante propiedad, como es el teorema de corrección. Esta duplicidad ha generado una discusión acerca de cuál de las dos puede tener preeminencia. Desde que Carnap reconociera que la pura sintaxis no logra explicar el fenómeno de la lógica, y se sumara al descubrimiento tarskiano de las exigencias semánticas de un sistema formal, pareciera que la semántica posee una cierta ventaja. Así, si un sistema formal solo se lo presenta como un sistema sintáctico podría caer en un mero juego de símbolos sin contenido: la semántica, formal en todo caso, proporciona la otra cara necesaria de un sistema lógico. Mas, desde el punto de vista de una filosofía cognitiva de la lógica, la preeminencia de la semántica parece quedar en duda. Eso es lo que se pretende mostrar en esta última sección.

Las dos expresiones mencionadas están conectadas con los conceptos de "consecuencia lógica", "derivación", "verdad lógica" y con las propiedades metalógicas de corrección y completitud, que correlacionan las dos aproximaciones, en esencia muy diferentes, dado que en la semántica los conceptos capitales son "funciones de interpretación"(verdad tarskiana), "modelo" y "verdad", en tanto que en la sintáctica rigen la organización de símbolos según reglas, "axiomas" y "reglas de inferencia primitivas". Las dos aproximaciones son, pues, las siguientes (Alchourrón 1995, Manzano, 2007, Haack 1991):

Supongamos una secuencia finita de sentencias: $A_1 \ldots, A_{n-1}, A_n$, con $n \geq 1$, en un sistema lógico S determinado. Entonces la validez en sus versiones sintáctica y semántica se puede definir así:

- Validez sintáctica: dada la secuencia $A_1, \ldots A_{n-1}, \vdash A_n$, en S, esto es la inferencia es válida en S, si $A_n$ se deriva de las premisas $A_{1, \ldots} A_{n-1}$ y de los axiomas del sistema S mediante las reglas de inferencia que definen a S.
- Validez semántica: $A_1, \ldots A_{n-1}, \vDash A_n$ en S, esto es, la inferencia es válida en S si $A_n$ es verdadero para todas las interpretaciones[62] en las que también es verdadero el conjunto de las premisas $A_1, \ldots A_{n-1}$[63].

En la expresión de Alchourrón (1995, p. 22), hay consenso en la actualidad de que la lógica consiste en producir sistemas en los que ambas aproximaciones estén en concordancia. No se puede plantear solo un sistema

---

[62] Se denomina interpretación a una determinada asignación de significado de un símbolo que lo hace expresar verdad o falsedad. Se denomina modelo a la interpretación que hace que el símbolo exprese verdad.

[63] La interpretación semántica también se la enuncia en términos modales. Así, hay validez si *no es posible* que $\Gamma$ sea verdadero y $\alpha$ sea falso, en $\Gamma \vDash \alpha$, o que si $\Gamma$ es verdadera, necesariamente lo es $\alpha$. Hay que cuidar, eso sí, que esta idea modal de necesidad es insuficiente para determinar la idea de validez lógica.

sintáctico al que no se le pueda asociar una semántica. En otras palabras: un sistema S debe poder ser presentado sin contradicciones con ambas aproximaciones. Esto conduce a plantear dos propiedades metalógicas fundamentales, que correlacionan ambas visiones; corrección y completitud. Siguiendo al autor supongamos que $A \vdash_s a$, es una relación sintáctica permitida por un conjunto de axiomas y de reglas en S; y que $A \vDash_s a$, es una relación semántica de S permitida por una función de interpretación y un conjunto de condiciones de verdad para los enunciados; entonces se tienen dos propiedades:

- Corrección de S: si $A \vdash_s a$, entonces $A \vDash_S a$, lo que significa que lo que se deriva en S es verdadero en S.
- Completitud de S: si $A \vDash_S a$, entonces $A \vdash_s a$, lo que significa, inversamente, que si un enunciado es verdadero en S, entonces es derivable en S.

Mas esta correspondencia no impide la pregunta por la primacía de alguna de las dos visiones. La equivalencia, la necesidad de que ambas estén presentes, aún deja abierta la pregunta. Según el autor en la actualidad parece asumirse que un sistema S queda más bien definido por su semántica, por sus compromisos con la verdad. La calidad sintáctica, axiomática de un sistema, es juzgada desde la semántica, por lo que esta tendría preeminencia. Dice Alchourrón: "si además se cuenta con una relación sintáctica correspondiente $\vdash$, esto es, para la que se cumple la condición de correlación, entonces se está en posesión de una presentación axiomática (sintáctica) de la lógica $L_i$ en cuestión" (Alchourrón, 1995, p. 23). La sintaxis del sistema S, entonces, no es sino una interpretación en términos axiomáticos de la semántica de S. Pero esto no significa que la sintaxis de S carezca de importancia.

Puede que existan muchas razones para defender la preeminencia de la sintaxis en un cálculo. Sin embargo hay una de ellas que resulta relevante: la visión sintáctica logra rescatar un aspecto de la inferencia que la perspectiva semántica no puede explicar. Justamente se trata de que la inferencia es, ante todo, un *proceso,* algo que ocurre, que se desarrolla subjetivamente. En dicho proceso un sujeto pasa de ciertos enunciados a otro, paso que se fundamenta en los primeros bajo ciertas condiciones. La sintaxis representa eso, el paso a partir de las premisas para llegar a destino. Concebir la lógica fundamentalmente como una disciplina de "verdades lógicas", como lo hace Quine a veces por ejemplo (Quine 1998)[64], no apunta a la esencia de la lógica. La esencia de la lógica está en la estructura de la inferencia más que en la verdad formal, aunque esta última también es parte de aquella, y muy importante. El análisis cognitivo de los procesos de razonamiento, en los que hay comprometidas cuestiones *temporales* propias del razonar da cuenta de aquel aspecto del razonar como un proceso. La versión semántica, por ejemplo, no nos indica nada respecto a ese proceso (por ejemplo, un argumento evaluado con tablas semánticas de verdad muestra la asignación de valores que resulta de la aplicación de la definición semántica de las constantes, pero es "estático", no da ninguna idea de un proceso inferencial entre enunciados. Allí siempre se hablará de verdad final, nunca de un paso de un estadio a otro). Como lo dicen Alchourrón (1995, p. 24) y, también, María Manzano: "Un cálculo es un modelo mejor del proceso mental que seguimos para extraer conclusiones de ciertas hipótesis que su correspondiente formulación semántica" (Manzano 2007, p. 101).

Invirtiendo la idea anterior, se puede decir ahora que una teoría de los procesos mentales del razonamiento puede servir de base teórica para dar cuenta del cálculo. No significa esto que la ciencia cognitiva sirva para desechar la semántica, lo que sería absurdo y fuera de lugar. Pero lo que sí ocurre, en la disputa entre la primacía sintaxis versus semántica, es que la ciencia cognitiva puede servir de fundamento extralógico para el cálculo. En otros términos, desde el punto de vista de la filosofía de la lógica, el cálculo, la prueba, es lo que es capaz de poner de relieve la naturaleza de la lógica, el tener que ver esencialmente con el razonamiento, más que con la verdad de ciertos enunciados. Por el momento no necesitamos indicar qué teoría cognitiva específica puede entrar en juego aquí; baste, como diría Kant, con la forma de la cuestión. Finalmente, entonces, la lógica no sería más que la reconstrucción simbólico-formal de un suceso real, humano, cultural: el razonar. La visión más bien estática de la semántica no ayuda a representar dicha naturaleza.

---

[64] Puede ser dudoso en todo caso afirmar taxativamente que Quine solo considere las verdades lógicas como base de la disciplina, pero lo cierto es que da a ello una preeminencia.

# 3. REFORMULACIONES DE LOS ENFOQUES TRADICIONALES DE FILOSOFÍA DE LA LÓGICA

Algunas teorías de las ciencias cognitivas pueden dar apoyo teórico a ciertas tesis de la filosofía de la lógica, como se vio en el capítulo pasado. En este, el tercero, se examinará otro lado de la relación cognición y filosofía de la lógica: aquel que tiene que ver con las reformulaciones que ciertas teorías y subdisciplinas de la ciencia cognitiva pueden significar en la compresión de la naturaleza de la lógica.

## 3.1 Inteligencia artificial, demarcación, monotonía y *Default*

Aproximadamente a fines de la década de los años 1970 se produjo un auge, y un afianzamiento en cuanto disciplina, de la inteligencia artificial. Interesa aquí, de dicha disciplina, su lado específicamente relacionado con la emulación de razonamientos humanos[65]. Dicho auge empujó a su vez hacia un interés por los procesos lógicos implicados en la representación del razonamiento humano y sus posibilidades de implementarlo en programas computacionales. Si bien el asunto parece plantearse desde la lógica hacia la cognición, también podemos hacerlo en sentido inverso, que es la perspectiva de este libro.

La cuestión central de esta sección puede resumirse en la siguiente observación de R. Carnota:

Las dificultades halladas en los intentos de uso de la lógica clásica reverdecen discusiones que vienen desde antiguo en el campo filosófico

---

[65] La Inteligencia artificial posee al menos las siguientes aristas actualmente (Carnota 1995, Kowalski 2010, Haton y Haton 1991): el aspecto que tiene que ver con la resolución de problemas, en el que no imita la mente humana. El computador es aquí un simulador de procesos inteligentes y ayuda para verificar una teoría determinada. Es el paradigma simbólico. En su otra perspectiva la I.A. se ocupa de tratar de imitar en el computador los procesos inteligentes humanos, como la adquisición de conocimientos, aprendizajes, toma de decisiones, memoria, visión, etc. La relación lógica-I.A. se da fundamentalmente en la primera perspectiva, la simbólica. Según esta perspectiva, la inteligencia en general es la capacidad de procesar símbolos por medio de determinadas reglas formales.

y en cómo el objetivo de producir el diseño de sistemas computacionales operables provoca al interior de la lógica un nuevo estímulo para responder a viejas preguntas en una forma que debe ahora ser mucho más concreta y no discursiva (Carnota, 1995, p. 144).

El texto citado da justamente en el centro de la presente investigación: la cuestión no es cómo la lógica influye en la ciencia cognitiva sino que a la inversa, de qué manera la segunda puede ser base teórica para entender a la primera, para responder de un nuevo modo a *viejas preguntas*. Es relevante lo que afirma Carnota, en el sentido de que la lógica clásica no es capaz de dar cuenta de los razonamientos reales y que pueden implementarse artificialmente. Sin embargo esta frase también es algo equívoca, pues da a entender que si no es la lógica clásica entonces serán los sistemas deductivos no clásicos los que se harán cargo del asunto. Pero ello, en realidad, está descaminado: la reformulación no significa acudir a sistemas no clásicos, pues se trata de ir más allá de ello; se va hacia la reformulación misma del concepto de lógica, por cuanto la I.A. empuja hacia la formulación de sistemas derrotables o *Default*, en cambio los sistemas clásicos y no clásicos mantienen la idea de deducibilidad propiamente tal. Es esto último lo que ahora puede estar en cuestión. De allí que se pueda formular la siguiente interrogación, mucho más radical: ¿es la monotonía lo que define esencialmente a la lógica? En otras palabras, ¿es la lógica solo deductiva o si no no es lógica?

La cuestión de la monotonía es un tema central tratándose de la I.A. Afirma Carnota: "Los intentos de formalización del razonamiento no monótono son, quizás, el caso más claro de desarrollo que han afectado al propio campo de la lógica" (Carnota, 1995, p. 145).

Pero la insuficiencia de la lógica clásica produce un problema anexo, de bastante peso. Se trata de la idea de "razonamiento" y de su relación con la lógica, pues se aduce corrientemente, sobre todo en quienes tienen una postura refractaria a tratar la lógica "mezclada" con instancias de otro orden, que dicho concepto es ajeno a lo lógico propiamente tal. El asunto principal al respecto es que la lógica clásica resulta insuficiente; mas, ¿para qué resulta insuficiente? Pues para representar el razonamiento llamado de sentido común, real, en condiciones reales. Según esto, tendrían razón los que aducen que la lógica no tiene que ver con el razonamiento de sentido común, sino con las condiciones formales de todo argumento válido, con independencia del sujeto que lo establece. Sin embargo, el punto en duda es la afirmación de que por naturaleza la lógica no tenga que ver con el razonamiento humano. ¿No es de eso de lo que se ocupaba Aristóteles, para los megáricos y estoicos, los medievales? El asunto es que solo después del antipsicologismo de corte fregeano la cuestión cambió[66]. La tesis enunciada $T_4$ en la Introducción implica, también, que se entienda a la lógica como una disciplina que se ocupa de las condiciones formales del razonamiento humano, lo que incluye aquellos razonamientos de sentido común, que se dan en un "ámbito natural". Finalmente hay que decir que, además de lo anterior, $T_4$ también implica una ampliación de las taxonomías clásicas de la lógica.

Se examinarán, pues, tres ámbitos del problema: la monotonía, la abducción como parte de PROLOG y la taxonomía de la lógica que emana de la consideración de los dos aspectos anteriores. Estos tres ámbitos están relacionados de tal manera entre sí que en términos prácticos son difíciles de separar.

La monotonía es, tal vez, la propiedad central de la deducción[67], de la validez formal, base por tanto de las ideas de consecuencia lógica y de derivación. La monotonía está basada en el concepto lógico según el cual en la deducción las premisas son condiciones suficientes para la conclusión. Por ejemplo, "Llueve y hace frío", en consecuencia "llueve". Tenemos allí un argumento válido. Si decimos, entonces, "Llueve y hace frío y hoy es lunes", en consecuencia "llueve", seguimos teniendo validez lógica. En general, entonces, si decimos: "Llueve y hace frío y es lunes y…n" entonces "llueve" tenemos siempre validez en virtud de la monotonía. Esto se cumple aun si en las premisas las nuevas cláusulas agregadas son contradictorias con las anteriores. Así, $p \wedge q \, / \, p$; $p \wedge q \wedge \ldots n \, / \, p$; y también, $p \wedge q \wedge \neg q \, / \, p$[68]. Esta propiedad fundamental de la deducción no puede ser válida en IA en cuanto esta pretenda representar, entre otras cosas, el razonar humano en todas sus dimensiones. Y hay una dimensión en la que la mente humana razona y toma decisiones sin analizar toda la información concerniente, por las razones que sean. En general, debido

---

[66] En el capítulo cuarto de este libro se trata específicamente la relación entre el concepto de lógica y la postura antipsicoligista. Véase cap 4, sección 4.3.

[67] Tal vez podría discutirse que la reflexividad sea más basal que la propia monotonía, que la fundamenta.

[68] En este ejemplo, además, se da el caso de validez reforzado por el principio de reflexividad de la deducción, $p \, / p$.

a que dicha información no está a la mano, aunque exista. Esto es lo que conduce a que en IA se haya considerado la inferencia *default*, derrotable o "cuasideductiva" como la forma del razonar común.

Siguiendo a Carnota, hay un aspecto resaltable en la concepción de la lógica desde la IA. En la filosofía de la lógica se ha aceptado siempre que la conclusión no agrega información nueva respecto de la contenida en las premisas. Mas, desde un punto de vista cognitivo y de la IA sí que se puede considerar que se agrega, recogiendo con ello planteamientos antiguos de la lógica, como lo consideraba Aristóteles respecto de algunos silogismos[69], por lo que esto no es algo completamente nuevo. Elaborar inteligentemente una información significa obtener nueva información a partir de ella. La nueva información "Es representada por enunciados, en principio diferentes de los de partida y que, de alguna manera, están vinculados a estos. Estos enunciados amplían la información que el sistema posee" (Carnota, 1995, p. 149). Si $A_1...A_n$ es una información de partida y B es una información de llegada luego de un número finito de pasos permitidos por reglas R, la información inicial se enriquece y R permite *agregar* B a $A_1...A_2$. Desde un punto de vista de la IA, una información es agregada a la inicial. Por tanto, desde I.A., si $A_1...A_n$ / B es una deducción, entonces la conclusión añade información a las premisas. Esto implica de por sí una transformación en la concepción estándar de la deducción, en la cual lo anterior no puede darse.

Volviendo a la monotonía, el asunto es que las reglas R de transformación de enunciados que aporta la lógica parecen no servir para algunos razonamientos de sentido común, y deben ser reemplazadas por otras, en las que se considere el razonamiento a partir de información insuficiente. La lógica aporta validez; sin embargo ello no siempre es racional; es posible que un argumento perfectamente válido sea contextualmente inútil. Decir que si llueve entonces llueve puede ser, en ciertos contextos, perfectamente inservible y su aplicación, entonces, irracional.

Carnota grafica esto con un ejemplo canónico de no pertinencia de la monotonía. Supongamos (1) Para todo x si x es un pájaro, entonces x vuela; (2) sabemos que Tweety es un pájaro; sobre la base de esa información el razonador clásico aplicaría *modus ponens* en (1) y (2) y obtendría la

---

[69] Véase al respecto el análisis de J. Losee (1981, p. 20) en el que analiza las diferencias entre silogismos que indican causa, y que por tanto aportan información, y los que no, siendo ambos tipos lógicamente válidos. Esto se desarrollará en cap. 4, sección 4.5.

conclusión (3) Tweety vuela. Sin embargo, en IA no es dicha regla la que rige en un razonamiento "real", por decirlo así, sino las reglas *default*. Los tipos de razonamiento no monótono son al menos de tres tipos: *Default,* Lógica autoepistémica y Teoría de la circunscripción. Nos referiremos aquí a la primera. Un razonamiento *Default* es el siguiente:

$$\underline{\text{Pájaro(x)} : \text{Vuela (x)}}$$
$$\text{Vuela(x)}$$

La fórmula significa que si X es un pájaro y es consistente con ello suponer que X vuela, esto es no habiendo información distinta al respecto, entonces se puede concluir que X vuela. La forma de un *default,* según Antoniou (1997, p. 25) es:

$$\frac{a : b_1, \ldots, b_n}{C}$$

donde $a$ y $b_{1,\ldots,n}$ son fórmulas en lógica de segundo orden. La fórmula $a$ es el "prerrequisito; $b_1, \ldots, b_n$ es la *justificación* y $C$ la *consecuencia.* Como se ve, el esquema indica que el razonamiento considera que la conclusión se sigue siempre y cuando no haya información adicional tal que la conclusión deba ser cambiada debido a la inconsistencia entre la justificación y el prerrequisito.

Supongamos ahora que conocemos nueva información acerca de Tweety: (4) Pingüino (Tweety); de allí que, en forma estándar, el razonador puede seguir aplicando *modus ponens* y concluir (5) Vuela (Tweety). Pero, si conocemos la información nueva según la cual: (6) para todo x si x es un pingüino, x no vuela. Entonces, aplicando siempre *modus ponens,* ahora en 4, 6, se concluye que: (7) No vuela (Tweety). Lo notorio aquí es que la regla lógica utilizada en el mismo razonamiento en unos casos nos permite concluir (3) y luego (7), siendo que son entre sí contradictorios. De allí que Carnota indique que la lógica estándar no puede dar cuenta de este tipo de razonamientos, en que aparecen excepciones y nueva información. Mas, este problema, de acuerdo con Carnota, sería solucionado no por un agente que respondiera solamente a las reglas de la lógica; sería resuelto por un agente cualquiera que seguiría un principio no lógico, un principio cognitivo como es el del *predominio de la información más específica.* En este caso, ello significa actuar *inteligentemen-*

*te.* No deja de sorprender la idea de que seguir estrictamente leyes de la lógica cuando no corresponde sea signo de falta de *inteligencia,* al menos de inteligencia en el sentido de la Inteligencia artificial. A esto el autor denomina el problema de la *relevancia,* que, junto con la monotonía, dan cuenta de que la deducción es una inferencia circunstancial, esto es, que no siempre es útil y pertinente, esto es "inteligente". Entonces, en el ejemplo anterior, (6) es más específica que (1) y por lo tanto debe ser seguida y concluir de manera *default.* El enunciado universal "Todo pájaro vuela" revela el desconocimiento de que pueda haber excepciones, que haya pájaros que no vuelen. Una solución mencionada por el autor es reemplazar (1) por otro enunciado (1)': $\forall$x (Pájaro(x) $\wedge \neg$Pingüino(x) $\rightarrow$ Vuela(x). El inconveniente es que el enunciado corregido si bien da cuenta de la excepción, las excepciones a un enunciado universal serían en principio infinitas y no sabemos cuáles son.

Relevancia y monotonía muestran que la lógica *default* es considerada una formalización de pleno derecho: sin embargo desconoce uno de los elementos centrales de la deducción. ¿Debe seguir considerándose que la naturaleza de la lógica es la deducción? La lógica es contextual y no necesariamente monótona. Por otra parte, podemos afirmar que la tesis asumida de que la lógica no agrega nada en la conclusión del argumento, se ve puesta en duda por la aproximación del razonamiento desde la IA.

El segundo aspecto a considerar tiene que ver con la relación entre IA, deducción y abducción. La IA ha incorporado a la abducción como tipo inferencial fundamental en la representación del razonamiento real. Tal como el mismo Peirce lo concibiera, este tipo de estructura lógica posee las cualidades de formalizar la propuesta explicativa ante sucesos extraños y tiene la "cualidad", se podría decir en este contexto, de la no-monotonía. Una diferencia relevante entre IA y la deducción es dicha así por Kowalski (2010, p. 254): "Los estudios del razonamiento en psicología tratan la afirmación del consecuente como una falacia. En Inteligencia Artificial, sin embargo, es tratada como una inferencia abductiva. Ambas, abducción y negación en cuanto falla, son formas de razonamiento no-monótono". En efecto, hoy se representa la abducción así: *b, a*$\rightarrow$*b / a,* lo que se lee: si *b* es un hecho extraño, y si *a* es una hipótesis tal que si fuese verdadera explicaría a *b,* entonces podemos inferir que *a* es probablemente verdadero. No se trata, pues, simplemente de un falso *modus ponens.*

La pura forma de la inferencia, en este caso, el falso *modus ponens* no alcanza como criterio para eliminar un argumento; la dicotomía o validez o falacia es muy estrecha. Si esto es así los límites de lo que entendemos por lógica tienen que extenderse más allá de la formalidad, la validez, la neutralidad contextual y el simbolismo.

Puede considerarse la manera en que la abducción funciona junto a la deducción en PROLOG. Supongamos que P = un determinado programa, en este caso: P = (a←b; c←d)[70]; q = "query", esto es, el problema por el que se pregunta, por ejemplo, q = a, significa que se pide derivar *a* de P.

Pero, de a←b y c←d no puede derivarse *a*. En este caso, no se sigue no-a, sino que se sigue que *a falla*.

Abducción: para que se tenga éxito en derivar *a* de P, en vez de eliminar el razonamiento, se agrega información nueva, un *abducible*, por ejemplo, en este caso específico, *b*. Agregando *b* a P, ahora sí *a* es derivable.

Representando el proceso anterior en deducción natural, con el fin de visualizarlo mejor, se tiene:

1.  b→a p
2.  d→c p
3.  b      Regla I H -→ (interpretable como abducción)
4.  a      MP 1,3

Esto es muy relevante, por cuanto significa que dentro de algunas derivaciones (deducciones) actúa de manera esencial una abducción, que es una inferencia no válida. En 3 el paso está permitido por la regla de introducción de una hipótesis, la que luego, en el paso siguiente, se descarga. Se puede interpretar el paso 3 y la aplicación IH de la deducción natural como un paso abductivo, por cuanto cumple con la condición fundamental de la abducción como deducción reversa. Como está presente ya en Peirce, en su artículo original (Peirce 2012) y como ha sido desarrollado hoy por Aliseda principalmente (2006, 2007, 2014), Kowalski (2010), Kakas (2000), Magnani (2001, 2009) y Meheus y Provijn (2007), en el denominado programa AKM (Woods, 2007), la cuestión de la abducción es justamente concebida como una inferencia que va de una teoría de base *T*, un hecho extraño *C* y la abducción de una hipótesis *H* que lo explica si, y solo si, se da, entre

---

otras condiciones, que de $T$ junto con $H$ se infiera válidamente que $C$. Formalmente: $T, C$ **K** $H$ si, y sólo si: $T, H \vDash C$ (rasgo fundamental de la lógica abductiva, o "solución plana" al problema abductivo). Esta idea permite a Aliseda construir la lógica abductiva con resolución mediante *tableaux semánticos* y, de allí, a su manejo en programa computacional[71].

Kowalski presenta así la abducción en la programación lógica: una explicación abductiva Δ de G está dada por lo siguiente: dado un programa P y ciertos constreñimientos I, se tiene una tarea abductiva que consiste en el problema G para dar una explicación a una observación. La tarea G quedará cumplida si se encuentra un conjunto de enunciados atómicos Δ de modo que se da P U Δ. El ejemplo que expone el autor es el siguiente (Kowalski, 2010, pp. 274, 275):

- Programa P           = Si ha llovido entonces el pasto está mojado
- Constreñimientos  = no (ha llovido y el sol ha brillado)
- Observación         = el pasto está mojado
- Abducible 1          = ha llovido
- Abducible 2          = los regadores están encendidos

Cualquiera de los dos abducibles es una explicación de que el paso esté mojado. El abducible puede expresarse como una disyunción: abducible 1 o abducible 2; también como una conjunción: abducible 1 y abducible 2. Sin embargo, dada la información ofrecida y el principio de simplicidad, podemos elegir uno de los dos.

Si el problema, en cambio, contuviera la observación: "el sol ha estado brillando", entonces la explicación adecuada solo se ve reducida al abducible 2.

Se puede sintetizar la cuestión de la inteligencia artificial como transformadora de la idea de lógica como algo exclusivamente deductivo, en las siguientes palabras de A. Aliseda:

---

[71] Hoy a la lógica abductiva también se la interpreta de otra manera, como una inferencia que mantiene la ignorancia, en el denominado modelo GW, por D. Gabbay y J. Woods (Woods 2007). Véase Gabbay y Woods (2005). Véase un desarrollo mayor de la abducción en cuanto sistema lógico en Capítulo 4, Sección 4.4, a propósito del problema de la justificación de la deducción.

La computación ha impuesto nuevos retos a la lógica, ya que hay que describir con detalles los procedimientos automáticos que operan estos asuntos lógicos. Al diseñar e implementar los sistemas lógicos no basta con dar las reglas del cálculo, hay que añadir también una estrategia de control que indique cómo es que se aplican estas reglas. Desde una perspectiva clásica, este aspecto es extralógico, pero tiene una clara estructura formal y puede estudiarse como una forma argumental en sí misma (Aliseda, 2014, p. 37).

La lógica, en esta perspectiva, no es solo cálculo y formalidad: es reglas de inferencia válidas más un aspecto extraformal como son las estrategias. Es más, en la deducción natural no es cierto que solo operen las reglas válidas; las reglas deben ser correctamente aplicadas por el sujeto; deben ser ocupadas en ciertos lugares de la demostración y no en otro, y ello requiere un control sobre el proceso completo que no depende de las reglas mismas. Una demostración no es un proceso automático cuando se la hace; *a posteriori* sí que puede reconstruirse como un proceso automático ordenadamente dispuesto en filas y columnas. Pero en el momento de hacer la prueba los caminos son muchos y su elección requiere estrategias y, aún más, requiere experiencia.

Podemos no aceptar *a priori* que un sistema formal inferencial no monótono pueda ser considerado como sistema lógico. Pero, hoy en día, cada vez más la balanza parece inclinarse hacia el otro lado, hacia la ampliación del concepto de lógica, más allá de la deducción estricta. La IA ha empujado a esto y puede ser considerada un vehículo que permite repensar la naturaleza de lo lógico. Pero ello implica aceptar que la lógica no solo se ocupa de la formalidad de la validez simbólica sino que del razonamiento humano, cosa que aún está lejos de consolidarse.

El problema de la monotonía y la inteligencia artificial, y la forma en que pueden llegar a reformular el concepto de logicidad, se expresa en un problema de la filosofía de la lógica que hoy tiene una relevancia que no la tuvo anteriormente: el denominado problema de la demarcación. Justamente, con anterioridad a que se formularan las lógicas subestructurales, como las *default* o las abductivas, fuertemente relacionadas con IA, la cuestión de la deducción estaba clara en sus límites y, con ello, los bordes de lo que es o no un sistema lógico. Es la observancia de las reglas estructurales de un sistema formal (reflexividad, monotonía, compacidad, permutación, corte o encadenamiento) el que lo convertía en lógico. Pero la consideración de las lógicas subestructurales cambió el panorama por vía de relativizar o "debilitar" las reglas estructurales. Dado que la IA es parte de las ciencias cognitivas, y que es la base de esta transformación o relativización, puede afirmarse que hay un enfoque cognitivo sobre la demarcación. Atocha Aliseda (2005) trata este problema de la demarcación teniendo como referencia los trabajos de D. Gabbay de 1985, en que el autor explora formular las reglas estructurales básicas de la deducción que cualquier sistema lógico debiera cumplir. Pero Aliseda afirma que dicho proyecto a fin de cuentas ha quedado sin respuesta, así de complejo es. Ella propone un criterio más débil: encontrar las reglas estructurales *mínimas*, que son las reglas estructurales clásicas pero con restricciones[72].

Lo interesante para los efectos del presente problema es que la ciencia cognitiva ha logrado cambiar, y no de manera menor, la concepción tradicional basada en las observancia estricta de las reglas estructurales clásicas, de modo tal que la monotonía a secas ya no sería esencial para establecer un criterio de demarcación.


## 3.2. Lógica y razonamiento

La cuestión no es de identidad; no se trata de identificar razonamiento con lógica, puesto que en realidad están en planos diferentes. Se trata de buscar cómo, en este preciso caso, las teorías cognitivas del razonamiento pueden significar replanteamientos, no en la operatoria lógica, sino en cómo a esta se la concibe, cómo puede implicar reformulaciones de su naturaleza. Se examinará al respecto dos temas: a) las propuestas de Stennings y Van Lambalgen; y b) la reinterpretación de un debate: Goldman-Harman-Fisher.

Stennings y Van Lambalgen introducen dos conceptos: el de *interpretación* y el de *dominio*. Afirman los autores que la ciencia cognitiva actual está conduciendo a *repensar el sentido en el cual la lógica puede ser considerada normativa* (Stennings y Van Lambalgen, 2008, p.11). La cuestión es importante por cuanto una de las notas centrales que se ha considerado propia de la lógica ha sido justamente la normatividad. Y agregan allí mismo:

---

[72] Puede verse en detalle en el artículo referido de Aliseda 2005, las reglas subestructurales de la abducción (*Reflexividad Condicionada, Monotonía Modificada y Corte Simultáneo*), con las que la autora grafica que la lógica abductiva es un sistema lógico de pleno derecho, pero *subestructural*

"Las normas se aplican a instancias de razonamiento solamente después que la interpretación de las expresiones (lógicas y no lógicas) en el argumento han sido fijadas y que, además, hay en general múltiples opciones naturales para cada interpretación de las expresiones lógicas" (*ibídem*, p.11). La cuestión de la normatividad entra en juego aquí, como se verá, dado que los conceptos de interpretación y dominio ponen el problema de la naturaleza de la lógica en una perspectiva pragmática.

La base de los análisis de los autores la constituye *la madre de todas las tareas de razonamiento,* como afirman los autores, cual es la denominada tarea de selección. Ideada por Wason, canónica en todos los tratamientos de la psicología cognitiva del razonamiento, esta tarea pondría a prueba la capacidad de razonar según la aplicación de las reglas de la lógica. Sucintamente la prueba consiste en[73]: se presentan cuatro cartas con las siguientes figuras en su cara visible: *A K 4 7.* Se indica a continuación la siguiente regla condicional: *Si hay una vocal en un lado de una carta existe un número par en el otro.* La tarea consiste en determinar cuál de las cartas se debe dar vuelta para determinar si la regla es verdadera. Lo interesante es que se puede aplicar el condicional de la regla, p$\rightarrow$q, correspondiente a cada carta, de la siguiente forma:

| E | K | 4 | 7 |
|---|---|---|---|
| p | $\neg$p | q | $\neg$q |

Dada la figura anterior la respuesta pareciera ser dar vuelta las cartas E y 4, puesto que corresponde al condicional de la regla. Sin embargo la respuesta correcta es E-7 y ello por la definición del condicional material: p$\rightarrow$q es falso en el único caso en que p sea verdadero (E) y q, en cambio, sea falso (7). Entonces, dado que E es verdadero, p, debo intervenir 7, esto es $\neg$q, pues basta con ello para determinar que la regla sea verdadera o sea falsa,

---

[73] Véanse detalles al respecto en los autores 2008, pp. 44 y ss. O, por ejemplo, en Fisher, 2008, cap. 14, Goldman 1996 cap 13. Según este último, la prueba también depende de una comprensión no lógica, se podría decir, de lo que dice realmente la regla condicional. "Si una carta tiene una vocal en un lado entonces tiene un par en el otro". La regla no dice "Si hay un par en un lado….", dice "Si hay una vocal en una cara hay un par en la otra", razón por la cual no puede elegirse la carta 4. La regla no afirma nada respecto del par en una cava. La cuestión tiene que ver con lo que "es visible", y el antecedente del condicional no afirma que "si se ve un par", dice, "si se ve una vocal".

esto es p y ¬q. Esto significa la aplicación de la regla de la "Eliminación de la implicación por negación del consecuente".

La cuestión, pues, es la siguiente: la explicación de por qué la respuesta correcta fue en todas las pruebas de muy baja ocurrencia apunta a lo abstracto de los términos involucrados. Se propuso, a partir de ello, que la propuesta era más fácil de contestar si se la convertía en una prueba con términos concretos, con una regla, por tanto, expresada en términos concretos o que aludan a situaciones cotidianas, tal como "si entras al túnel, apaga el motor". El punto importante es que de esta prueba se concluyó que la lógica tiene poco y nada que ver con las tareas reales de razonamiento. Esta tesis negativa ha sido sustentada por A. Goldman, por G. Harman, por ejemplo, y tiene aceptación generalizada en muchos autores hoy en día. Contra ella se oponen Stennings y Van Lambalgen. Los autores ofrecen otra tesis respecto de lo que sucede en la tarea de selección, que les permite concluir que la lógica tiene muchos roles importantes que cumplir en el razonamiento.

Lo que ocurre es que la tarea de selección fue planteada sobre la base de una cierta interpretación del condicional, como condicional material, y sobre la base del principio de bivalencia y de un lenguaje proposicional. Según los autores, no es esa la única interpretación posible que puede hacer un sujeto del condicional, lo que, a su vez, estará en función de un determinado dominio. La cuestión, entonces, es de orden pragmático. La lógica, según los autores, no es solo una cuestión formal-simbólica: es también relativa a una interpretación respecto de un dominio. Y en esto lo que ellos hacen no es sino ampliar los conceptos mismos que son parte de la lógica, como son los de *dominio,* y de *interpretación* para las fórmulas de segundo orden, de manera tarskiana. Así, por ejemplo, la lógica proposicional y de primer orden clásica se aplica al dominio del razonamiento matemático, pero no al dominio del razonamiento común, donde, digamos, no se verifica la monotonía ni la bivalencia. La lógica trivalente, en cambio, representa el dominio de las cosas de las que no se puede decidir si son verdaderas o falsas en forma excluyente. La lógica *fuzzy* habla de cosas que pertenecen al dominio de aquello que no pertenece en forma clara a una clase, sino que lo hace gradualmente[74].

---

[74] Véase Stennings y Van Lambalgen (2008, cap. 2.2.3, pp. 28 y ss.) acerca de un caso de discurso en el que el razonamiento debe tener una interpretación correspondiente a un dominio "fuzzy". Toman un trozo de un texto acerca del cáncer: *La enfermedad cística crónica es a menudo*

La forma lógica que sea relevante en cada caso es tributaria de una interpretación del condicional. Así, el condicional C tendrá la forma 1 en la interpretación $I_1$; y la forma 2, en una interpretación $I_2$. Hay, según Stennings y Van Lambalgen, tres interpretaciones principales del condicional: la descriptiva, la deóntica y la exceptiva. La lógica apropiada para la interpretación descriptiva, por ejemplo, no es la misma que la lógica que es apropiada para la interpretación deóntica. De ordinario se asume solo la interpretación descriptiva del condicional, como si ello fuese obligatorio. La forma lógica pertinente es función de la interpretación que el sujeto razonador da al condicional en cuestión. La interpretación descriptiva de la regla del condicional de la tarea de selección, p→q, hace que ella sea valuada solo como verdadera o falsa y no tenga excepciones. Se asume una interpretación material del condicional, esto es, que los casos con el antecedente falso (en este caso K) serán verdaderos, cumplirán con la regla (Stennings y Van Lambalgen, 2008, p. 53). Aun dentro de esta primera interpretación los autores establecen algunas distinciones, de modo que el sujeto puede entender la regla como: "un determinado plan para decidir la verdad o la falsedad de la regla"; o, también, la puede comprender como "qué información se requiere para decidir si la regla es verdadera o falsa" o "Cómo obtengo dicha información".

En segundo término, la interpretación deóntica del condicional, O(p→q), conduce a otras formas lógicas: la regla ahora se puede formular, por ejemplo: "debe ser el caso que si hay una vocal en un lado debe haber un par en el otro". La tarea consiste ahora en encontrar casos que *posiblemente* violen la regla. Por último, la tercera interpretación, c), relaciona la regla condicional con sus posibles excepciones. La tarea, consecuentemente, es vista como la búsqueda a dichas excepciones: la regla se aplica solamente a cartas no excepcionales (Stenings y Van Lambalgen, 2008, p. 58), y su forma ahora es: p∧¬e→q. Si se da *p* y no se da ninguna excepción, *e*, entonces se da *q*, lo que tiene la forma de un *Default*. Lo que se busca son esas excepciones. Un ejemplo de esto muestra la fragilidad en el razonamiento común de la interpretación condicional solo como descriptivo: por ejemplo, si se tiene el condicional "Si salgo a las 3 llego

---

*confundida con el carcinoma de mama. Usualmente ocurre en mujeres con pechos pequeños.* El texto continúa en el mismo estilo: puede verse en la breve cita que están allí presentes términos como: "a menudo"; "usualmente"; "pequeños". Todos ellos son términos borrosos que significan que al razonar con ellos su dominio no podrá ser bivalente clásico.

a las 4". Según la interpretación material, si el condicional es verdadero no puede darse el caso de salir a las 3 y llegar a las 5. Sin embargo, puede haber excepciones tales que, por circunstancias sucedidas inesperadamente, bien puedo considerarlo verdadero a pesar que el antecedente es verdadero y el consecuente no. Por lo tanto, no hay una sola manera de afrontar la tarea de selección; no es la interpretación descriptiva la única ni la principal. Las interpretaciones ponen al sujeto en diferentes dominios cognitivos.

La idea de "forma" no puede desaparecer en la lógica, pero su sentido y alcances pueden ser transformados. De ordinario se piensa que para poder determinar si un argumento es válido lo primero que se debe hacer es traducirlo en una estructura formal. Si bien ello es correcto, la cuestión es ¿a cuál estructura formal? Puede que a veces ello sea obvio y se vea desde el principio, pero en otras ocasiones no. La formalización y simbolización debe conjugarse con el dominio e interpretación. Lógica y razonamiento se entrelazan de esta manera en una sola realidad cognitiva.

Conclusiones: a) la concepción de la lógica como una disciplina solo formal simbólica que no guarda relación con el razonamiento real, da lugar a otra visión en la que la lógica es determinante en la comprensión de los procesos cognitivos del razonamiento.

En segundo lugar, b) la concepción de la lógica como posibilitadora de extracción de información también significa un cambio en la visión estándar de la disciplina: "El común denominador de todas las aplicaciones lógicas que hemos estudiado es que la lógica permite extraer información de los datos dados" (2008, p. 348).

Si los autores recién examinados representan la postura según la cual la naturaleza de la lógica es tal que influye en el razonamiento, la postura inversa tiene también fuerza, y es representada por el pensamiento de autores como A. Goldman y G. Harman. Se examinará en lo que sigue esas visiones y, a la vez, la crítica que hace de ellas J. Fisher.

Goldman establece la distinción entre razonar, como una relación de producción de creencias, cuestión que tiene en Pierce un antecedente, y la lógica. La pregunta pertinente aquí es la que hace el autor respecto de si la lógica sería suficiente para distinguir un argumento válido de otro no válido. Y su respuesta es negativa, sobre la base de análisis más bien epistemológico:

a) La pura lógica no puede aportar bases para la creencia justificada. La justificación de una creencia C debe apoyarse en algún sistema de

J-Reglas de justificación: "($P_1$). La creencia de S en $p$, en el tiempo $t$ está justificada si y solo si la creencia de S en $t$ está permitida por un correcto sistema de reglas justificatorias (J-Reglas)" (Goldman, 1986, p. 59). Inmediatamente surge la cuestión de la corrección de las J-Reglas. El sujeto, afirma el autor, podría no tener el concepto de justificabilidad, o de regla correcta, en cuyo caso "minaría" la J-Regla. Entonces, $P_1$ debe ser complementada con $P_2$: "La permisibilidad no está minada por el estado cognitivo de S en $t$" (1986, p. 63). Pero los criterios que determinan la corrección de las J-Reglas no son solamente lógicos, aunque estos son un tipo lícito de ellos: un sistema de reglas R puede responder a criterios lógicos, a criterios probabilísticos, a criterios de reglas de juegos, al estilo Wittgenstein (el segundo), a criterios provenientes de acuerdos de la comunidad en cuestión, de los miembros de una matriz disciplinaria, al estilo Kuhn, o a criterios aceptados por un par, al estilo Rorty, o a criterios validados socialmente, a lo Cosmides, o que respondan a un criterio coherentista, esto es, que se inserte en un conjunto de creencias no inconsistentes[75], o también, en fin, a criterios de evidencia perceptual. Ante tal espectro Goldman es crítico respecto del criterio que aquí más importa, cual es el criterio lógico o deductivo. Apelar a las leyes de la lógica como elementos que, de por sí, deben ser bases de J-Reglas es insuficiente, por dos razones: la primera es que

A lo más, la lógica deductiva puede generar un subconjunto propio de reglas de justificación deseables; pero no todas las apropiadas reglas pueden ser derivadas de ellas. Donde inferencias no deductivas son apropiadas —y tales casos son ciertamente legiones— verdades de la lógica deductiva son pocas, o no ayudan (1996, p. 67). La segunda: Hay, además, debilidades fundamentales en C1 y C2[76]. Ambas asumen, C1 más explícitamente, que algunas J-Reglas pueden ser derivadas de verdades lógicas. Pero esto no es así (p. 67).

La cuestión es que las leyes de la lógica no implican de por sí nada respecto de las creencias. Además, en segundo lugar, las J-Reglas no pueden derivarse literalmente de las leyes de la lógica: "Ninguna J-Regla puede

---

[75]  Véase desarrollo en Goldman 1996, p. 66. En general, en capítulos 4 y 5.

[76]  C1 y C2 se refiere a las J-Reglas derivadas de las leyes de la lógica.

ser derivada solo de la lógica. Por esta razón ningún criterio como C1 y C2 es satisfactorio" (Goldman 1996, p. 81).

¿Por qué las J-Reglas no pueden ser derivadas de las leyes de la lógica? En las dos razones centrales que ofrece, Goldman no hace sino acudir a la tradición de la filosofía de la lógica, en su cuño fregeano, que divide radicalmente lógica de psicología. La primera razón es que la lógica es

Completamente silente acerca de los estados de creencia u otros estados cognitivos (…) Hay otra razón de por qué una J-Regla no puede ser derivada literalmente de verdades lógicas. Las verdades de la lógica son puramente descriptivas, enunciados factuales. Ellas formulan ciertos hechos, presumiblemente necesarios, que conciernen a propiedades semánticas, sintácticas y relacionales. En contraste, las J-Reglas son enunciados normativos, ellos hablan acerca de estados de transición cognitiva (de creencias) que son permitidos (1996, p. 82).

Dos observaciones cabe hacer acerca de estos últimos textos de Goldman: 1). Parece haber una doble e inadvertida referencia a dos niveles, uno que se refiere a la justificación que podría tener una ley lógica misma (un sujeto está justificado en creer una tautología, por el hecho de serla), y en otro nivel se trataría de la justificación que una J-Regla podría obtener a partir de una ley de la lógica, para lo cual cabe hablar o no de derivación de la primera a partir de la última; 2). Tal vez la cuestión más relevante que contienen estos textos es la inversión de calificación del carácter normativo de la lógica. De ordinario se ha asumido siempre que la lógica es una disciplina normativa en tanto la psicología es descriptiva. Esa es la tradición contemporánea. Sin embargo aquí se observa lo contrario: Goldman está proponiendo que la lógica describe la forma en que ciertas estructuras son válidas, "describe" las condiciones de validez, tal como la física describe, en una ley, una determinada relación factual universal. La ciencia cognitiva norma, por el contrario, cómo es que una creencia debe justificarse, cómo son *permitidos*, ciertos estados cognitivos de creencia.

La lógica no puede dar criterios ni teorías de la creencia justificada. Se necesita para ello algo más; el concurso de la ciencia cognitiva. La lógica da principios para decidir si un argumento es válido o no; no da principios para decidir si una persona que adscribe a un argumento válido hace esa adscripción justificadamente. Creer en una tautología porque esta lo es, no es suficiente.

b) Pero, según Goldman, la lógica no basta para distinguir validez por una segunda razón. En este caso el autor liga el asunto a la cuestión de si puede o no usarse a la lógica como criterio de racionalidad. Los esfuerzos positivos han estado determinados por la construcción de un "Sujeto ideal" (impulsados originariamente por Carnap). Un primer ideal es el de la "Omnisciencia lógica", en que un sujeto lo es si cree toda verdad lógica y no cree en que una verdad lógica no lo sea. Pero el espectro de la lógica hoy ha llegado a ser tan grande, que ello sería casi pedir un imposible, tanto como pedir la omnisciencia matemática. Por ello tal omnisciencia es dudosa. Otra estrategia de idealidad lógica es dada por el conjunto de tareas que un candidato a sujeto ideal tendría que poder ejecutar; tareas que tienen que ver con *todas* las conclusiones que se siguen de *cualquier* conjunto de premisas, y tareas que consisten en, dada una conclusión, determinar si se sigue de cualquier conjunto de premisas. Pero, obviamente, ningún sujeto sostendría tal idealidad. ¿Sería –pregunta Godman– irracional un sujeto solo por no cumplir con esos criterios de idealidad? Pero, para solucionar esto se podría debilitar tales criterios y decir que un sujeto racional solo tendría que poder identificar algunas de las implicaciones, por ejemplo, "si p entonces p o q". Mas, tal restricción tampoco sería una buena imagen de racionalidad, con tamaña restricción[77].

En conclusión, sobre lo precedente, hay una falla general en todo esto, afirma Goldman: no se puede identificar racionalidad con lógica. Al revés, la lógica debe descansar en algún criterio externo de racionalidad. La naturaleza de la lógica no es, pues, definir la racionalidad.

G. Harman representa, al igual que Goldman, la tendencia separatista, esto es, que la lógica no posee providencia sobre el razonamiento. Según Harman, el razonamiento es, sobre todo, *un cambio en la visión,* un cambio de creencias. De otro modo, razonar no es un transformar enunciados, de premisas a conclusión, sino que consiste en cambiar creencias, de unas primeras a otra final. La idea de Harman es construir una idea de razonamiento más amplia -o más fundamental– que la que se encasilla como "argumento", por cuanto justamente este último solo se refiere a las relaciones entre enunciados. Lo relevante es que un *razonamiento* es una actividad cognitiva, es un *cambio en la visión* del sujeto. Así, en un esquema muy simple de la tesis del autor, se tiene:

---

77 *Otros criterios de idealidad pueden verse en Goldman 2008, cap 5.*

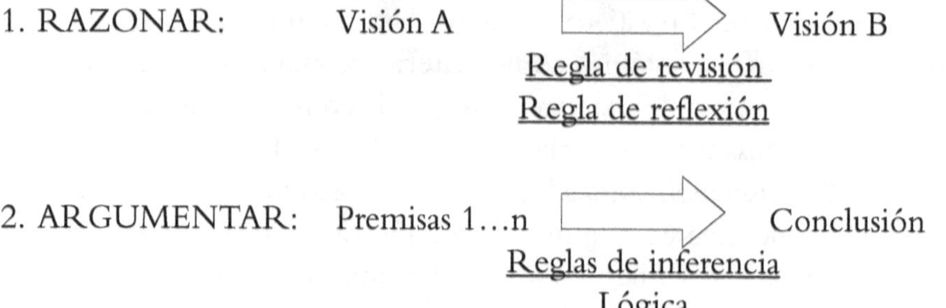


Harman ejemplifica así el *razonar* (1) (Harman, 1986, p. 1): María tiene la Visión A, que consiste en creer que hay cereales en la gaveta y actúa según eso al ir a buscarlos. La gaveta está vacía, y piensa que los cereales los tomó Ana. Ante ello María cambia sus *acciones* y sus *intenciones*: no comerá hoy cereales, por ejemplo. O irá a comprar otros. Según el autor, entonces, María ha cambiado su visón a B mediante un razonamiento, el cual no tiene por qué ser regido por reglas lógicas sino que por una reflexión o revisión de actitudes y creencias.

Si bien en el esquema la lógica solo parece estar ligada a 2, al "argumentar", ello es dudoso por cuanto el razonamiento 1 bien puede en ciertos casos ser traducido a un argumento de modo que el proceso sea mediado por las reglas de la lógica. Lo que ocurre es que en 1 no participa de ordinario la lógica, no necesariamente; en cambio en 2 sí lo haría. Hay que hacer la salvedad, además, que en 2 participan las leyes de la lógica solo en el caso en que 2 sea deducción[78].

Harman propone dos reglas de razonamiento: I, la máxima de reflexión que consiste en que un sujeto considera sus creencias, planes o deseos y considera las posibilidades que tendría de seguir una u otra. El segundo principio, II, es el de revisión, que se refiere a los cambios reales que el sujeto debe hacer en su visión de manera que ello permita lograr una coherencia con los fines. Lo notorio es que tales principios, que son reglas de razonamiento, están en el nivel cognitivo. Tales principios no están, por ende, necesariamente en el nivel consciente,

---

[78] Nótese, en este punto, la similitud de esta teoría con la tesis de la cognición dual S1-S2, examinada anteriormente.

sino automático, a diferencia de la aplicación de las reglas lógicas en una demostración.

La verdad es que ambos procesos, I y II, pertenecen a categorías diferentes. Una regla lógica, por ejemplo el silogismo disyuntivo o el dilema constructivo, o cualquiera otra, no indica nada en particular respecto del cambio de creencias que se verifica en el sujeto razonador. Se sigue de lo anterior que las reglas de la lógica no son reglas de cambios en la visión. No hay reglas de la lógica para eso. Por otra parte, también se sigue de esta postura que una regla de argumento no implica que tenga que haber una correspondiente regla de razonamiento. Más en general, el autor aduce que la existencia de razonamientos inductivos o deductivos no implica que deba haber argumentos inductivos o deductivos. La escisión, pues, es muy clara. Y muy profunda. Una regla lógica no puede ser una regla de cambio en la visión al menos por la siguiente razón: una regla lógica no posee excepciones, en cambio una regla de cambio en la visión sí puede tenerlas.

Harman ejemplifica de la siguiente manera: María cree que si mira en el armario verá cereales; María cree que está mirando el armario y no ve cereales. Ambas creencias son inconsistentes. Ahora bien, en términos argumentativos (2), se trataría que dichas dos creencias, sus enunciados en realidad, puestos conjuntivamente producen una falsedad. Según *Ex Falso Quodlibet*, puedo derivar de allí cualquier enunciado con validez lógica. Pero ello es una regla del argumento, no de lo que Harman denomina *razonamiento*. Por ello, afirma el autor, María no está autorizada a derivar cualquier enunciado, a creer cualquier creencia. No está regido su razonamiento por ninguna ley de la lógica. Lo que hace el sujeto en esa situación es abandonar la primera creencia considerándola falsa. Así, concluye Harman: "Si hay una conexión entre principios estándar de la lógica y principios de razonamiento, no es inmediatamente obvio" (Harman 1986, p. 6). Puede ser inútil esperar que los principios de los razonamientos tomen su fuerza de reglas de la lógica. El razonamiento es un hecho cognitivo.

Harman parece reproducir en este punto la falacia naturalista que Hume hizo notar entre enunciados descriptivos y normativos, referidos a la moral. Esta nueva expresión de la falacia, la falacia indicada por Harman, la podemos enunciar así: De argumentos deductivos o inductivos no podemos suponer que haya razonamientos deductivos o inductivos.

La relación entre lógica y razonamiento, para Harman, es conflictiva. Brevemente hay que recordar aquí un tema ya mencionado, como es una propiedad de la deducción: su clausura. En este contexto la cuestión es planteada así por el autor: en lógica (entendida estrictamente aquí como deducción) rigen los principios de clausura y de consistencia. A), la clausura, que afirma que si la visión V de un sujeto implica $p$, entonces es razonable creer $q$. B) El principio de consistencia afirma que la inconsistencia debe evitarse. No se puede seguir A) y negar B): si $p$ entonces $q$ y $p$, eso implica $q$; por tanto no creer que $q$ es una violación de B). Mas, ambos principios no son indestructibles; no serían, pues, principios. Por ejemplo, si S cree que "p" y cree que "p entonces q", entonces puede creer que "q", pero no es siempre obligatorio que así sea; en otros términos esto equivale a afirmar que la forma lógica que rige la regla no es suficiente razón para creer "q". A veces no se puede creer "q", a pesar de la validez lógica implicada en ese *razonamiento*.

Harman vuelve a su ejemplo anterior para expresar este punto: (i) S cree que si mira en el armario verá cereales; (ii) S mira en el armario; (iii) S no ve cereales. Ocurre que S no puede, merced a (i) y (ii) y el *modus ponens*, concluir que (iv) S ve cereales. Ello es inconsistente con (iii). La consecuencia que Harman obtiene es que el principio A) de clausura debe ser reemplazado por A)': las *creencias* de S deben ser clausuradas bajo implicación, lo que significa que: "…Hay algo equivocado con las creencias que tenemos si existe una proposición lógicamente implicada por ellas pero la cual uno no cree. En este caso se debe añadir la proposición implicada a nuestras creencias o bien abandonarla" (Harman 1986, p. 12). Sin embargo, este principio no es convincente, pues el sujeto por esta vía puede llenarse de creencias que están implicadas pero que son cognitivamente inútiles como tales creencias y que él realmente no cree. Si S cree que $p$, S debe creer que $p$ o $q$; $p$ o $p$; $p$ y $p$ o $q$; $p$ o $q$ o $r$, etc., las cuales son todas triviales en sentido cognitivo, aunque no en el lógico.

De este modo el autor arriba a una tercera expresión de la clausura, que en el fondo la elimina: A) se debe evitar atestar la mente con trivialidades. Sin embargo hay que precisar que no son trivialidades en sentido lógico; o al menos se podría afirmar que la trivialidad es contextual, pues hay circunstancias o roles donde una trivialidad no lo es. Por ejemplo, se podría aducir que el principio de identidad, A=A, tan caro a Occidente, es una trivialidad. Sin embargo, en un contexto demostrativo no lo es;

incluso la identidad es un elemento central de la caracterización cultural[79]. La conclusión, entonces, es que el principio de clausura A) es derrotable, tiene excepciones. Por otra parte el principio B) de consistencia también es derrotable. Puede ocurrir que las visiones de S sean inconsistentes entre sí; pero, al no saber cómo solucionar ese problema, en vez de eliminarlas, como indicaría la lógica, se guardan, y se evita hacer inferencias *explosivas.*

El punto anterior es importante porque esta teoría se puede explicar y apoyar al sistema de lógica paraconsistente, que, justamente, pretende considerar (no propiciar) enunciados contradictorios en una prueba, pero sin que ello signifique que se siga cualquier cosa (explosividad), lo cual es trivial. Este sistema no clásico encontraría así un fundamento en esta teoría de Harman.

La teoría del razonamiento de Harman significa, pues, una postura que recusa cualquier rol positivo de la lógica en el razonamiento. Esta perspectiva significa asumir de alguna forma un antipsicologismo radical, aunque no se haga declaradamente. Pero se podría avanzar en otra dirección, en la dirección que conduciría a postular que, al contrario de lo que hace Harman, la lógica es una disciplina más compleja que la pura formalidad simbólica. Esto es, en vez de ahondar en la diferencia entre razonamiento y argumento, propiciar que estos dos se junten y conformen dos aspectos de una misma disciplina. Esto, por supuesto, no puede probarse; es una cuestión de postura filosófica general sobre el problema.

J. Fisher levanta una postura crítica a las sustentadas por Harman y Goldman en esta materia: la lógica no es irrelevante para el razonamiento humano. Específicamente en referencia a Harman, la autora afirma que hay razones de carácter general para desconfiar del argumento de Harman, según el cual los principios I y II son solamente *default,* según se lo ha expuesto arriba. Fisher hace el siguiente paralelo en orden a recusar la postura de Harman: una regla *Default* que concierne a los testimonios afirma que "siendo lo demás igual" (entendida la regla como una cláusula *ceteris paribus*) se debe creer lo que otros afirman. Normalmente vivimos con estas reglas; si no tenemos razones para lo contrario, es razonable dar fe de lo que los demás nos informan. Según esto, Jennifer Fisher aduce

---

[79] Leibniz, por ejemplo, construía, para el principio de identidad A=A, este rol demostrativo. Si "Ningún A es B" implica que "ningún B es A", ¿cómo se demuestra esa inferencia (directa, aristotélica), que parece ser intuitivamente verdadera? Leibniz construye la siguiente prueba: (i) "Ningún A es B"; (ii) B =B; (iii) "Ningún B es A".

que el argumento de Harman equivale a decir que, en el caso del testimonio, tratándose de que la regla afirma que creemos en el otro no teniendo razones en contrario, entonces el testimonio no es relevante para el conocimiento del mundo. Esta afirmación no es aceptable pues justamente contradice las actuales tendencias epistemológicas de la denominada epistemología del testimonio. Análogamente la autora afirma que el hecho de que A) y B) sean solamente *default* de allí no se sigue que no puedan tener providencia sobre el razonamiento. Adicionalmente Fisher afirma, con razón, que Harman asume sin análisis que la lógica adecuada es solamente la lógica clásica. La cuestión de la inconsistencia del principio B) bien puede ser tratada de otra manera con sistemas no clásicos. Hoy es muy dudoso referirse a la "lógica" como si ella fuese equivalente a los sistemas clásicos exclusivamente.

## 3.3. Certeza, *a priori*, percepción

Hay dos aspectos más que son relevantes para la relación lógica-razonamiento y que tienen que ver con la forma en que la naturaleza de la lógica puede verse determinada por una visión cognitiva. Aun cuando Goldman no lo plantea así, ni es su interés hacerlo, por cuanto su tesis es que la lógica y el razonamiento no guardan relaciones, podemos interpretar sus tesis de manera positiva para nuestros efectos. Tales tesis tienen que ver con dos conceptos: *certeza* y *a priori*. Ello es relevante justamente porque la lógica ha sido considerada una disciplina que puede ser caracterizada, entre otros, por dichos dos conceptos: poseer certeza y ser válida *a priori*. Y, en cuanto es *a priori*, la lógica no es una disciplina que esté determinada por procesos cognitivos perceptivos.

Desde un punto de vista epistémico, el concepto de certeza es concebido como el más alto nivel de justificación y garantía de corrección. De acuerdo con algunas teorías epistemológicas actuales, como son las teorías de la confiabilidad, una creencia puede ser considerada como cierta si es causada por determinados procesos cognitivos que son fiables[80]. Goldman pregunta si pertenece la lógica a una categoría epistémica aparte y especial debido a que sus leyes son conocidas con certeza y de manera independiente

---

[80] Puede verse el reliabilismo dentro del conjunto de teorías epistemológicas actuales, por ejemplo en Dutant y Engel 2005, Blaauw y Pritchard 2005, Dancy y Sosa 2001.

a toda experiencia. "La idea de que la lógica conoce sus leyes con certeza provendría del hecho de que existen métodos mecánicos" (Goldman 1996, p. 300) para determinar si un enunciado es o no una verdad lógica o si un argumento es o no lógicamente válido. Sin embargo, esta idea no es convincente: "El teorema de Church muestra que no existen métodos mecánicos para determinar invalidez en la teoría cuantificacional general" (Goldman 1996, p. 300). En efecto, el sistema de segundo orden no es decidible, lo que introduce en la lógica misma un grado de indefinición que dista de la idea de certeza con que se la ha revestido históricamente. Por otra parte, apunta el autor, muchos problemas en lógica son de tal complejidad que no resultan solucionables en un tiempo humano razonable[81]. Aun cuando exista un algoritmo para llevar a cabo la tarea puede ocurrir que el tamaño y tiempo involucrados en ella signifiquen que haya probabilidades altas de equivocarse: se puede percibir mal un signo, se puede olvidar un paso previo, o recordar mal los pasos anteriores (Descartes, en las *Reglas,* habla de las condiciones para ejecutar *las largas cadenas de razonamientos*: mantener en la memoria los pasos anteriores). Afirma Goldman:

De acuerdo con mi teoría, el estatus de certeza es solo alcanzable por el uso de procesos cognitivos confiables (y, quizás si son necesarios los métodos, métodos infalibles, también). Sin embargo los procesos cognitivos infalibles no son más disponibles para el objeto de la lógica que para otras materias. Esto ya lo decía Hume: "En todas las ciencias demostrativas las reglas son ciertas e infalibles; pero cuando las aplicamos, nuestras falibles facultades son aptas, pero caen en el error (Goldman, 1996, p. 301).

La concepción tradicional actual de la lógica, de cuño fregeano en lo grueso, considera que la cuestión de la lógica es la infalibilidad de las reglas y no nuestra capacidad para usarlas. He aquí, pues, una diferencia que surge entre las concepciones clásicas y las cognitivas acerca de la

---

81  Véase Goldman 1996, p. 282 respecto del caso de la solución de una tabla con un alto número de enunciados. El número de filas de una tabla $T = 2^n$, donde n=es el número de enunciados. Así, ¿qué sucede con un sistema de creencias, representables por enunciados atómicos, que contiene un gran número de ellas? Si, digamos, hay 50 creencias, entonces la tabla es $2^{50}$, lo que hace un algoritmo que se resuelve en tiempo humano muy alto, aunque en tiempo computacional puede que no.

disciplina. Pero, de acuerdo con los enfoques cognitivos de Goldman, es dudoso, al menos, que se pueda distinguir el estatus de la lógica apelando a su certeza o confiabilidad. No es más fiable que otras disciplinas, o que los procesos perceptuales.

Además del problema de la certeza, la lógica porta sobre sí otra característica que la determina: ser una disciplina que se refiere a sus objetos *a priori*[82]. Goldman parte distinguiendo que dicho concepto se ha aplicado a dos instancias: verdades *a priori* y conocimientos *a priori*. Mas, el sentido originario debe aplicarse al conocimiento; las verdades *a priori* lo son solo por derivación del primero. Esto, aun cuando Kant centró el asunto del conocimiento en los tipos de juicios, juicios en los que recaen la propiedad de ser o no *a priori*. Esta propiedad del conocimiento está íntimamente relacionada con el punto previo: la certeza. Es su carácter *a priori* el que fundamenta la certeza. La aprioridad tiene que ver con la percepción: el conocimiento *a priori* es el que no está determinado por la experiencia, por la percepción. Es la idea de Frege, reforzada por Wittgenstein en el *Tractatus*; es la idea, en suma, común de la naturaleza de lo formal en general. Sin embargo Goldman niega esta manera de entender la lógica, como algo "puro", como algo libre de toda determinación empírica. Mas, el concepto de "experiencia" al que apela aquí Goldman debe ser precisado, para no malentender el asunto.

No se trata de que se afirme que una verdad lógica determinada pueda encontrar su valuación apelando a la experiencia. La intervención de esta no parece estar allí. Lo primero que menciona Goldman es un aspecto que puede entenderse en el marco de la cognición distribuida, a la que ya se ha hecho referencia. Se trata de que en la práctica normal de un lógico la forma en que este aprende nuevas leyes es estudiando las demostraciones que otros lógicos han llevado a cabo. Y este acto contiene un rasgo remarcable: que se requiere hacer intervenir elementos cognitivos no simbólicos, se podría decir, como es la visión, la mirada sobre signos escritos, escritos sobre un soporte físico, papel, pantalla, u otro, participación de la memoria. En ello interviene la percepción. El apriorismo podría afirmar –dice–, que todo ello es externo, accesorio y casi baladí, y

---

[82] Goldman discute el punto partiendo de que la lógica es *a priori*, pero ello está hoy sujeto a fuerte controversia. Véase, por ejemplo, C.Martínez 2007, quien analiza varias posiciones en pro y en contra. Mill, Putnam y Quine dirían que es *a posteriori*, que es revisable, en tanto la mayoría de los filósofos de la lógica defienden lo contrario.

que por ello no tiene relación con el tema. Se trataría de una mala comprensión del asunto. Pero tal postura está determinada, no es inocente, es sesgada e influida la postura filosófica del antipsicologismo. La tesis de la cognición distribuida, entonces, como ya se ha visto en este libro, en cambio ofrece la posibilidad de entender la intervención de más de una instancia en la naturaleza de la lógica. El apriorismo aduce que es posible, al menos en principio, esquematizar todas las representaciones que son relevantes. Pero Goldman dificulta que ello sea razonable.

> ¿Son capaces las facultades cognitivas humanas de construir o seguir mentalmente una demostración compleja con suficiente confiabilidad como para calificar como conocimiento? Es dudoso. Es universalmente conocido que la memoria corta, de corto plazo, es limitada en sus capacidades. Cuando esas capacidades son excedidas el error se incrementa agudamente. Parece probable, en consecuencia, que muchas fases (aun peldaños) de una prueba compleja envuelven más material que las que pueden ser mantenidas confiadamente en la memoria de trabajo. En consecuencia, una verdad lógica cuya prueba implica cierto grado de complejidad puede ser solamente conocida con la ayuda de inscripciones externas, por ende, solo con la ayuda de la percepción (Goldman, 1996, p. 302).

Lo *a priori*, pues, no solo tiene que ver con lo formal puro y lo simbólico. Los elementos perceptuales, cognitivos, "empíricos" en suma, tienen allí un lugar. Esto sin duda representa un apoyo a la tesis de que las ciencias cognitivas pueden ayudar a repensar no la operatoria lógica pero sí su naturaleza y sentido. Debe ser acercada a la realidad del razonamiento humano. Goldman apunta con razón que la clásica dicotomía fáctico-formal no es tan clara como se la ha supuesto. Es una línea divisoria más que entra en duda (sintético-analítico; descriptivo-normativo; *a priori - a posteriori*, por ejemplo).

# 4. RESPUESTAS POSIBLES A PROBLEMAS CLÁSICOS DE LA FILOSOFÍA DE LA LÓGICA

> La lógica ha tenido cambios, resultando en un nuevo esquema denominado
> "lógica cognitiva"
>
> C. Shushan 2009, p. 93

## 4.1. ¿Unidad o pluralidad de sistemas lógicos? R. Hanna y el *cognitivismo lógico*

### 4.1.1. *La unidad o la pluralidad de sistemas lógicos es hoy uno de los problemas en gran medida sin resolver de la filosofía de la lógica*

Desde que comenzó, a mediados del siglo xx, el proceso de ampliación y divergencia de la disciplina, que puede verse como dispersión de la lógica clásica hacia sistemas formales no clásicos, alguno de ellos inconsistentes entre sí, la pregunta por la naturaleza de la lógica se ha vuelto cada vez más presente en las preocupaciones de los filósofos y de los lógicos Según Jacquette, el asunto resulta central para comprender la naturaleza de la lógica, puesto que lo que se pregunta en el fondo es qué hace que tantos sistemas diferentes sean entendidos como siendo lógicos. Afirma el autor que la cuestión consiste en:

> Comprender cómo es que muchos sistemas formales pueden todos ser llamados lógicos. Otra forma de poner el problema es preguntar cómo en primer lugar puede ser posible que haya una multiplicidad de sistemas lógicos como opuestos a una lógica universal. Si podemos explicar por qué cada uno de ellos es lógica, tendríamos una buena razón para saber qué es la lógica, qué constituye una lógica y qué se significa con el término *lógica* (Jacquette, 2007, p. 2).

Este asunto posee, según el autor, otra cara; suponiendo que, como pensaba Kant, la lógica es la disciplina que reconocemos como aristotélica (y megárico-estoica, habría que agregar), surge el problema inverso: ¿por qué aceptar que todo razonamiento posible se deja apresar con un sistema como el tradicional, toda vez que dicho sistema se revela muy estrecho para dar cuenta de todas las manifestaciones de la construcción de argumentos? (Jacquette, p. 3). No parece haber respuestas que apoyaran una tesis como aquella. Por eso la diversidad de sistemas de lógica que hoy existen es producto de un desarrollo deseable en esta disciplina, como ocurre con todas. Sin embargo tal desarrollo también ha conducido a que sea insoslayable preguntarse por qué concepto subyace a tanta diferencia de sistemas; sistemas deductivos que pueden ser inconsistentes entre sí, cuyos conceptos de *consecuencia* no son los mismos. Esto sin considerar que fuera de la deducción hay sistemas que hoy se los incluye en los sistemas lógicos pero que no responden a las propiedades fundamentales de la deducción, sistemas como las lógicas derrotables en general o la lógica abductiva en especial. Siempre se puede apelar a un principio de definición y decir, por ejemplo: un sistema que no es monótono no es deductivo y si no es deductivo no es lógico. Es dudoso que criterios como ese sean de demasiada ayuda desde un punto de vista filosófico. La lógica hoy, al decir de S. Haack[83] consiste en "lógicas". Los sistemas son los tradicionales (silogística), los sistemas ampliativos conservadores, que mantienen la base deductiva pero agrega otras nuevas, como ocurre con la lógica de segundo orden respecto de la lógica proposicional o de la silogística. A estos primer y segundo grupos se los denomina "lógica clásica"; el tercer grupo está constituido por aquellos sistemas denominados divergentes, puesto que pueden eliminar algunos teoremas; así ocurre, por ejemplo, como se ha visto ya, con la lógica *fuzzy*. Todos estos sistemas divergentes "pierden", pues, propiedades clásicas, pero en función de poder hacerse cargo de formas de razonamiento que son reales y que la lógica no puede desconocer[84].

La situación descrita ha llevado al esfuerzo teórico dentro de la filosofía de la lógica y de la lógica misma, de la pregunta por una "lógica universal", sistema que daría cuenta justamente de "lo lógico" propiamente tal. La lógica universal debe entenderse como el esfuerzo, desde la misma

---

[83] Véase la postura de S. Haack (1991) al respecto, y la discusión en detalle de los que son los diferentes sistemas.

[84] Véase, también, respecto de los sistemas clásicos y no clásicos, G. Palau 2002.

disciplina, por solucionar el problema de la multiplicidad de sistemas, y en creciente aumento, que hoy se observa.

J.Y. Béziau expone una formulación de lógica universal como un conjunto de condiciones estructurales sin identificación con sistema alguno. La cuestión tiene que ver ni más ni menos con la pregunta fundamental de la filosofía actual de la lógica:"¿hay muchas o solo una? ¿Y qué es la lógica?" (Béziau, 1994, p. 74). Afirma el autor:

> La Lógica Universal es un estudio general de la lógica en el mismo sentido como el Álgebra Universal es un estudio general del álgebra. Se basa en el hecho de que no existe Una Lógica o Leyes Absolutas de la Lógica, sino que, más bien, en un tipo de estructuras lógicas que son las estrcuturas madres fundamentales en el sentido de Bourbaki. La lógica es, entonces, un campo autónomo de las matemáticas, con sus propias intuiciones y conceptos y pueden sobrevivir y ser desarrollados sin importar nociones específicas de otros campos de las matemáticas (Béziau, 1994, p. 73).

Si la Lógica Universal no ha de identificarse con ningún sistema lógico en particular, esta debe plantearse con independencia de dichos sistemas. Un sistema lógico S es una dupla S =< L, D> más una semántica (también puede representarse como un triple: S = <L, D, Sm>), en que L es un lenguaje y D una base deductiva. Los diferentes sistemas se construyen sobre la base de variaciones sobre los componentes de esa estructura. Pero, según el autor, una Lógica Universal, al ser el estrudio estructural de todo sistema posible, no puede ser definida de esa manera. Su definición más básica de lo que es la lógica, en términos de su universalidad, es que una Lógica $\mathcal{L}$:

es un par: $\mathcal{L} = \; < L, \vdash >$, en que:

a) $\mathcal{L}$ es un conjunto
b) $\vdash$ es una relación que opera sobre L (LxL, producto cartesiano), que correlaciona un subconjunto de L con elementos de L (Béziau, 1994, p. 84).

El sistema deductivo $\vdash$ de $\mathcal{L}$ consiste en que, dado un conjunto C, hay una regla R que opera sobre C, y entonces hay un par <A, a> en que A

⊂ C y a ∈ C, en que A se las denomina las premisas de la regla R y *a* el de la conclusión.

Lo notable de esta definición de $\mathcal{L}$ es que L no es un conjunto de enunciados, al menos no necesariamente: son objetos. Ni su *cantidad* ni su *calidad* están especificadas. De lo contrario, esta definición podría se asimilada a la definición de sistema lógico. Un interés adicional que posee este estudio de la lógica es que no supone, como se lo hace normalmente hoy en día, que la lógica necesariamente trata con enunciados[85]. Lo importante no es, pues, de qué objetos se trataría, sino de la estructura donde se insertan. En este sentido la Lógica Universal sería "pura forma", el ideal lógico sin más.

Al respecto Jacquette expone varias vías por donde podrían transitar en el futuro las posibles soluciones a la multiplicidad de sistemas, en una suerte de graduación (2007, pp. 5 y ss.). La primera posibilidad es que exista una tal lógica universal, de modo que los distintos sistemas lógicos puedan ser interpretados como esfuerzos por encontrar el sistema lógico correcto. La segunda alternativa consistiría en considerar que los diferentes sistemas deben en algún momento llegar a ser unificados bajo un solo sistema lógico. Una tercera alternativa en esta graduación es que no existe una lógica universal, sino que más bien existe un concepto general de lógica, por lo que la tarea de la filosofía sería encontrar las condiciones suficientes y necesarias para que un sistema sea lógico. Cuarto, hay una lógica universal y un concepto universal de lo que es la lógica pero es epistemológicamente inaccesible. Quinto, no existe una lógica universal o un concepto universal de ella, sino lo que Wittgenstein denominaba "aire de familia" entre los distintos sistemas que se reconocen como lógicos. También esto puede entenderse desde la teoría conceptual de los prototipos que, como se ha visto aquí, se relaciona a su vez con el concepto de "vaguedad". Sexto, no hay posibilidades, afirma Jacquette, de que los diversos sistemas lógicos lleguen a unificarse en un sistema universal. Así, se tiene una escala, desde la afirmación de que hay una lógica universal y no hay sistemas aislados hasta el extremo contrario, en que no puede haber lógica universal y lo que de hecho existe son los diversos sistemas que responden a distintas necesidades del razonamiento humano.

---

[85] Véase al respecto la última sección, 4.6, de este capítulo.

La posibilidad de una lógica universal ha sido crecientemente explorada. De acuerdo con M. Akrami (2007)[86]: "La historia de la lógica ha mostrado (y lo seguirá mostrando) un incremento real/potencial de multiplicidad de lógicas. Algunas de esas lógicas son contradictorias entre sí en algunos respectos y otras son complementarias" (Akrami 2007, p. 67). Una lógica universal, según el autor, podría ser de tres tipos: podría ser el conjunto intersección de los elementos comunes de muchas lógicas. Podría también consistir en una *métrica*, esto es, en un conjunto de parámetros de modo que las diferentes combinaciones de ellos podrían dar lugar a la constitución de los distintos sistemas lógicos. Por último, podría consistir en un supersistema, una *super-lógica* capaz de jugar el papel de toda lógica posible, en cuyo caso no se necesitarían sistemas particulares (Akrami, 2007, p. 67). Según el autor la lógica universal no puede consistir en una teoría general que muestre las características de cada sistema; la lógica universal es a su vez una lógica propiamente tal.

Una de las formas que se han seguido para perseguir la figura de esa lógica universal es asociarla a algún sistema ya conocido. Es el caso de lo que plantea M. Bremer, quien enfrenta el problema a partir de la idea de *lógica trascendental,* de cuño kantiano. Kant estableció dicho concepto referido a una investigación de las condiciones *a priori* de las leyes universales de la razón humana, o mejor, de todo ser racional. La lógica universal va en acuerdo, pues, con una filosofía trascendental. La primera no sería sino una nueva expresión actualizada de la segunda. Para Bremer hay dos formas de entender la lógica universal: un sentido débil y otro fuerte. En el primer sentido del autor una lógica universal sería un sistema paraconsistente, puesto que sería capaz de actuar en todo contexto. La razón tiene el curioso sabor de familiaridad con el principio de Cornubia, o *Ex Falso Quodlibet*; dice el autor: "puesto que la lógica paraconsistente puede tratar con contextos contradictorios, puede tratar con cualquier contexto, siendo así realmente aplicable de forma universal" (Bremer, 2007). La limitación de esta aproximación es que se pierde la capacidad de la lógica de primer orden en contextos consistentes. El programa fuerte debe ser capaz por sí solo de distinguir contextos consistentes y contradictorios, de modo de no perder

---

[86] La postura de Akrami sobre la naturaleza de la lógica es interesante puesto que amplía lo que tradicionalmente se entiende por ella. Así, la concibe como: "El estudio tanto de los sistemas formales de inferencia como los argumentos en el lenguaje natural" (2007, p. 67).

poder respecto de la lógica de primer orden. En todo caso, lo interesante de la propuesta del autor es que la paraconsistencia no solo sería un sistema no clásico entre muchos, sino estaría más allá de ello, sería una candidata a la universalidad lógica. No obstante ello, no parece ser del todo adecuada esta aproximación, puesto que dicha universalidad tampoco daría cuenta de otros contextos, como el de la multivalencia o el de la relevancia y otros, salvo que se integre todo aquello en la paraconsistencia. El autor propone, además, que esta visión de la lógica universal es compatible con el pluralismo lógico; si el pluralismo es la existencia de muchos sistemas lógicos y que se usan dependiendo del contexto argumentativo, hay compatibilidad. Pero si el pluralismo significa que no puede haber sino muchos sistemas, es obvio que no hay compatibilidad.

Otra respuesta al problema de la multiplicidad de sistema consiste en apelar a cuestiones más bien pragmáticas. Es un hecho histórico la forma (y las razones) en que se ha dado la aparición y multiplicación creciente de sistemas. La aparición y justificación de los sistemas desde comienzos del siglo xx puede pensarse que responde a un principio que, en sí, es polémico, pero que funge como una buena explicación de este fenómeno. Consiste en que la lógica no es un sistema cerrado, solo autorreferente y que responde a sus propias leyes en forma exclusiva. Responde a la necesidad de dar cuenta de razonamientos que contemplan diversas expresiones del lenguaje. Razonar solo con enunciados categóricos, como es el sistema de la lógica tradicional antigua, resulta demasiado limitado. De este modo, las preguntas, el tiempo, las modalidades aléticas y deónticas, pero también la existencia, los valores de verdad más allá de 1 y 0, la necesidad de contener la contradicción como una realidad de los discursos, son todos factores empíricos que han dado pie a la creación de lógicas que permitan razonar con ellos. La diversidad de sistemas, pues, es una necesidad real. Por otra parte, los nuevos sistemas no solo responderían a nuevas necesidades lingüísticas sino que también las funciones cognitivas, que ya se han nombrado anteriormente, como son los formatos visuoespaciales, los modelos mentales, los procesos de traspaso de información, las creencias graduales. En este sentido la lógica no puede ser considerada solamente como una pura forma; una vez creado un sistema es verdad que su validez solo es formal. Pero la creación de un sistema responde a motivaciones de un sujeto. En ese sentido estricto, la lógica también es empírica. Tal vez ese era el sentido que tenía para sus creadores originarios, Aristóteles, los megáricos, los estoicos[87].

La tesis de la lógica universal tiene, pues, algo en común con la tesis cognitiva de Hanna: en ambos casos se trata no de plantear la existencia de un sistema lógico más capaz de englobar a todos los demás. Ello no sería dar respuesta al problema, pues, en ese caso, aun con la universalidad de por medio, se tendría, de nuevo, un sistema más. El conjunto de sistemas de la lógica tendría un elemento más. Por ello ambas soluciones plantean más bien algo diferente: según Hanna, se trata de la facultad capaz de logizar; en la lógica universal, al estilo Béziau, se trata de las condiciones estructurales que definan todo sistema posible, no siendo esas condiciones ningún sistema en particular. Por ello, soluciones como convertir, por ejemplo, la lógica *fuzzy* o la paraconsistente en sistemas que podrían desempeñar el papel buscado parecen no ser convincentes.

## 4.1.2. *La perspectiva cognitiva de R. Hanna*

La perspectiva cognitiva de R. Hanna propone específicamente una respuesta alternativa posible al asunto de la multiplicidad de la lógica. Al igual que Jacquette, el autor ve en este asunto la piedra angular para la comprensión de la naturaleza y de la validez formal:

> Hay muchos, diferentes y aparentemente inconmensurables sistemas lógicos. Así, el problema filosófico pendiente acerca de la naturaleza de la lógica es cómo preservar la unidad de la lógica en tanto se acepta la manifiesta multiplicidad de sistemas lógicos distintos del clásico o elemental. Esto es lo que yo denomino el problema del *E pluribus unum* (a pesar de los muchos, uno) (Hanna, 2006, p. 29).

Hanna advierte que su propuesta se basa en dos tesis de S. Shapiro: la primera es que la evaluación de los diferentes sistemas requeriría una

---

[87] Otra perspectiva importante consiste en buscar cuáles serían aquellas condiciones mínimas indispensables, esenciales, que marcarían a un sistema formal como lógico y no como un mero sistema de signos. Se ha acudido para ello a la determinación de esas condiciones por medio de reglas estructurales, que no son de inferencia propiamente tal sino que "metainferenciales", se podría decir. Véase al respecto, A. Aliseda *et al.*, en *Suma Logicae en el siglo xx*, 2005.

superlógica, esto es, como ya se vio, un sistema formal capaz de hablar por todo sistema posible; la segunda, que esa superlógica debe ser no corregible y *a priori*, esto es, debe cumplir con las condiciones centrales de toda lógica. Lo que hace Hanna es introducir variaciones en estas dos tesis. La primera tesis es, ahora: la evaluación de las diferentes lógicas requiere ahora una *protológica*, que no es ningún nuevo sistema lógico sino que es el nombre de una facultad cognitiva donde radicarían las condiciones generales de construcción de toda lógica. La segunda tesis reformulada afirma que la *protológica* es no revisable y *a priori* justamente porque es un supuesto de posibilidad de cualquier sistema lógico. No se trata, en suma, de agregar un sistema formal más, pero en otro nivel, como ocurre con la superlógica. Esta es la tesis de la *protológica* como una facultad cognitiva. Se trata de una facultad que tiene la capacidad de representación lógica.

La tesis de la facultad cognitiva de la *protológica* explica la pluralidad de sistemas y, a su vez, dicha facultad es plausible justamente porque explica esa pluralidad. Hanna avanza su tesis de la facultad cognitiva de representación lógica a partir de Quine (además de Shapiro) y su idea de la traducción[88]. Quine rechaza el pluralismo de sistemas lógicos y acepta que el sistema clásico basa su fortaleza y credibilidad en que resulta intuitivo y obvio. Por ejemplo, las afirmaciones según las cuales un sistema puede considerar contradicciones sin caer en la trivialidad, como los sistemas paraconsistentes, yerra en algo fundamental; yerra en que el sujeto cree que está hablando de la negación. Si se dice que $p$ y se dice que no $p$, se está hablando de la negación de $p$, de modo que si uno es falso el otro es verdadero. Y ello, desde Aristóteles. Dado eso, Quine alega que cuando se aduce que $p \wedge \neg p$ pueda ser verdadero, lo único que cabe pensar es que ya no se está hablando del "no" como constante lógica en el mismo sentido que cuando se la usa en $p \wedge \neg p$. Allí se está hablando de otra cosa; "$\neg$" ha dejado de significar "no", cuando se dice "no p"[89].

Pero lo que hace Hanna es convertir eso "obvio" de la lógica clásica en una facultad cognitiva. Pero dicha facultad, contra lo que se pueda pensar, no tiene que ver con ningún sistema lógico en especial. En tal sentido está muy lejos de los intentos de la teoría de la "lógica mental" sustentada por Piaget (1967, 1969), Rips (1994, 2008) y otros, según la

---

[88]  Véase Quine, 1998, pp.141 y ss.
[89]  Véase Quine, 1998, en el capítulo 6 sobre lógicas divergentes, p. 141.

cual la mente trabaja según la lógica de primer orden y la lógica proposicional[90]. La teoría de Hanna también es una respuesta a la idea de que la intuición no puede ser una base para la lógica[91]. Ya no se trata de la intuición, como una propiedad humana inefable, aunque de gran potencia epistémica, desde el νοῦς aristotélico hasta la intuición en Kant.

¿Qué es la *protológica*, según Hanna? Supongamos que existe un cierto sistema simple y obvio; ello está tomado de Quine; pero, se aleja de él

> En que esta lógica no es en sí misma estrictamente hablando ni clásica o lógica elemental ni estrictamente hablando lógica no clásica (sea extendida o divergente), porque es estructuralmente distinta de cualquier sistema clásico o no clásico. En realidad no es un sistema lógico como tal, sino que más bien un conjunto simple de estructuras lógicas esquemáticas, en la forma de un repertorio coherente de principios metalógicos y conceptos lógicos. Además, es presupuesta por cada sistema lógico. Esto se debe a que se trata de una protológica, en el sentido que es usada para la construcción de cada real o posible sistema lógico. Tal presupuesto lógico constructivo universal podría ser la "lógica pura" (*sheer logic*) de Quine (…). La protológica, como la estoy concibiendo, es irrevisable y *a priori* precisamente porque su conjunto total de esquemas lógicos estructurales determina lo que contará como sistema lógico posible (Hanna, 2006, p. 44).

En otros términos, la propuesta de Hanna, como él mismo lo afirma, equivale a pensar en las kantianas "condiciones de posibilidad", pero no de una lógica, sino que de toda lógica posible, esto es, del ser mismo de lo lógico como tal. Y tales condiciones están dadas no a nivel formal, sino que a nivel cognitivo. A pesar de que Hanna propone que hay al menos cuatro principios que pueden ser considerados como partes básicas de la *protológica:* el primero es un principio débil de validez: un cierto argumento es lógicamente válido si no es posible que las premisas sean verdaderas y la conclusión falsa, esto es, una de las más básicas de las condiciones

---

[90] Como se vio en el primer capítulo, ello fue fuertemente recusado a partir de las teorías del razonamiento, como por ejemplo las tesis de los modelos mentales de Johnson-Laird (1983). Véanse las críticas en Garnham y Oakhill (2004), cap. 5.

[91] Véase, más adelante en este capítulo, sección 4.4, acerca del problema de la justificación de la deducción.

131

metalógicas desde la antigüedad. Se trata de una condición semántica de validez. Esto es parte de todo sistema lógico posible. El segundo principio metalógico es un principio débil de no contradicción: *no toda sentencia es, ambas, verdadera y falsa* (2006, p. 45). El tercer principio se refiere a la verdad lógica: una sentencia es verdad lógica si lo es bajo cualquier interpretación de sus constantes no lógicas. El cuarto se refiere al concepto de prueba: relaciona prueba con el condicional subyacente correspondiente, que sea verdadero. Estas cuatro condiciones son reconocibles como parte de toda lógica posible. Pero son versiones débiles de las propiedades de la lógica clásica. Una de las bases aducidas por el autor para sustentar esta propuesta es que, aun cuando un sistema divergente pueda eliminar alguna u otra propiedad clásica, ningún sistema puede eliminar todas las propiedades y seguir llamándose lógica. La *protológica* contendría el núcleo de lo lógico.

El argumento del autor, en suma, parece seguir la ruta de otras tesis filosóficas centrales de la filosofía contemporánea. Dicha ruta es la del *debe*. Así, por ejemplo, la tesis del primer Wittgenstein acerca de la naturaleza del lenguaje puede entenderse, proponemos, desde la consideración de las condiciones mínimas para que haya lenguaje, para que haya representación, significado y referencia al mundo. Para que ello ocurra, en una concepción absolutamente simétrica entre mundo y lenguaje, algo "debe haber en común" entre esos dos planos ontológicos, que no es otra cosa que la forma lógica. De manera análoga, Hanna aduce que "algo debe haber" de común a todo sistema lógico posible. Eso común es una capacidad cognitiva que expresa los principios metalógicos mínimos.

En este punto Hanna hace una distinción sutil que había pasado desapercibida: la distinción entre "protológica" y "facultad lógica". La primera tiene que ver con los principios lógicos básicos ya expuestos, que en sí no constituyen ningún sistema propiamente tal; la segunda, en cambio, es la tesis de que tales principios anidan finalmente en una cierta capacidad cognitiva humana. La existencia de tal facultad lógico-cognitiva es demostrada por el autor en función de lo que ella es capaz: solucionar el problema de la diversidad lógica, del logocentrismo (ver 4.4) y del antipsicologismo (ver 4.3); además, la demostración de Hanna apela a un argumento a la mejor explicación y en otro dependiente de las propuestas de Chomsky sobre la "generación" gramatical. Si bien los lenguajes naturales son muy diferentes unos de otros, las diferentes estructuras gramaticales parecen responder a un conjunto de principios estructurales y conceptos, lo que constituye una gramática universal "generativa" capaz de dar cuenta de todos los casos singulares de lenguas. La tesis de Hanna, pues, de la protológica, guarda una relación de analogía fuerte con la tesis generacional (2006, p. 48). Así como hay, según Chomsky, una "facultad lingüística", es plausible que haya, también, una facultad lógica capaz de generar todo sistema lógico posible. Así, Hanna afirma: "Sobre la asunción empírica de que la piscolingüística de Chomsky es verdadera, ello implica la verdad de la tesis de la facultad lógica" (Hanna 2006, p. 51). Y ello porque el mismo Chomsky asocia su tesis con la lógica, a la que considera enraizada en lo más profundo de la naturaleza humana. Ese es el interés filosófico de la lógica. Gramática universal y facultad lógico-cognitiva se corresponden. Es interesante recalcar que Hanna ve aquí algo que es cada vez más evidente en la actual filosofía de la lógica: que esta posee un rasgo empírico, y que por ende también lo tiene la facultad protológica. Por ello, esta facultad es explicable desde las propuestas de la ciencia cognitiva del razonamiento. Toda esta argumentación significa para el autor que la facultad cognitiva es la "mejor explicación" para el problema del *pluribus unum*. La pluralidad de sistemas, pues, se disuelve como problema dado que subyace a ella una transversalidad de principios pero sobre todo de una capacidad que está en otro nivel que la propia formalidad lógica.

Una vez que se establece esta facultad cognitiva debe, ahora, explicitarse en qué consiste esta cognitivamente y cómo es que opera en cuanto capacidad humana de *logizar.* (Esta explicitación de la facultad en cuestión será base también para los dos problemas que más adelante se tratarán en este capítulo, en la sección 4.3 acerca del antipsicologismo y en la sección 4.4, acerca de la justificación de la deducción.) En términos generales la tesis acerca de la facultad cognitiva de logizar del autor −el *cognitivismo lógico*−, tiene estas dos expresiones: "(i) que la lógica es cognitivamente construida por animales racionales y (ii) que los animales racionales son esencialmente animales lógicos" (Hanna, 2006, p. 25). Ambas partes de la tesis se encajan perfectamente en una unidad: la lógica tiene su naturaleza última en la cognición humana capaz de representarse las situaciones y el mundo en términos de discursos argumentativos.

Tres conceptos cognitivos estructuran la teoría de la protológica: modularidad de la mente, encapsulamiento y promiscuidad cognitiva. La modularidad incluye al concepto de encapsulamiento. La tesis cognitiva acerca de la modularidad es una idea acerca de cómo la mente está organizada y funciona; la teoría afirma que la mente trabaja de manera *dedicada,* de manera *rápida,* se refiere a un *dominio específico* y de forma *encapsulada.* La mente es dedicada a cierta función especializada, por decirlo así, como ocurre por ejemplo cuando un sujeto es capaz de reconocer cierta estructura sintáctica dentro de una frase; o cuando reconocemos un rostro en un conjunto. En segundo lugar la capacidad cognitiva de la rapidez, como un reflejo para realizar sus tareas, con poco gasto de *recursos cognitivos.* En tercer lugar se encuentra la capacidad cognitiva altamente sensible a una clase de objetos o situaciones y, a la vez, altamente resistente a otras. Así, por ejemplo, afirma Hanna, es la capacidad de reconocer específicamente rostros cuando los vemos en una posición plenamente de costado o perfil y la débil capacidad para hacerlo cuando el rostro está en escorzo. Finalmente se tiene la capacidad cognitiva del encapsulamiento, en que la capacidad en cuestión no interactúa directamente con otras facultades cognitivas ni con *creencias culturalmente mediatizadas, deseos ni voliciones de la cognición animal* (Hanna 2006, p 89). Pero, si bien los ejemplos más claros de modularidad presentan la propiedad del encapsulamiento (como reconocer un rostro), Hanna propone que no toda modularidad cognitiva lo está. No es una propiedad necesaria:

> Creo que existe al menos una, y aparentemente solo una, capacidad cognitiva que es dedicada, rápida, específica a un dominio innato (esto es, en otras palabras, una capacidad modular innata o una facultad) pero informacionalmente promiscua en el sentido de que no solo comparte su característico tipo de información con cada una de las demás facultades sino que es directamente interactiva con la explícita, implícita y culturalmente mediadas creencias, deseos y voliciones del conocedor. De otro modo, lo que quiero argüir es que hay al menos una capacidad cognitiva que es central en el sentido de que pertenece a los procesos centrales o sistemas de cognición, pero que sin embargo también es modular (Hanna 2006, p. 100).

La evidencia empírica a la que apela Hanna para fundar su tesis tiene que ver con el hecho de que todos los animales que poseen capacidades cognitivas modulares, como el reconocimiento visual, lingüístico, reconocimiento específico de rostros, por ejemplo, todos son animales que razonan y que, por tanto, poseen la capacidad cognitiva de *logizar.* Las capacidades modulares son *periféricas,* esto es, conectadas inmediatamente con inputs externos de información, y también son todas sujetas al control de los *procesos lógicos* (Hanna 2006, p. 101). Ante esta propuesta Hanna se apresura a enfrentar un problema a la vista, el de cómo puede ser que una capacidad a la vez sea dedicada, rápida y específica a un dominio, modulada pero no encapsulada. La respuesta es que se debe distinguir entre dos tipos de modularidad, cosa que la mayoría de los especialistas no reconoce: primero, una facultad cognitiva *periférica* y, segundo, una capacidad cognitiva *central*. Su tesis se completa, pues, con la idea de que justamente la facultad cognitiva de logizar no solo es una facultad central sino que es *la única facultad cognitiva central* (*ibídem*, p. 101). Una facultad central, si bien es dedicada, rápida y específica a un dominio, no puede ser encapsulada, sino que debe ser *informacionalmente promiscua*. Así, según el autor, la facultad lógica es capaz de introducir la forma lógica dentro de variadas formas de representaciones mentales de varios módulos periféricos, como por ejemplo ocurre con el hecho de que la inferencia lógica juega un rol determinante en la percepción visual, en el reconocimiento de patrones y en las construcciones de los enunciados correspondientes. La facultad lógica, en suma, impone forma lógica a las representaciones cognitivas, como el reconocimiento visual y otras ya nombradas (de la facultad central hacia las capacidades periféricas) y, a su vez, es influida por juicios, creencias, voliciones y deseos en los contextos en que el sujeto razona.

La diversidad de sistemas lógicos en sí misma, pues, no constituye el último elemento desde donde analizar la disputa de cuál sistema sería el sistema sin más. En vez de ello, la perspectiva de Hanna proporciona la posibilidad de entender esa pluralidad pero apelando a otra instancia que la de la pura forma, o el lenguaje. Hay algo por debajo de ello que es una facultad cognitiva privilegiada capaz de respetar las diferencias de cada sistema pero a la vez dar cuenta de por qué hay tantos sistemas. Los sistemas lógicos responden a variadas funciones y necesidades cognitivas; es posible interpretar que no son propiamente necesidades del lenguaje las que generan los distintos sistemas no clásicos; son necesidades cognitivas de *logizar* la contradicción, la existencia, la gradualidad, etc., fenómenos que le ocurren a un sujeto cognitivo y no al "lenguaje". Así, pues, el problema de la pluralidad o unicidad de la lógica queda explicado por un enfoque cognitivo. Todos los sistemas son válidos en cuanto trabajen para lo que fueron hechos. Solamente una perspectiva pragmática puede dar satisfacción a este problema.

## 4.2. La lógica: *¿canon u órganon* de la razón?* Sobre la inalterabilidad de la lógica

Si hay una propiedad de la lógica, en cuanto disciplina formal, que parece caracterizarla con mayor propiedad, es la de su inalterabilidad. Esta es una segunda arista del problema analizado en la sección anterior, 4.1, acerca de la pluralidad de sistemas lógicos. La lógica como una disciplina que tiene una naturaleza inalterable ha llegado a su cúspide en la filosofía contemporánea, con la lógica matemática a partir de Frege, pero tuvo un origen notable con el pensamiento de Kant. Los estudios cognitivos actuales han puesto en duda dicha inalterabilidad y han abierto un camino hacia una consideración de la lógica como algo más flexible. La inalterabilidad de la lógica se expresa en una concepción específica, cual es la de ser, para Kant, un *canon de la razón*, su *forma pura*. La lógica antigua, en cambio, concebía la lógica como un *órganon* del pensamiento, una herramienta que apoyaba el pensar humano en sus diversas ciencias (de allí la idea, tal vez, que debía ser una propedéutica antes del estudio de cualquier disciplina), aunque otros filósofos antiguos la concebían como parte de la filosofía sin más[92]. Según Kant, la lógica es no solo inalterable sino que en el siglo 18 ya había alcanzado su total inalterabilidad, para siempre. La propia lógica se encargó de mostrar que ello no es así. Pero, además, la lógica no es inalterable en el sentido de que sus verdades no son intocables y su sentido puede ser replanteado, más allá de ser considerada una disciplina solo formal–simbólica.

---

[92] La disputa acerca de la naturaleza de la lógica ocupó un lugar importante en las discusiones de la filosofía clásica griega. En general Aristóteles y los peripatéticos consideraron a la lógica como una herramienta de la razón; los estoicos, en cambio, defendieron la idea de que la lógica era parte integrante de la filosofía. Platón, por su parte, mezcló las dos tesis. Puede verse una exposición detallada de esta discusión de la filosofía de la lógica centrada en los estoicos, en la obra de Boeri y Salles 2014. Allí, en el cap.I se citan y analizan las opiniones sobre este debate en autores como Amonio, Alejandro de Afrodisia, Filópono, Olimpiodoro, todas fuentes de las opiniones de los estoicos en relación con este tema. Por ejemplo, Amonio, aclara previamente a la discusión qué se entiende por ser una "herramienta" o ser una "parte de". Lo primero tiene la propiedad se ser externo al objeto respecto del cual se es herramienta, de modo que si la herramienta determina su función, el objeto queda intacto, como ocurre con un martillo y un mueble. Pero, en el caso de "ser parte", dice Amonio, como la mano lo es del cuerpo, al quitar la primera este último queda incompleto. Boeri y Salles aducen que los estoicos concebían a la lógica como parte de la filosofía, pues esta quedaría incompleta sin ella. La base de tal pensamiento es la concepción organicista que los estoicos tenían de la filosofía. Puede verse, también, al respecto a Kneale y Kneale 2008, p. 737: los autores hacen hincapié en que para Aristóteles y los peripatéticos la lógica era una "propedéutica", algo preliminar para los estudios posteriores de filosofía.

Se analizarán aquí dos aspectos sobre esta cuestión: a) la idea kantiana de *canon* en la lógica y su comparación con la idea, ya analizada en sus líneas generales en el capítulo primero, de *lógica mental*, según Piaget y Rips, hoy en día; b) la crítica cognitiva a la idea de una lógica mental, en Garnham y Oakhill. Esta exposición permite afirmar que aquello que está implicado en el canon y en la lógica mental, la inalterabilidad fundamental de la lógica, hoy no es sustentable, al menos con la fuerza con la que lo era para la filosofía de la lógica a partir de Frege.

a) Kant[93] propone que la lógica hay que entenderla de una cuádruple manera: como lógica general o como lógica particular, y que la primera a su vez hay que considerarla o como lógica general pura o como lógica general aplicada. Esta taxonomía es relevante dado que contiene una concepción más amplia de la lógica que la que hoy se entiende por la disciplina. La lógica general (respecto de su objeto) establece las reglas necesarias del pensar; no toma en cuenta los objetos a los que se pueda dirigir: es un *canon de la razón*. En cambio, la lógica particular establece las reglas para pensar correctamente cierta clase de objetos: dichas reglas constituyen el *canon* de tal o cual ciencia. La cuestión entonces se centra más bien en la primera partición, en la lógica general. La lógica general pura consiste en las reglas del pensar pero con abstracción de cualquier condición empírica, esto es, los sentidos, la imaginación, la memoria, las costumbres, las inclinaciones, los prejuicios. Solamente entran en juego principios *a priori;* todo es, y solo es, demostrado *a priori* (Kant 2004, B74, p. 95). Esta lógica capacita para pensar al margen de sus aplicaciones (Kant, 2000, p. 77): "La ciencia de las leyes necesarias del entendimiento y de la razón en general o, lo que es lo mismo, la mera forma del pensamiento en general, la llamamos, pues, lógica" (Kant, 2000, p. 80). Esta es, pues, la imagen de la lógica en cuanto formal, "objetiva", diría Frege. En cambio, la lógica general pero aplicada determina reglas de uso del entendimiento pero bajo las condiciones empíricas subjetivas que enseña la psicología (posee principios empíricos pero sin atender a las diferencias de los objetos, por ello es general y no particular).

Sin embargo, la tesis de Kant acerca de la naturaleza de la lógica no es solamente un adelanto del formalismo de la lógica contemporánea, sino que es algo más y distinto. La diferencia es sutil y pasa desapercibida. El

---

[93] La idea de lógica Kant la expone fundamentalmente en la *Crítica de la razón pura,* en la "Analítica" de la "Lógica trascendental" (2004), y en la *Lógica,* editada por G. B. Jäsche (2000).

*canon*, en cuanto pura forma, no es del lenguaje, no se trata de la forma del enunciado ni de la estructura inferencial, como lo es para la filosofía de la lógica estándar. Dicho *canon* lo es de la razón, de la subjetividad del ser racional capaz de *logizar*, al decir de Hanna. En un caso se está hablando de una propiedad, la forma, de un elemento del lenguaje, el enunciado, o de una estructura inferencial; en el otro esa forma se refiere a una capacidad cognitiva. La lógica como un canon de la razón pone una perspectiva más amplia a la lógica. A la vez, Kant también representa el otro aspecto, el de la inalterabilidad de todo sistema formal, en cuanto ajeno e independiente de toda experiencia.

La lógica actual ha sido entendida, pues, de una manera restringida, en aras de lograr un desarrollo simbólico indiscutible pero olvidando tal vez que se trata del razonamiento humano el que se está representando. La matemática, el otro sistema formal simbólico por excelencia, no tiene ese compromiso de representar la razón humana como tal sino que se refiere a lo que se puede denominar "objetos matemáticos"[94]. Según esta perspectiva, que la lógica sea considerada hoy como un capítulo de la matemática es una visión no del todo defendible desde un punto de vista filosófico. Esta es una disputa ni siquiera aún iniciada a nivel filosófico, por lo polémica que resulta y que aquí solamente proponemos como tema: que la lógica anterior a los desarrollos acelerados de la lógica matemática actual sea "pobre" necesariamente. Si bien en ello hay técnicamente verdad, hay también insuficiencia en la consideración de lo que la lógica representa como acto humano, más allá del manejo de símbolos.

La lógica general pura sería, pues, la parte "inalterable" de la naturaleza de la lógica, en cuanto se constituye en el *canon* de la razón. Parece que ello fue lo que el pensamiento contemporáneo filtró como esencia de lo lógico, olvidando todo lo demás que complejiza el tema. Lo inalterable tenía, para Kant, y tal vez para todo pensamiento sobre este tema, dos significados: primero, la lógica es inalterable en el sentido de que la lógica llegó a su punto máximo de desarrollo posible ya con Aristóteles; en segundo

---

[94] Acerca de la relación entre lógica y matemática y específicamente sobre la cuestión de la lógica implicada en la matemática, véase Frege 1974. "Si bien la matemática, en las palabras de Frege no se reduce a la lógica, buena parte se basa en ella: la matemática está más estrechamente ligada a la lógica que otras ciencias, pues casi toda la actividad del matemático radica en deducir. En ninguna otra ciencia ocupa el deducir un espacio tan grande, si bien la deducción aparece aquí y allá en otras ciencias" (1974, p. 81) (Además de deducir, claro, la matemática tiene que definir e hipotetizar).

lugar, la lógica es inalterable en el sentido en que lo es la *lógica general pura*, como la pura forma canónica del pensar. El primer sentido lo desmintió el propio desarrollo de la disciplina que, justamente gracias a su formalización completa, ha ido creado sistema tras sistema, sin parar hasta hoy y sin que se vea que se detendrá esa tendencia. Los sistemas no clásicos, por ejemplo, son muestra de ello, como se vio en la sección anterior. El segundo sentido de la inalterabilidad es más complejo de analizar, pero es al que nos referimos en esta sección en forma especial. Dicho sentido, a diferencia del primero, parece ser el corazón de la lógica, que lo hace un sistema completamente independiente de cualquier consideración que no sea la propia estructura de validez inferencial y que, con ello, las leyes de la lógica no podían ser cambiadas. Pero, incluso ello hoy ha comenzado a ser cuestionado. Las diferentes lógicas no clásicas ya establecieron que ello, no es así (cada sistema no clásico divergente significa el abandono de ciertas propiedades clásicas, con el fin de poder dar cuenta de nuevas formas de razonar), cosa que aquí no cabe abundar. Pero no solo ello; también la aparición y desarrollo de diversos sistemas formales hoy considerados de pleno derecho han puesto en duda esa inalterabilidad. He allí las denominadas lógicas derrotables, de amplio uso en inteligencia artificial y en el razonamiento cotidiano, "Dialéctico", diría Aristóteles, o de la "lógica abductiva", ligada a la representación del descubrimiento, de la creación de nuevas hipótesis y otras formas epistemológicas. En estas últimas lógicas, y a diferencia de las lógicas no clásicas, es el significado mismo de "deducción" el que está en cuestión. Lo inalterable de lo lógico, así, es algo que hoy se muestra débil.

La idea de un canon invariable de la razón tiene en el siglo xx una expresión cognitiva (en psicología cognitiva) representada en la propuesta de Piaget sobre una "lógica mental", idea continuada hoy por autores como L. Rips (1994). También en Inteligencia artificial el uso de leyes lógicas explícitas forma parte de esta perspectiva, como ocurre con la formulación del programa de deducción "Prolog" (Kowalski, 1979 y también Rips con "Psicop Model", 2008). Las teorías cognitivas del razonamiento que hoy se debaten son muy diversas[95]. Sin embargo, los especialistas se centran

---

[95] Sobre una taxonomía que da cuenta de esta variedad y la complejidad que hoy ha llegado a tener la teoría cognitiva del razonamiento, fuera de lo tratado en el capítulo primero, puede consultarse Fernández y Carretero (1995), artículo en el que se ofrece una guía en el estado del arte sobre psicología del razonamiento, en esta materia. Los autores agrupan esta diversidad entre tres tendencias principales: 1) la componencial y la teoría triárquica de la inteligencia;

al menos en las de la lógica mental, la teoría de los modelos mentales, la tesis de los heurísticos, la tesis de las inferencias específicas. Es la primera la que resulta atingente acerca de la inalterabilidad de la lógica. La forma de explicar adecuadamente el hecho de que las personas puedan realizar razonamientos deductivos es suponer que están mentalmente equipadas con las leyes de la lógica. Según Manktelow: "La hipótesis más simple acerca de esta relación" (la relación entre sistemas formales y conducta humana racional), "Es proponer que tenemos alguna clase de sistema formal en nuestras mentes" (Manktelow 2005, p. 3).

Piaget establece la tesis de que el razonamiento finalmente tiene una base lógica basándose no solo en razones cognitivas sino también biológicas. Allí está inscrito el almacén de leyes de la lógica y de estructuras inferenciales válidas que permiten al ser humano razonar cuando lo hace correctamente, se entiende. Según el autor, la lógica y la matemática, esto es, los sistemas formales, son los elementos superiores de la autorregulación del organismo con el medio. La vida es en su esencia un proceso de *autorregulación* de los intercambios con el medio, como son la homeostasis o la homeorresis. El sistema nervioso sería, a primera vista, el órgano especializado en dichos intercambios en una doble dirección: nos informa acerca del medio y a la vez modifica el medio. Se trata de una relación cibernética. Sin embargo la tesis de Piaget es que, en realidad, hay otra instancia que se constituye en el órgano especializado de esos intercambios de información, y es el proceso cognoscitivo. Ello cumple con dicha última propiedad: los procesos cognoscitivos son a la vez un producto de la autorregulación orgánica con el medio pero también los órganos especializados de dicha relación. La cognición, se diría, es, pues, el órgano propio de nuestras regulaciones biológicas con el medio: se forma sacando información del medio y, de vuelta, modela el medio (Piaget, 1969, pp. 26 y ss.). Para Piaget, entonces, los conocimientos no están primordialmente basados ni en el sujeto ni en el objeto de conocimiento sino que en una relación de *feedback* permanente.

---

2) la tesis de las reglas específicas y heurísticas; 3) la teoría de los modelos mentales. La tesis de la lógica mental es incluida en la de las reglas específicas. Para Johnson-Laird hay tres tipos de estructuras de razonamiento: el razonamiento depende de leyes de la lógica; en segundo lugar están las teorías que reconocen los contenidos específicos del que trata el razonamiento en cuestión, y en tercer término la teoría propia del autor, los modelos mentales, formato no proposicional de la inferencia (véase Johnson-Laird 1991, 1988).

Los sistemas lógicos son para Piaget precisamente formas de regulación del sujeto con el medio, las formas más sofisticadas de esa regulación. La lógica es producto de procesos de abstracción; pero no es abstracción de objetos sino que de la acción del sujeto enfrentado a problemas con el medio:

> La lógica por entero, ya se trate de la "lógica natural" o de los sistemas axiomatizados de los lógicos, consiste esencialmente en un sistema de autocorrecciones, cuya función es distinguir lo verdadero de lo falso y proporcionar los medios de mantenerse en la verdad. Y es sin duda esta función normativa precisa y bien delimitada la que distingue más claramente los mecanismos cognoscitivios, conscientes por relación al juego mecánico de las autorregulacioes fisiológicas o mecánicas (Piaget, 1969, p. 34).

Se debe observar aquí dos cosas: la primera, que la lógica es tomada como La lógica, ya formada, con sus leyes (aun considerando la perspectiva constructivista de Piaget), sus reglas de validez ya formadas. Esa disciplina, que si bien es formada por el sujeto, es una lógica, un sistema que, luego, mantiene al sujeto en la verdad y lo guía así en sus acciones. En segundo lugar, el *mantenerse en la verdad*, aludido por Piaget, que posee aquí un sentido biológico de mantenerse en el medio exitosamente, coincide plenamente con una de las propiedades semánticas principales de los sistemas deductivos, como es la de la *preservación de la verdad*. La lógica es para el autor el sistema de equilibrio más estable que posee el sujeto cognoscente y se "imponen con necesidad desde que las civilizaciones humanas han llegado a cobrar una conciencia reflexiva" (p. 36).

La epistemología genética propuesta por el autor conduce a esto: a considerar que un principio, como por ejemplo el de la transitividad, lo construye el sujeto en su desarrollo al actuar y manipular el medio. Así, por ejemplo, si un recipiente A cabe en el interior del recipiente B y este a su vez en otro C, el niño manipulando dichos objetos se saltará el paso dos y colocará directamente el recipiente A dentro del C.

Precisa Piaget que entre los 2 y los 15 años de edad la lógica llega a ser *necesaria* para el sujeto; lo *necesario*, esa convicción cognitiva que va más allá de lo inductivo o lo experimental. Esa necesidad, expresada bio-lógico-cognitivamente significa que:

Le es imposible al pensamiento del adolescente prescindir de cierto número de mecanismos de inferencia y no experimentar, al sacar sus conclusiones, un particular sentimiento de "necesidad" deductiva: por ejemplo, que si A implica B y si B implica C, es imposible o absurdo no admitir que A implica C (p. 280)[96].

Alrededor de los 7 años el niño es capaz de reconocer la transitividad y las igualdades; y recién a los 12 años las inferencias[97].

Dado que la lógica no sería producto de *aprendizajes empíricos*, constituye las condiciones de organización de la experiencia. Aun cuando las bases del pensamiento de Kant y Piaget son bien diferentes, hay un acercamiento entre ambos, respecto de este tema, que resulta evidente. La inalterabilidad de la lógica es una propiedad principal; es un instrumento fundamental de la razón, de lo vivo racional incluso, que aporta la necesidad, la estabilidad, la conservación de la verdad en nuestro trato con el mundo. Solo un sistema de estructuras puras y necesarias, aportadas por los sistemas formales, puede aportarnos ello. La inalterabilidad de la formalidad lógica está, pues, bien basada. En este sentido, es que Piaget ha dado pie a considerar que la forma en que pensamos (y estamos vivos) inferencialmente se debe precisamente a que estamos equipados, o nos equipamos, con las leyes de la lógica. Ello constituye la tesis de la *lógica mental*.

b) Pero el problema de la inalterabilidad esencial de la lógica ha sido cuestionado a partir de los enfoques cognitivos actuales acerca del razonamiento. Ni en el sentido kantiano ni en el de Piaget, o en las versiones de Rips, la formalidad aparece como suficiente para mostrar ese rasgo. Pero, se diría, lo que esa crítica muestra sería solamente que el razonamiento humano no está estructurado sobre la base de las leyes de la lógica simbólica como disciplina y nada más que ello. No implicaría nada respecto de la naturaleza de la lógica misma en cuanto disciplina. Se puede afirmar que esa es la interpretación ortodoxa en filosofía de la lógica: que la lógica y el razonamiento están en niveles diferentes por cuanto no pueden influirse, puesto que el primero trata con condiciones estructurales

---

[96] Se ha visto ya, anteriormente, cuán complicada puede ser esa afirmación, expresión de la clausura bajo implicación.

[97] Es interesante la alusión que hace Piaget a una concepción sociológica de la lógica, en la que se la entiende como una relación o instrumento de intercambio que un grupo social impone (Piaget, 1969, p. 281).

de validez, mientras que el segundo tiene que ver con la forma en que un sujeto real en condiciones reales razona, bien o mal; en tanto que lo primero solo considera las condiciones formales del razonar, lo segundo apela también a competencias cognitivas, la memoria, la concentración y otras. Sin embargo se debe examinar si ello es realmente así, dado que, como ya se lo ha mencionado, en el mismo desarrollo de la propia lógica lo que se creía intocable, como son las leyes clásicas, ya no lo es tanto y porque se han introducido sistemas formales como los derrotables que no parecen cumplir con las exigencias esenciales de los sistemas considerados lógicos. En este sentido, decir que un sistema lógico es inalterable solo porque sus enunciados y sus estructuras son independientes de las consideraciones empíricas no perece suficiente; es una forma algo débil de entender la inalterabilidad.

La idea de una lógica mental, de Piaget, apoyaba esa tesis de la inalterabilidad. Pero si tal tesis de lo mental guiado por leyes lógica no resulta ser tan fuerte para explicar el razonamiento, entonces dicha inalterabilidad se ve debilitada, aunque no eliminada. De este modo, la crítica cognitiva a la lógica mental resultan ser un apoyo al cambio de concepción de la filosofía estándar de la unicidad de sistemas e inalterabilidad de las leyes lógicas. Garnham y Oakhill son unos de los muchos cognitivistas actuales que, desde la psicología del razonamiento, criticaron esa idea. Según los autores, hay dos principales problemas para la teoría de la lógica mental, los que se revisarán a continuación.

Problema 1. La doctrina de la lógica mental los autores la resumen en los siguientes componentes procedimentales: en primer lugar el sujeto almacena información en su mente, información cuyo soporte es una forma lingüística de cómo es la proposición; en segundo lugar, para concluir algo utiliza esa información almacenada y aplica sobre ella una regla de inferencia válida inscrita en su mente también, como puede ser un *modus ponens*. El sujeto debe considerar que las proposiciones a las que la regla se aplica deben coincidir con las premisas de la regla; ello autoriza a afirmar la proposición como conclusión, que debe coincidir con la forma de la conclusión de la regla (Garnham y Oakhill 1994, p. 78). Que esto sea lo que sucede cuando se razona válidamente significa esperar mucho; significa que alguien no solo almacena información proposicional sino que tiene almacenado el conjunto de las inferencias válidas y las leyes de la lógica. El autor menciona que, al menos, el sujeto debería tener codificados en su almacén mental los 10 esquemas inferenciales de

Lemmon[98], esto es, las estructuras válidas de la lógica proposicional y las de segundo orden. Sin embargo surge al respecto una duda casi natural, sobre todo hoy a la luz de la diversidad de sistemas surgidos en la mitad del siglo xx hasta hoy: si la mente funciona en el razonamiento apelando a las leyes de la lógica, ¿a qué sistema lógico especial corresponderían ellas? Si para Piaget ello era la respuesta obvia ahora no lo es. Habría que decir que sería la "lógica universal", y no la lógica clásica, que el sujeto racional naturalmente, biológicamente llega a construir. La tesis de la lógica mental debería fundamentar por qué es la lógica proposicional y no otro sistema el que tiene esa función. Por otra parte, como afirman los autores: "Hay muchas maneras de formalizar aún el más simple de los sistemas lógicos, el cálculo proposicional. La idea de una lógica mental no es, en consecuencia, del todo clara" (Garnham y Oakhill 1994, p. 77).

Esta tesis tiene problemas cuando se la confronta con estudios en psicología del razonamiento: si fuese cierta, el sujeto tendría que estar equipado con al menos las reglas básicas de inferencia; pero, ello no parece ser así, puesto que se ha visto que una regla como la del *modus ponens,* si parece ser "natural", la del *modus tollens,* en cambio, tan fundamental como la primera, no es reconocida como tal en las pruebas de razonamiento al respecto[99]. Seguramente es la negación la que es más difícil de concebir como tal y su rol en el razonamiento lo que produce esta situación.

Problema 2. Esta segunda dificultad analizada por los autores tiene que ver con el concepto de "información semántica" y su rol en la deducción, cuestión que fue analizada por Johnson-Laird y Ruth Byrne (2000), como base crítica de su teoría de los modelos mentales. El punto es que, por ejemplo, si bien: p / p ∨ q, un razonador natural no inferirá de "la nieve es blanca" la conclusión "la nieve es blanca o la lluvia moja". Y ello posee hoy respaldo experimental suficiente en psicología cognitiva. Si la tesis de la lógica mental fuese plausible entonces los sujetos racionales deberían acudir a la regla de la "introducción de la disyunción" sin problemas. La cuestión a la que se apunta aquí es que el "razonamiento real" parece estar guiado por reglas no explícitas, de carácter extralógico, al menos algunas veces. Decir que de A se sigue A no parece ser algo relevante para el razonador natural, aunque se trate de una expresión par-

---

[98]  Véase J. Lemmon, 2002, las reglas de la denominada "deducción natural", de Gentzen.
[99]  El caso más conocido y canónico es la "tarea de selección", de Wason.

ticular de la identidad lógica o la reflexividad, que es fundamental en la idea de validez lógica. Por otro lado, aunque lo encuentre redundante, sin duda que cualquier sujeto puesto ante la pregunta de si A=A es verdad, afirmará que sí, en la mayoría de los casos.

Hay tres principios (Johnson-Laird y Byrne, 2000, p. 33, Garnham y Oakhill 1994, p. 79) extralógicos de la deducción, que son:

a) La conclusión no puede tener menos información semántica que las premisas. El concepto de información semántica aquí remite a Carnap y, más lejos, a la lógica medieval y tiene que ver con los estados posibles de cosas que son descartadas como falsas, lo que corresponde a la asignación "falso" a una proposición. Así, mientras más niegue una proposición más información nos reporta[100]. Esto equivale a la idea de que mientras más improbable es el contenido de un enunciado más información no ofrece: anteriormente ya se hacía mención a este concepto de información: "el obispo es creyente" es muy probablemente verdadero, por lo que no nos reporta mayor información; en cambio "el obispo es ateo", lo cual es muy improbable, nos reporta mucha información. Según esto, en general: p(F...F) contiene más información semántica que q(F). Sobre la base de dicho concepto se tiene, entonces, por ejemplo:

| p | q | p ∧ q | p ∨ q |
|---|---|---|---|
| V | V | V | V |
| V | F | F | V |
| F | V | F | V |
| F | F | F | F |

Dado que: p (VVFF) y p ∨ q (VVVF), entonces *p* posee más información semántica que p ∨ q; de allí que p / p ∨ q, si bien es válida, no es una inferencia "real". Debe considerarse aquí un fenómeno inverso a la validez, pues justamente la validez formal indica que la deducción es aquella inferencia donde no hay mayor información en la conclusión que en las premisas. Este primer principio indica que si ello ocurre la inferencia no será reconocible como tal. Sin embargo, esto debe completarse con

---

[100] Mientras más "contenido empírico" posee, más expuesta a ser falsada está, al decir del racionalismo crítico popperiano.

este otro aspecto del principio: que no debe haber mayor información semántica en las premisas que en la conclusión, pero debe *mantenerse* esa información, lo cual también cumple con la deducción (lo que no puede suceder es solamente que se aumente la información en la conclusión).

Es evidente que, según este principio, p / p mantiene la información semántica, así como puede haber muchas más reglas válidas que también lo hacen. Sin embargo resulta interesante decir que la diferencia de aceptación del *modus ponens* y la poca que tiene el *modus tollens* según los análisis empíricos de la psicología cognitiva del razonamiento, no parece responder al principio a). Basta que se construyan las respectivas tablas de ambas reglas para constatar que la información semántica de una y otra son iguales (ambas disminuyen, no mantienen, la información del conjunto premisas a la conclusión; el conjunto premisas del *modus ponens* es VFFF y la conclusión VFVF; el conjunto premisa del *modus tollens* es FFFV y la conclusión FFVV). En consecuencia, el principio a) no parece tener la claridad que pretendía.

b) El segundo principio que indican los autores se refiere a que *la conclusión debe ser más parsimoniosa que las premisas* (Johnson-Laird y Byrne, 2000, p. 34), esto es, el principio de ahorrar información evitando repetirla. Así, un caso de violación de este principio es: p, q $\vDash$ p$\land$q, que es la introducción de la conjunción. Es válida, pero es muy difícil que alguien la utilice pues parece ser altamente redundante.

c) El tercer principio es que la conclusión, en lo posible, afirme algo que no está en las premisas. Pero el cuidado que hay que tener aquí, para no contravenir la condición fundamental de la deducción de la transferencia de la verdad pero no el aumento de información, es que el principio afirma que "lo nuevo" consiste no en lo absolutamente nuevo sino que se refiere a que se afirma algo que en las premisas no está "explícito"[101].

La tesis de que la mente contiene las "leyes de la lógica" para llevar a cabo los razonamientos no es posible sostenerla a la luz de estas críticas. Si ella podía considerarse como una de las expresiones de la inalterabilidad de la lógica, parece que esta no se sostiene.

Finalmente, hay un asunto que amerita ser aclarado en este punto. Se ha mencionado la teoría de R. Hanna acerca de la facultad protoló-

---

[101] Véase Capítulo 4, Sección 4.5, en que se explora acerca de la cuestión de la deducción y el aumento de información en la conclusión.

gica. ¿No tiene dicha facultad una relación de identidad con la tesis de la lógica mental? La crítica a la idea de la lógica mental podría significar que la facultad cognitiva de logizar se ve también tocada y, con ello, su poder de respuesta plausible al problema de la universalidad o unidad de la lógica tratado en la sección anterior. Sin embargo, un elemento indica que ello no es así. Y dicho elemento tiene que ver con el simple hecho de que hay una diferencia fundamental entre ambas posturas, lógica mental y protológica. Mientras la lógica mental, en cuanto teoría, apela a la existencia en el sujeto cognitivo de un sistema lógico, con nombre y apellido, que hace las veces de estructura, de formalización del discurso humano en sus tratos con el medio. Pero la tesis de Hanna dista de lo anterior pues no hay allí el postulado de un sistema lógico privilegiado que esté en la base de los procesos mentales; como ya se vio, lo que hay es solo una facultad, entendiendo por ello al conjunto de condiciones de posibilidad para que exista cualquier sistema lógico, sin más especificación. De acuerdo con esto la tesis de Hanna sigue en pie en cuanto respuesta para varios de los asuntos actuales en la filosofía de la lógica.

La lógica no es un *canon* de la razón, ni hay lógica mental. Según ello, trasvasijando esto a los problemas de la lógica misma, la naturaleza de la lógica parece ser la apertura hacia diversos sistemas formales del discurso y de las cogniciones humanas.

## 4.3. El reposicionamiento del debate psicologismo-antipsicologismo lógicos

Si el lógico ha de hablar de la mente y de sus
operaciones debe ser en un sentido diferente de ese en que
los psicólogos modernos estudian la mente.
Peirce, 2007, p. 78.

El problema general de una filosofía cognitiva de la lógica está muy relacionado con la cuestión del antipsicologismo, cuestión que, por lo tanto, atraviesa casi todos sus temas. Mas, ¿en qué consiste el psicologismo lógico y cómo se desarrolló el debate que desemboca en la doctrina fregeana-husserliana del antipsicologismo? Recuérdese en este punto lo ya mencionado pero que ahora se tratará con mayor detalle: la idea de lógica actualmente aún vigente es "antipsicologista"; las características de la lógica que hoy es consenso enumerar, son antipsicologistas.

147

a) La perspectiva denominada "psicologista" en lógica emerge a mediados y fines del siglo XIX, especialmente en el contexto de los pensadores alemanes, algunos de ellos formadores de la naciente psicología empírica. Beneke, Sigwart o Wundt, amén de J. S. Mill, son representantes señalados de ese movimiento psicologista que, por lo demás, fue más allá de la lógica propiamente tal.

En términos generales, por "psicologismo" se entiende una postura filosófica (esto es no de la psicología, como pudiera pensarse atendiendo a su nombre), según la cual las leyes de la lógica son reductibles a leyes de orden psicológico, o de otro modo, que la deducción se basa o se justifica por leyes psicológicas específicas. Así, en palabras de C. Posy, para J. S. Mill: "La justificación de la deducción (incluyendo la inducción) es una generalización inductiva de los éxitos que hemos tenido en aplicar las reglas lógicas" (Posy, 2003, p. 70). Además Posy cita a Mill en este pasaje: "La lógica no es una ciencia distinta ni coordinada con la psicología. En tanto es una ciencia propiamente tal, es una parte, una rama de la psicología" (Posy, 2003, p. 70). Y analiza la cuestión el propio autor:

"¿Cómo de acuerdo con Mill la psicología provee aquellas bases teóricas de la lógica? ¿Cómo aquella justifica aquellas reglas del arte? La respuesta es que los actos de concebir, juzgar y razonar son, después de todo, simplemente actos mentales. Como todos son propiamente materia de la psicología" (Posy, 2003, p.70).

Como se observa en este pasaje, Mill concibe así la naturaleza de la lógica puesto que lo lógico descansaría en ciertos actos, que no son formales, que no son reductibles a solo símbolos, como son el Juzgar, hacer enunciados, el concebir, elaborar conceptos y razonar, esto es, inferir. La discusión, pues, parece centrarse justamente allí: el antipsicologismo rechaza absolutamente que tales procesos tengan algo que ver con la relación formal entre enunciados. Que el lógico cuando aplica una regla en una demostración tenga procesos psicológicos que permitan ello no es la cuestión; la cuestión es que ello no es lo que la lógica trata. McNamara, por su parte, afirman que el psicologismo "Ha mantenido que los fundamentos de la lógica descansan sobre bases psicológicas; que las verdades y exigencias lógicas y la fortaleza de las reglas de inferencia están garantizadas por hechos de la psicología" (McNamara 1994, p. 11).

D. Jacquette da una amplia mirada al debate en sus principales aproximaciones. El antipsicologismo ha sido objeto, según el autor, de críticas de todo calibre. Por cierto no ha estado exento de la simple descalificación, la más baja de las aproximaciones críticas, si cabe considerarla tal. Así, por ejemplo, están las expresiones de Brentano, quien afirma que el psicologismo llegó a ser una suerte de religión, esto es, algo alejado en la pura creencia sin apoyo alguno más que en la pura voluntad de creer. Hay, afirmaba, que *exorcizar* a la filosofía del psicologismo. A. Pap, por su parte, hablaba del psicologismo como una mera confusión mental entre la lógica y el ámbito mental. A. Musgrave añade que, desde la obra de Frege y de Husserl, ya todos deberían saber lo mínimo, esto es, que el psicologismo lógico no posee ningún sentido. G. Radnitzky afirma que gracias a Russell y Husserl el psicologismo es ya "una cosa del pasado: el ensayo de reducir las normas de las lógicas a leyes del pensamiento es hoy meramente una curiosidad histórica" (Jacquette, 2003, p. 4). Así, las descalificaciones son abundantes: el psicologismo sería una mera confusión, una falla del razonamiento, una curiosidad del pasado, un despropósito, un no comprender los límites evidentes de las dos disciplinas[102].

---

[102] Conviene no confundir al psicologismo con los lógicos defensores del psicologismo, pues estos últimos son lógicos en regla. Esto se ve claramente por ejemplo en el caso de Wundt, el padre de la psicología empírica moderna a fines del siglo XIX, al estudiar los tiempos de reacción fisiológicos. Stelzer, 2003, por ejemplo, resalta cómo Wundt tenía una concepción "contextualista" de la lógica, según la cual la lógica no puede ser ajena a los contenidos y ser solamente formal. Para Wundt el psicologismo no significa reducción; significa algo diferente, a saber, que no puede haber una completa independencia entre psicología y lógica. En este sentido, Wundt estableció bases para un concepto no clásico de la negación. Cada negación contiene dos elementos: el concepto negado y el conjunto del cual es parte, que es su contexto. El concepto "no clásico" de negación es ejemplificado por Stelzer así (2003, p. 105):

1. Supóngase un conjunto C total de conceptos: C={a,b,c}
2. Entonces: ¬a es b o es c ; ¬b es a o es c; ¬c es a o es b
3. Por lo que se tiene: ¬ ¬a es ¬b o es ¬c
4. Por tanto: ¬¬a es a o c; o es a o b          de (2) y (3)
5. Entonces: ¬¬a es a o es b o es c          de (4)
6. Luego, se puede decir que : ¬ ¬a ≠a, (¬ ¬a es b o c)       dado C = a,b,c

Ello significa que la negación de *a*, por ejemplo, se da en el contexto, o respecto, de b y c. Esto permite a Wundt pensar en la negación en términos no clásicos, en que la doble negación de un enunciado no es igual a la afirmación del enunciado. Wundt está aquí cerca del intuicionismo, que acepta como verdadero $p \rightarrow \neg \neg p$, pero no $\neg \neg p \rightarrow p$. También Stelzer analiza, en el mismo texto, otros casos de psicologistas alemanes de fines del siglo XIX, como es el caso de C. Sigwart, que influyó en el desarrollo de las lógicas modales.

149

Es relevante considerar que el antipsicologismo lógico no es una postura más acerca de la lógica, una mera reacción al psicologismo, sino que ha representado mucho más. Este enfoque ha sido lo suficientemente fuerte como para constituirse casi en la definición misma de lógica simbólica en términos contemporáneos. Al respecto Jacquette resume en 8 argumentos las razones del anti-psicologismo, razones que, si se presta atención, no son sino ocho caracterizaciones de lo que hoy de ordinario se entiende por lógica matemática.

Jacquette (2003, p. 9) establece esas ocho razones sobre la base de cómo el antipsicologismo trata de diferenciar de manera absoluta lógica y psicología. Así, la lógica queda definida de la siguiente manera: 1) La lógica es exacta, en cambio la psicología es inexacta, razón por la que el psicologismo es imposible; 2) La lógica es *a priori,* en tanto la psicología es *a posteriori;* mal, pueden, entonces, las leyes de la lógica ser reducidas a las leyes de la psicología; 3) Una de las características centrales en esta discusión es que la lógica es una disciplina normativa o prescriptiva en tanto la psicología es descriptiva; 4) La lógica, por su parte, tiene carácter claramente universal, en cambio la psicología hace referencia en forma específica al ámbito del razonamiento humano; 5) Una nota algo más oscura que las anteriores es la afirmación de que la lógica es descubierta, no inventada, como ocurriría con la piscología. Esta caracterización se remite claramente a la postura de Frege y Husserl, que se analizará más adelante en esta sección; 6) La lógica tiene que ver, en su especificidad, con aquellos objetos idénticos al pensamiento; ello significa que no pueden esos objetos ser reducidos a determinados contenidos de un cierto individuo en particular; 7) La lógica es una disciplina que, en cuanto tal, tiene que ver con cualquier teoría o campo donde ocurran razonamientos, demostraciones o pruebas; según ello, la lógica también ocurre en la base de la psicología y no al revés; 8) Finalmente, la lógica es objetiva mientras que la psicología es subjetiva, aspecto este también claramente tributario de Frege.

Como puede notarse, las ocho caracterizaciones anotadas por Jacquette no son otra cosa que la definición misma de lógica, que recoge muchas de las ideas en la historia de la disciplina desde los antiguos. Sin embargo el mismo Jacquette lleva a cabo en su artículo una amplia crítica a cada una de las 8 razones antipsicologistas, razones que se basan todas en una sola tesis: que la psicología es diferente a la lógica. No es el lugar este para analizar cada uno de esos argumentos[103] (algunos de ellos tie-

---

[103]  Puede verse el desarrollo de cada uno de ellos en Jacquette 2003, p. 9 hasta el final del artículo.

nen que ver con Frege-Husserl, que se verán enseguida) pero, a modo de ejemplo, considérese el número 3: la lógica es normativa y la psicología es descriptiva. Esté es, tal vez, una de las razones más mentadas del antipsicologismo. Jacquette muestra que dicha razón no es tan fuerte como parece. Lo descriptivo no puede establecer norma alguna, ni estándares ni indicadores; en cambio lo normativo no describe en absoluto.

Esta polaridad, normativo-descriptivo, si bien en general es aceptable, es en realidad demasiado extrema y no parece cumplirse en la lógica. Jacquette hace ver un problema que tiene relación con la circularidad del argumento que parece subyacente a esta discusión: la lógica no puede reducirse a la psicología (a leyes correspondientes) porque esta última es descriptiva; a su vez, la psicología es descriptiva justamente porque no puede reducirse a la lógica. En otros términos, parece ser que si la psicología es descriptiva dependerá de si es o no reductible a la lógica. Hay que agregar a esto el hecho de que la no reducción está basada al parecer en una definición previa, la que afirma que una es descriptiva y la otra es normativa. Sin embargo, resulta hoy muy dudoso afirmar que la psicología no sea nada más que descriptiva, como debería ocurrir por lo demás con todas las ciencias fácticas. Una taxonomía, una morfología, por ejemplo, son claramente descriptivas y no pretenden nada más, pero la psicología describe procesos pero también enseña reglas de cómo variar la conducta y esos procesos. No parece haber una mera descripción. Lo mismo ocurre con la lógica: no parece ser solo normativa, esto es, solo indicarnos "cómo debemos pensar" sino que puede ser vista como un conjunto de leyes que describen las estructuras que son válidas en cualquier razonamiento. Aquí debe notarse que el enfoque cognitivo tiene al respecto más que algo que afirmar, pues la caracterización de la lógica como solo normativa parece tener poco que ver con solo las relaciones entre enunciados y mucho que ver con la cognición; con el "cómo debemos pensar", que para los filósofos griegos tenían una connotación ética sin duda, pero que también hoy la podemos asociar a un rasgo cognitivo. Jacquette afirma que si la ingeniería y la medicina no solo describen procesos sino que también enseñan cómo proceder para lograr un resultado, no se ve bien por qué no podría ocurrir lo mismo con la lógica, si se la entiende como una teoría del razonamiento humano, más que un conjunto organizado de signos (como se verá más adelante con R. Hanna, la lógica es claramente descriptiva de las leyes necesarias de consecuencia, mas es normativa para la facultad protológica).

Tal vez la mayor expresión del antipsicologismo la constituya la obra de Frege-Husserl. Pero Husserl no siempre pensó así; fue a raíz de la crítica de Frege que el creador de la fenomenología cambió de rumbo en esta materia. Así, según Hanna (1993), la obra de Frege en lógica se sintetiza en haber propuesto un abandono de la estructura de esta disciplina en función de sujetos y predicados y su reemplazo por el concepto de función, de modo que la expresión básica ya no es el aristotélico "S es P" sino que Fx, siendo x el argumento y F un concepto o predicado. Mas, por otro lado, Frege introdujo a la vez una *revolución en filosofía de la lógica,* según Hanna, al rechazar completamente cualquier fundamento psicológico para la matemática y para la lógica. Fue, específicamente, la crítica de Frege a la *Filosofía de la aritmética* de Husserl[104] la que produjo el giro de este hacia abrazar completamente el antipsicologismo lógico. Testimonio de lo anterior es la carta de Frege a Husserl, de noviembre de 1906, en que le dice:

Me parece que los lógicos se abrazan demasiado al lenguaje y a la gramática y están demasiado enmarañados en la psicología. Esto es, a lo que parece, lo que les impide estudiar mi "Conceptografía", que podría tener sobre ellos un efecto liberador. Encuentran que mi conceptografía no representa correctamente los procesos mentales; y tienen razón, pues este no es en absoluto su propósito. Si ocasiona procesos mentales enteramente nuevos, esto no frustra en absoluto su propósito. Parece que aún se considera como tarea de la lógica el estudiar ciertos procesos mentales. Realmente, la lógica no tiene mucho más que ver con ellos que con los movimientos de los cuerpos celestes. No es, en ningún sentido, parte de la psicología. El teorema de Pitágoras expresa el mismo pensamiento para todos los hombres, mientras que cada uno tiene sus propias representaciones, sentimientos, decisiones, que son diferentes de las de cualquier otro. Los pensamientos no son entidades mentales, y pensar no consiste en generar internamente tales entidades, sino en captar pensamientos que ya están presentes de modo objetivo (…) En lógica uno tiene que decidir considerar que las proposiciones equipolentes tienen algo en común por lo que respecta a su sentido, y esto es lo que llamo el

---

[104] Obra publicada originalmente en 1891.

pensamiento que expresan. Esto es lo único que interesa a la lógica (Frege, 1998, p. 189)[105].

En 1918 Frege publica un artículo decidor respecto del antipsicologismo, *El pensamiento: una investigación lógica,* en el que analiza algunos de los conceptos vertidos en la carta recién citada: "pensamiento"; "representación", "objetividad" de la lógica. Se puede, afirma Frege, hablar de *leyes del pensamiento,* así como se habla de leyes de la naturaleza; sin embargo ello esconde el peligro de significar con dicha frase algo así como que las leyes de la lógica son leyes de la psicología. La lógica no trata de ningún proceso mental ni de objetos mentales. La tarea de Frege es "impedir que se borre la frontera entre la lógica y la psicología" (Frege, 1998b, p. 197). La diferencia de lo que el autor entiende por pensamiento como algo diferente a representación, radica en el carácter objetivo del primero y de subjetivo de la segunda. Así,

> llamo pensamiento, sin querer dar con esto una definición, a algo para lo cual la verdad puede entrar en consideración. Cuento entre los pensamientos tanto lo que es falso como lo que es verdadero. Así puedo decir, el pensamiento es el sentido de una oración, sin querer aseverar con esto que el sentido de toda oración sea un pensamiento (Frege, 1998b, p. 200).

No en todas las oraciones puede entrar la verdad o la falsedad en consideración, por lo que no expresan pensamientos, aunque sí poseen un sentido. Así, las oraciones imperativas no pueden ser verdaderas o falsas ni tampoco las órdenes o las reglas. Las interrogaciones ya se acercan un poco pero son los enunciados aseverativos los que son susceptibles de valores de verdad. El pensar, así, se expresa en una *aseveración* y lo reconocemos en un *juicio*[106].

---

[105] Frege también proyecta desprender a la lógica de la lingüística o del análisis del lenguaje (no solo de la psicología) (1998, p. 190): *Aquel que quiere aprender lógica a partir del lenguaje es como el adulto que quiere aprender cómo pensar a partir de un niño. (…) Los lenguajes no están hechos para encajar con la vara de medir de la lógica. Incluso el elemento lógico del lenguaje parece estar oculto bajo figuras que no siempre son exactas.* De lo que se trata aquí es de la misma crítica al hecho de que la gramática del lenguaje natural no se corresponde con la "forma lógica" del enunciado, en cuanto objeto lógico.

[106] Para afirmar la verdad, afirma Frege, no se requiere más que la oración asertórica, sin nombrar la palabra "verdad", que no añade nada a la sentencia, doctrina compartida también por Russell. Pero Frege va más allá; hay muchas expresiones en el lenguaje natural que ayudan a

Ahora bien, la base del antipsicologismo de Frege estriba en su concepto de interpretación. ¿Dónde reside la subjetividad, que normalmente se asocia a nuestra "interioridad"? No en el pensamiento, que es algo objetivo, diría Kant, común a todo sujeto racional. El teorema de Thales es objetivo por cuanto su enunciado fundamental es susceptible de valor de verdad y ello no depende de mi subjetividad sino que depende de su propia estructura. En cambio una interpretación la tiene cada sujeto, es suya, nadie la puede compartir; es el mundo de la psicología, según Frege. Los pensamientos no pertenecen a un mundo mental sino que a otro nivel ontológico propio. Una interpretación sí es algo del mundo interior; comparte con los estados mentales muchas características: no es espacial, no puede ser susceptible de los sentidos como la vista o el oído. Tengo la impresión de un color, pero que no puedo verla ni tocarla como tal impresión. Una interpretación es individual, alguien la tiene: pertenece al *contenido de su conciencia*, y a ninguna otra. Por ello, una interpretación requiere necesariamente un sujeto que las tenga y solamente un solo portador. Ver algo no es tener una representación porque muchos pueden ver un árbol pero cada uno tiene una representación. Mi dolor es mi representación y de nadie más, pero que A=A es un pensamiento, puede ser común a todo sujeto. En resumen, para Frege la lógica trata con los *pensamientos*, no con las *representaciones*.

Sobre estas últimas trata la psicología. El pensamiento verdadero lo es atemporalmente, con independencia de cualquier representación de cualquier sujeto. A este rasgo Frege lo llama la *objetividad* de la lógica:

> No todo es representación. En ese caso la psicología contendría en sí a todas las ciencias o, cuando menos, sería el supremo juez de todas las ciencias, dominaría incluso sobre la lógica y la matemática. Pero nada significaría comprender peor la matemática que subordinarla a la lógica. Ni la matemática ni la lógica tienen como tarea investigar las mentes y el contenido de la conciencia del que el hombre individual es portador (Frege, 1998, p. 220).

---

la comprensión de un pensamiento, que lo ponen de relieve o disminuyen. Términos como "todavía" en "Juan no ha llegado todavía" nos hacen pensar que Juan ya debería haber llegado. Sin embargo, según Frege, esto no agrega nada al pensamiento en cuanto a su determinación de verdadero o falso, aunque son importantes en la comunicación. Esto es relevante aquí, dada la importancia que ha tomado últimamente la consideración de la influencia de dichos términos en teorías pragmáticas del razonamiento, como las de Gamut (2004) o las tesis conversacionales, de H. P. Grice (1975).

Tras esta postura fregeana hay una ontología expresa: los pensamientos, pues, no pertenecen a un mundo interior; pero tampoco pueden pertenecer a un mundo exterior, de los objetos espacio-temporales o al mundo de los sentidos. Frege postula, así, la existencia de un tercer mundo, aquel donde se alojan las verdades de la lógica, expresadas en pensamientos, un mundo de lo objetivo pero abstracto. Este postulado ontológico da base y completa la tesis antipsicologista de Frege.

El antipsicologismo lógico encontró también en Husserl a uno de sus exponentes. El fundador de la fenomenología cambiará su pensamiento al respecto justamente desde la perspectiva que permite el análisis reductivo eidético. Los objetos de la fenomenología no son las cosas de la experiencia cotidiana o los objetos de la ciencia, o lo perceptible; son los objetos ideales y tales objetos son objetivos: pueden ser mentados, pensados, comparados. De acuerdo con J. Smith, hay un resultado importante de la reducción eidética, el método fenomenológico de acceso "a las cosas mismas": tras ese proceso nos quedamos con el "ego trascendental". La diferencia con el "Yo psíquico" es que este último existe en el espacio y en el tiempo. El yo trascendental existe fuera de esas dimensiones. La reducción eidética permite acceder a la estructura "pura" de la *conciencia pura*: el *cogito*, como aquello que permite toda modalidad vivencial posible, como son el "yo pienso", el "yo percibo", el "yo recuerdo", "yo juzgo" (Smith 1966, pp. 82 y ss.). Esto aleja a la psicología del acceso a dichos objetos eidéticos, ideales. Así, la lógica tiene que ver con ellos, no la psicología. Por otra parte, de acuerdo con I. M. Bochenski, la objetividad es efectivamente uno de los caracteres centrales de lo fenomenológico; el pensamiento debe dirigirse solo hacia el objeto, sin ninguna consideración al sujeto, a sus emociones, intereses, preferencias. Lo que se requiere, dice el autor, es una *intuición pura,* y, además, solo teórica, sin ningún interés práctico (Bochenski, 1957, p. 48).

Husserl trató específicamente acerca de la cuestión de la naturaleza de la lógica en su texto clásico *Investigaciones lógicas*. Allí queda plasmado su antipsicologismo desde un punto de vista fenomenológico. Husserl traza, allí, el programa a investigar al respecto, en cuatro puntos:

1. Si la lógica es una disciplina teorética o una disciplina práctica (un "arte"). 2. Si es una ciencia independiente de las demás ciencias y en especial de la psicología y la metafísica. 3. Si es una disciplina formal o, como suele decirse, si se refiere a la "mera forma del conocimiento"

o debe tomar en consideración también su "materia". 4. Si tiene el carácter de una disciplina *a priori* y demostrativa o el de una disciplina empírica e inductiva (Husserl, 2001, p. 38).

La postura antipsicologista de Husserl hará que sus respuestas serán afirmativas para todas las primeras alternativas de cada una de las cuatro interrogaciones precedentes y es lo que el autor desarrolla en su investigación. Esas cuatro proposiciones primeras representan, pues, ni más ni menos, las características de lo que entendemos por lógica, prácticamente hasta hoy. Puede compararse dichas notas con las ocho características, anteriormente expuestas en esta sección, que Jacquette da para la lógica, producto de la postura antipsicologista[107].

b) Los desarrollos cognitivos actuales son una base para replantear el debate recién reseñado. Volvamos a considerar el esquema básico expuesto en el capítulo primero para este efecto. Se obtienen en resumen tres alternativas:

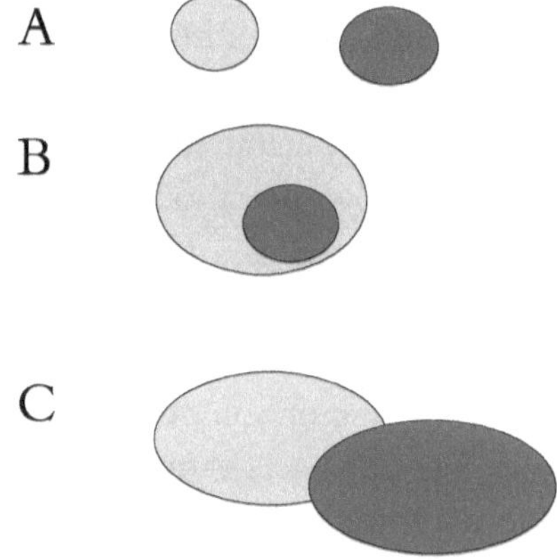


El esquema A grafica las relación entre los dos conjuntos, psicología-lógica, en que ambos conjuntos son disyuntos. La lógica y la psicología no pueden guardar relación alguna. Es la postura antipsicologista. El esquema B, en cambio, representa la postura psicologista, en que el conjunto lógica es un subconjunto propio del conjunto psicología. Finalmente, B equivale a una postura que correspondería, es la tesis, de la situación actual

---

[107] Sobre Husserl y el antipsicologismo puede consultarse las interpretaciones actuales de R. Hanna (1993, y también su *home page*).

al respecto, representada por autores como Hanna, Jacquette, McNamara y Reyes, Stenings y Van Lambalgen (ya mencionados respecto de otros temas), C. Shushan, entre otros. El traslape C entre ambos conjuntos quiere expresar esa situación, según la cual desde algunas posturas de la filosofía cognitiva de la lógica no se plantea un retorno al psicologismo con el disfraz de la ciencia cognitiva, sino que ambos conjuntos pueden influirse positivamente uno al otro.

La filosofía kantiana de la lógica fue un adelanto a la postura C. Antes ya se había adelantado en este capítulo, respecto de la inalterabilidad de la lógica, la idea kantiana acerca de la lógica como un *canon* de la razón. Pero hay una duplicidad en Kant que interesa mencionar en este punto específico, duplicidad que significa que no concebía la lógica de una manera monolítica sino que con una apertura y flexibilidad que barruntaba la situación actual. La "lógica general pura" y la "lógica general aplicada", los dos modos de la "lógica general" revelan el sentido "dual", por decirlo así, de la concepción kantiana, como se desarrolla en la *Lógica Trascendental* (*Crítica de la razón pura* B74, secciones I, II, III y IV). En esta taxonomía se encuentra que la lógica general aplicada se refiere a las reglas de uso del entendimiento pero bajo aquellas condiciones que son empíricas y subjetivas, determinadas entonces por principios de la psicología. La regla general aplicada es la misma lógica pura pero teniendo en cuenta todos aquellos obstáculos reales en los que el sujeto razonador comete errores, tiene dudas y se guía por convicciones. Dice Kant que la situación es análoga a lo que sucede en la moral pura en relación con la doctrina de las virtudes, en que se considera la moral pura tamizada por los sentimientos, por las inclinaciones y por las pasiones. Esta dualidad es un barrunte de lo que hoy plantean algunos autores como Hanna y Shushan en relación con el psicologismo[108]. Dicha dualidad, también,

---

[108] Hay otros aspectos de esta dualidad, que no cabe sean tratados en esta investigación, como es el caso de Aristóteles. Si bien en los *Primeros analíticos* se trata de la validez formal del silogismo y de las reglas que rigen aquello, en los *Segundos analíticos,* sin embargo, al tratar de la demostración, lo que allí se encuentra está lejos de la formalidad (por ello Aristóteles, se puede decir, planteó la lógica formal, mas no el formalismo), pues se trata de las condiciones epistemológicas para considerar que el silogismo en realidad es el vehículo de adquisición de conocimiento. Así, hay condiciones tanto para las premisas como para la conclusión. La conclusión, por ejemplo, debe expresar una causa de lo que se plantea en las premisas. Esto indica una amplitud de la lógica hacia otros ámbitos, ámbitos que la lógica contemporánea no toma en cuenta, tal como la ciencia moderna no tomó en cuenta toda la complejidad de la teoría cuádruple aristotélica de la causalidad.

puede ser interpretada como una propuesta "cognitiva" implicada en el dualismo lógico kantiano. Se analizará a este respecto a los dos autores, Hanna y Shushan.

1. Hanna y el antipsicologismo. R.Hanna tal vez sea el autor que más claramente ha intentado plantear el reposicionamiento que el problema psicologismo-antipsicologismo ha tenido actualmente. Es lo que el autor denomina *el psicologismo revistado*. Hanna denomina a su postura respecto del psicologismo *cognitivismo lógico,* como se vio en 4.1, que resume en esta tesis en dos partes. Recordémosla en este punto:

> (i) que la lógica es cognitivamente construida por animales racionales, y (ii) que los animales racionales humanos son esencialmente animales lógicos. (…) Decir que la lógica es cognitivamente construida por animales racionales, es decir, que los animales racionales –incluyendo a todos los animales racionales humanos– poseen una facultad cognitiva que es innatamente configurada para representar la lógica y es el medio por el cual todo real o posible sistema lógico es construido. Esto es lo que denomino la *tesis de la facultad lógica*[109].

Que la lógica sea un producto de la construcción mediante facultades cognitivas de un sujeto significa que el autor concibe a la lógica no como un sistema de símbolos, de relaciones entre ellos y ciertas reglas, que habitan en algún mundo *objetivo*, como quería Frege, de manera completamente independiente a la subjetividad. La tesis de la facultad lógica hanniana contiene la idea, por el contrario, de que la lógica no puede reducirse a la forma y solo a la forma.

Hanna advierte que esta tesis tiene tres fundamentos en posturas de la historia de la filosofía; la primera proviene de Kant y de Boole, en el sentido de que para ambos autores la lógica es una disciplina que trata de establecer *las leyes del pensamiento,* justamente aquello que Frege y Husserl, hasta hoy, consideraron inadmisible y fuera de lugar. La segunda fuente de su tesis del cognitivismo o lógico proviene de Quine y su "empirismo", aunque la lógica tenga una base universal y no revisable;

---

[109] Esta facultad, aclara Hanna, no es privativa de los seres humanos. En la ciencia cognitiva se considera que la facultad de razonar puede estar instanciada en los seres humanos por supuesto, pero también en otras especies animales e incluso en máquinas.

la tercera fuente proviene de Chomsky y su psicolingüística y la psicología racional de Fodor y su tesis de un *lenguaje del pensamiento* (Hanna 2006, p. 25). Estas tres ideas están soportadas por un conjunto suficiente de base psicológica empírica.

Hanna postula, entonces, que el psicologismo lógico, o un cientificismo o naturalismo lógico, es falso; por otra parte, también resulta falso el psicologismo lógico. En tal sentido comparte solo a medias la crítica de Frege y Husserl. Ello porque la tesis del cognitivismo lógico es un *tertium:* la lógica es construida por el sujeto, no habita objetivamente en algún mundo fregeano; pero tampoco es reductible a la psicología pues la tesis del cognitivismo lógico está en la base de todo proceso mental logizador. Una razón central de por qué la tesis del cognitivismo lógico no es un psicologismo es que este implica un naturalismo científico para la lógica, el cual es falso. Hanna ofrece el siguiente argumento de la falsedad del naturalismo lógico (Hanna 2006, p. 20):

1) Según el naturalismo lógico (NL) la lógica superviene sobre hechos naturales (Premisa).
2) Si (1) es verdad, entonces en cada mundo posible hay lógica.
3) Los hechos naturales son contingentes (Premisa).
4) Si (3) es verdad entonces es lógicamente posible que la lógica no exista.
5) La superviniencia lógica es un hecho relacional (Premisa).
6) De (4) y (5) entonces es posible que la superviniencia lógica no exista.
7) De (6) entonces es lógicamente posible que sea lógicamente posible que todos los hechos naturales permanezcan los mismos y la lógica no exista.
8) De (7), es lógicamente posible que todos los hechos naturales permanezcan los mismos y la lógica no exista.
9) Así, entonces, la lógica no superviene sobre los hechos naturales, de (1) y (8).
10) Entonces, si el naturalismo científico acerca de la lógica es verdadero, entonces es falso.
11) Por tanto, el naturalismo científico acerca de la lógica es falso (de 10).

En consecuencia, para Hanna el psicologismo no puede ser verdad respecto de la lógica. Pero el cognitivismo lógico de Hanna se basa en una propuesta positiva acerca de su postulado de la existencia de la facultad lógica, o *protológica*, postulada por el autor, de la cual ya se ha hablado aquí con anterioridad. Es por las mencionadas propiedades de encapsulamiento que debe postularse una facultad tal que no siendo ella ningún sistema lógico en particular permita las condiciones para el establecimiento de todo sistema lógico posible. Así, la base cognitiva de la lógica no implica psicologismo, pero tampoco un antipsicologismo o desconexión completa con los procesos mentales tal como lo establecieron Frege y Husserl.

2. C. Shushan y la idea de *lógica cognitiva*. El antipsicologismo se ha encontrado también con otras perspectivas críticas desee el punto de vista de la cognición humana. Cai Shushan (2009) defiende que tanto la lógica como la psicología pueden integrarse dentro de una estructura cognitiva. La idea del autor es que hay una *nueva era* en esas relaciones disciplinares. Creemos, sobre esta base, que no solo ello es aclaratorio para comprender las relaciones entre lógica y psicología; ello es significativo, y ha sido la tesis defendida en este libro, para un nuevo enfoque para la filosofía de la lógica, esto es, para la comprensión de su naturaleza. Afirma Shushan:

> La psicología, que es una forma experimental de la cognición, y la lógica, que es la forma racional de la cognición han estado largamente separadas aunque en sus orígenes hayan estado fuertemente relacionadas. El establecimiento y desarrollo de la ciencia cognitiva provee una base científica y un esquema académico para su integración. En contra del background de las ciencias cognitivas, la lógica ha tenido cambios, resultando en un nuevo esquema denominado "lógica cognitiva"(…) La lógica cognitiva se ha instalado en una nueva era para el desarrollo de la lógica moderna y la capacita para aventurarse en amplios desarrollos como una herramienta común para amplias disciplinas (Shushan 2009, p. 93).

Es resaltable de la cita anterior lo siguiente: la profunda diferencia entre psicología y lógica ya no es hoy sostenible a la luz de la ciencia cognitiva; segundo, lo que se puede denominar lógica cognitiva corresponde a la lógica considerada justamente como una cognición, a lo que el autor denomina "lógica mental" (que no guarda relación con la expresión tributaria de Piaget y Rips), en que el razonamiento lógico debe ser comprendido desde la cognición humana. Pero lo que es más significativo del planteamiento del autor es que la *lógica cognitiva* significa una base y una *nueva era* para el desarrollo de la lógica misma. Sería esperable, en este sentido, que la lógica así entendida, y que la filosofía de la lógica, se *aventurasen* a nuevos roles y nuevos resultados, aunque en estos momentos no sepamos aún cuáles puedan ser. Mas, por de pronto, lo que sí es plausible es que lo que entendamos o no por lógica ya no pueda remitirse solamente a una relación entre símbolos que representan unidades del lenguaje, sino que unidades de cognición.

Otro punto importante planteado por el autor es su concepción del contenido de la ciencia cognitiva, en relación con la lógica y la psicología. Hay seis formas que la cognición adquiere, ordenadas desde la más básica a la más alta:

| | |
|---|---|
| Sensación | |
| Percepción | PSICOLOGÍA |
| Imaginación | |

| | |
|---|---|
| Concepción | |
| Proposición | LÓGICA |
| Razonamiento. | |

Las tres primeras corresponden a materias de la psicología en tanto que las tres restantes a la lógica. Esto implica aceptar que lógica y psicología son distintas por sus materias, pero ambas están unidas por una graduación de cogniciones; y que, además, la conceptualización básica de la proposición y el razonamiento no son unidades simbólico-lingüísticas sino que son fundamentalmente unidades cognitivas.

Si bien puede decirse que una proposición tiene una expresión en el lenguaje, que es también un símbolo, hay que añadir ahora una categoría antes ausente: que son unidades cognitivas[110]. Esto se ve en la graduación que establece Shushan entre lo físico y lo mental, y a ello le corresponde una continuidad entre lo lógico (razonamiento, proposición y concepción) y lo cognitivo (imagen, percepción y sensación). El punto es que la gradualidad no permite establecer un punto de corte determinado en el que se pase de un ámbito a otro, razón por la cual la distinción entre

[110] Para otras aproximaciones en el mismo sentido véase McNamara y Reyes 1994.

"proposición" y "cognición" no es clara ni está predeterminada en lo que se refiere al razonamiento. Esto equivale a la afirmación de que el lenguaje no sería la base esencial de la lógica (véase, más adelante, sección final 4.5). Shushan recurre a Lakoff y Johnson: no existe el *hombre fregeano*, aquel que sustenta lo que en esta investigación se ha llamado el dogma fregeano de la naturaleza de la lógica[111]. La naturaleza de la razón humana, aquella universalizante, deductiva, abstracta, como ideales, ha sido puesta en duda por el ascenso de la filosofía de la ciencia cognitiva, según Shushan. En esto se cumple la tesis 7 enunciada en la Introducción.

## 4.4. La justificación cognitiva de la deducción y el problema del logocentrismo. Una cuestión epistemológica

El penúltimo problema a analizar en este capítulo final es el problema de la justificación de la deducción. La justificación es un asunto central en la epistemología, y allí se plantea como la justificación de una creencia. Desde Platón en el *Timeo* y desde el *Trilema de Agripa*[112] el conocimiento fue pensado como una creencia que es verdadera y, además, justificada. El sujeto no solo debe creer en p, sino que debe estar de algún modo justificado en tener esa creencia. A partir del canónico artículo de E. Gettier (2002) dicho modelo ha sido centralmente analizado y criticado en la epistemología actual, aunque la necesidad de justificar sigue siendo el desafío principal y más rebelde de la teoría del conocimiento. Las formas en que una creencia puede estar justificada son de enorme diversidad y así, también, las distintas teorías que las sustentan. Por ejemplo, Huemer (2002, pp. 369-371), establece una tipología general: a) justificaciones lineales finitas, en que una creencia es justificada por otras creencias verdaderas, lo que pide llegar a una creencia privilegiada que a su vez no requiere justificación. Esto significa evitar la regresión infinita pero establece el problema de tener que fundamentar aquella creencia básica injustificada; b) una estructura circular en la cual, en la serie de justificaciones, figure a

---

[111] Véase Shushan 2009, p. 103. Véase también, Pei Wang 2004.

[112] Véase Sexto Empírico (2000, I, 164-177). El trilema se resume así: (i) o el conocimiento regresa al infinito, de justificación en justificación; (ii) o un conocimiento último no requiere justificación; (iii) o hay circularidad. Sexto presenta los 5 *tropos* de Agripa así: 1. A partir del desacuerdo; 2. recurrencia al infinito; 3. en relación con algo; 4. de la hipótesis y 5. círculo vicioso. El 2, el 4 y el 5 corresponden al *trilema*.

su vez la creencia a justificar. Es evidente que esta forma de circularidad presenta problemas; c) también es posible imaginar una cadena justificatoria infinita, y por último d) puede pensarse que no se requiere justificación alguna. También hay tendencias diferentes a estas alternativas que postulan que la cadena justificatoria lo es por ser de naturaleza causal, o bien debido a que hay una dependencia de mecanismos cognitivos de algún tipo que son confiables, y que provienen de los estudios de la ciencia cognitiva del razonamiento. Pues bien, de esta última posibilidad es de la que trataremos aquí en cuanto respuesta al problema de la justificación deductiva. En lo que sigue, pues, se tratará ahora de centrarse no en la justificación de una creencia propiamente tal sino que en la justificación de una inferencia, y, en concreto, de la deducción[113].

La justificación de la deducción puede plantearse al menos de dos maneras: a) la deducción no requiere justificación puesto que, por definición, la conclusión es válidamente obtenida; b) la deducción requiere una base epistemológica so pena de incurrir en ciertos problemas de circularidad. La primera vía, a), parecería ser intuitivamente defendible, mas no lo es tanto dado que supone que la justificación por medio de lo autoevidente es suficiente y, supone además, que la lógica posee una naturaleza *a priori*, cuestión que hoy es discutible en la filosofía de la lógica. La verdad del quinto postulado de Euclides parecía fuertemente justificada apelando a un expediente muy poderoso, cartesianamente avalado, como es justamente la intuición, la autoevidencia. Sin embargo la historia dijo algo distinto. De la autoevidencia de los axiomas, en un giro complicado, se pasó a considerar que la verdad axiomática más bien es convencional[114]. Según lo anterior, muchos filósofos de la lógica hoy consideran que la justificación de la deducción es algo pendiente y desafiante para la epistemología y sus estándares vigentes, que están enfocados más bien hacia el concepto de *creencia verdadera* y no, como es el caso presente, a la validez de un proceso inferencial

Desde Hume hemos aprendido que la inducción no posee justificación, entendiendo por ello justificación lógica, vale decir, en tanto cuanto inferencia. De allí se seguiría que la deducción, en cambio, sí la posee;

---

[113] Para una exposición amplia de las tendencias epistemológicas generales vigentes véase, por ejemplo, Dutant y Engel (2005), Dancy y Sosa (2001), Huemer (2002), Blaauw y Pritchard (2005), Audi (2000).

[114] Véase L. Geymonat, 1987.

mas, allí reside un problema hasta aquí sin solución. Se lo puede plantear de la siguiente manera:

(i)   La inducción no posee justificación.
(ii)  La deducción está justificada de por sí (no requiere justificación).
(iii) Lo anterior significa afirmar que el concepto de justificación subyacente es, ni más ni menos, la validez lógica.
(iv)  En consecuencia, la validez de la validez formal (deducción) es la validez formal (deducción).

Lo anterior es una presentación de lo que se ha denominado el problema del logocentrismo, esto es, la justificación de la deducción acudiendo como expediente a la misma lógica, lo que hace al problema epistemológicamente interesante, debido a su circularidad. Este desafío ha tenido en la filosofía de la lógica diversos intentos de respuestas, entre los que podemos contar los siguientes, a los que denominaremos aquí "teorías clásicas de la justificación de la deducción", las que, a su vez, conllevan conceptos de justificación. Este problema del logocentrismo ha sido preocupación de la actual filosofía de la lógica expresada en muchos autores. Por ejemplo, como lo expresa Martínez: "¿Cómo sabemos que una verdad lógica lo es? ¿Cómo sabemos que una regla de inferencia es válida?" (Martínez 2007, p. 83), o, también: "¿En virtud de qué estamos justificados en emplear esta regla de inferencia?" (aludiendo al *modus onens*), (Schechter y Enoch, 2006, p. 687), o "¿Cómo yo justificaría mi creencia de que la lógica clásica, por ejemplo, es correcta?" (Fisher, 2008, 178), o Boghossian (2000, p. 229): "¿Cómo es posible para nosotros estar justificados sobre nuestras leyes lógicas fundamentales?", o Hintikka y Sandu (2007, p. 15): "A las reglas de inferencia se las considera el alfa y el omega de la lógica (…) ¿En qué se basan las reglas de inferencia? ¿De dónde vienen?"[115].

En lo que sigue se analizarán las teorías clásicas, no cognitivas, de la justificación de la deducción para luego examinar la propuesta cognitivista.

---

[115] Puede verse, también, M. García-Carpintero, 1993, donde el autor analiza las bases de las ideas de verdad lógica y de consecuencia lógica según la concepción modelo-teorética de la lógica, en una crítica a la postura de J. Etchemendy al respecto.

*A. Justificaciones clásicas de la deducción*

1. Una primera postura clásica acerca de la justificación de la deducción apela a la intuición. Esto está en conexión con otra postura, la que afirma que la deducción no requiere justificación, pues ella misma es la medida de justificación. Las leyes de la lógica serían verdaderas intuitivamente y las reglas fundamentales de la deducción, de la deducción natural, serían intuitivamente válidas. De este modo, como el νοῦς aristotélico es la facultad de captar la verdad del universal, a=a, por ejemplo, el cual es verdadero por autoevidencia, se la capta intuitivamente, por lo que no se requeriría una justificación posterior[116]. Cabe resaltar que la justificación en este caso estaría en un ámbito ajeno a la formalidad misma, puesto que la intuición no es una propiedad formal sino cognitiva. No obstante, lo plausible de esta tesis presenta dudas ante un análisis mayor. Parece este criterio solamente aplicable a determinadas leyes o reglas de la lógica, justamente aquellas que parecen intuitivamente verdaderas y válidas, respectivamente. Esto es, *a* es *a*, o, p→p son intuitivamente verdaderas así como p/p parece ser intuitivamente válida, en tanto enunciados y reglas, pero no parece suceder lo mismo con expresiones igual de verdaderas y válidas pero mucho más complejas. La autoevidencia se aleja inexorablemente de la plausibilidad de la justificación en dichos casos. Así, la apelación al expediente de la intuición no ha sido normalmente aceptada, no obstante lo poderoso de este concepto en la historia de la filosofía.

Los estoicos también apelaron a la validez por intuición de la deducción, lo que equivale a que es válida de por sí, sin que se requiera justificación. Establecieron así las 5 formas inferenciales *indemostrables*, esto es que servían de base a toda la lógica sin que dichas reglas fuesen a su vez demostrables. Véase al respecto, sobre la forma de dichos 5 *indemostrables,* según lo expone Sexto, la nota 25 del capítulo 2, Sección 2.1 de este libro.

2. Una segunda aproximación la constituye la postura de Carnap. Él se opuso a la apelación de facultades como el de la intuición para efectos justificatorios de la lógica. La postura que sostiene el autor es la del con-

---

[116] Cabe resaltar en este punto que la justificación radica en un factor ajeno a la formalidad de la expresión misma de la identidad, puesto que la intuición no es un rasgo formal sino que cognitivo. El νοῦς para Aristóteles es una facultad del intelecto, no de los enunciados ni de la lógica propiamente tal.

vencionalismo lógico, lo que significa que la verdad lógica es analítica. Entonces, el valor de verdad de un enunciado lógico es función de los significados que se les asigne a los términos involucrados, tanto "categoremáticos" como "sincategoremáticos", en la nomenclatura escolástica, pero sobre todo a los segundos.

Sin embargo esta postura también muestra una debilidad. Las reglas lógicas no pueden considerarse solamente con un criterio de analiticidad sino que su validez responde a un criterio de formalidad. Al respecto, afirma Gómez Torrente: "Si un argumento es lógicamente válido entonces todo argumento con la misma forma lógica es también lógicamente válido" (Gómez Torrente, 2008, p. 179). Esta idea significa que el concepto modal de "necesidad", en la frase "se sigue necesariamente", no es suficiente, puesto que se puede tener inferencias que respondan a la idea de necesidad y a la de analiticidad pero que sin embargo no son lógicamente válidas. El ejemplo renombrado de Quine, de que "si es soltero" se sigue que "no es casado", es una inferencia necesaria debido al significado de los términos "soltero" y "casado", más la negación. Pero no es una inferencia propiamente válida en términos lógicos porque si se considera su forma y reemplazamos uniformemente sus términos podemos obtener indistintamente tanto una inferencia válida como otra inválida. En este último caso, por ejemplo, está la inferencia: "Si es dentista" entonces "no es músico", inferencia que es manifiestamente indeterminada. La validez lógica más bien tiene que ver con la persistencia de ella cualesquiera que sean los términos que se reemplacen en la estructura de la inferencia de que se trata. En consecuencia, este criterio semántico de justificación no es satisfactorio.

3. La postura convencionalista fue retomada, pero a la vez reformulada, por G. Gentzen (1955) en su tesis de la deducción natural. Esta postura es claramente inferencialista, puesto que el significado de las constantes lógicas depende de las reglas de inferencia donde esas constantes figuran. En eso consisten las reglas de introducción y de eliminación de constantes, que no son sino las reglas de inferencia válidas. Respecto de estas ideas hay un debate central en la filosofía de la lógica actual, como es el que sostienen inferencialistas y antinferencialistas. Los primeros, como Gentzen, Belnap o Hacking, defienden que el significado de las constantes proviene de las reglas; supongamos $p$ y $q$, implica $p$; si alguien puede hacer esa inferencia es que conoce el significado de "y", por lo que la validez de esa inferencia, su justificación, no descansaría sino en el significado de la constante que

une las premisas. Los segundos, en tanto, como A. Prior, niegan ello[117]. Este debate se verificó en un par de artículos que han llegado a ser canónicos en esta cuestión; Prior muestra que la introducción de una constante es un acto de libertad del lógico. Si ello es así, y manteniendo el concepto general de consecuencia, entonces él puede estar en libertad de introducir una conectiva arbitraria como *tonk,* de modo que se pueden establecer, siguiendo a Gentzen, las siguientes dos reglas: a) regla de introducción, cuya forma sería: p, q/p tonk q, y b) la regla de eliminación: p tonk q/p. El problema, afirma Prior, que presenta esto es que permitiría deducir cualquier enunciado a partir de fuerza:

(i)  p
(ii) p tonk q          Intro tonk (i) y (ii), regla a)
(iii) q          Elim tonk (ii) y (iii), regla b)
En consecuencia, p ⊨ q, lo que es manifiestamente falaz.

La crítica de Belnap se centra en que la crítica de Prior falla, dado que no considera el contexto de deducibilidad en que se inserta el problema. Porque la prueba anterior, que conduce a la trivialidad, requiere de una ley supuesta en la prueba misma, que es la transitividad, sin la cual no se puede llevar a cabo la prueba. La definición de la conectividad no se hace desde nada sino desde una cierta idea previa de la deducibilidad y sus propiedades. En ese contexto se está usando la transitividad, ley fundamental de la deducción, para la introducción de tonk. Pero dicha introducción fuerza a hacer afirmaciones que entran en conflicto con ese contexto previo de deducción. La cuestión es visible así:

$$\frac{p}{p \text{ tonk } q} \qquad \frac{p \text{ tonk } q}{q}$$

4. J. S. Mill[118], ya referido en relación con el problema del antipsicologismo, fue el representante más conspicuo de la corriente "empirista" de la justificación de la lógica. Todas las verdades de la lógica (y, con mayor razón, cualquier verdad) tienen en la experiencia su justificación. La ver-

---

[117]  El artículo de A. Prior fue publicado en 1960 en *Analysis* 21, y la respuesta de Belnap en 1961, en *Analysis* 22.

[118]  Véase la obra de Mill (1911).

dad de una tautología provendría simplemente de su reiterada aplicación, no antes que ello. La validez del *modus ponens* provendría de su exitosa aplicación constante. Por su parte, Quine representa tal vez una de las más claras expresiones de ello, pero matizada con la tesis según la cual la lógica y sus verdades no pueden ser fundamentadas *a priori*. Todo el conocimiento, incluidas allí la lógica y la matemática, es revisable y no puede contener elementos que estén más allá de la experiencia humana. Las creencias están organizadas en una suerte de red en la que los enunciados de tipo fáctico, esto es, claramente empíricos, ocupan los lugares externos de la misma, que es el lugar donde el conocimiento se topa con los hechos del mundo. La red posee, entonces, un área nuclear donde se encuentran todos aquellos enunciados que son menos eliminables, contrastables, por la experiencia, que son los que denomina analíticos, pero que no por serlo serán inmunes a la crítica. Para Quine la analiticidad y lo *a priori* representan una barrera para la crítica y para el pensamiento libre de cotos teóricos; algo así, se podría decir, está en un raro cielo teológico de lo eterno e intocable. Toda instancia *a priori* que pretenda justificar la lógica es irremediablemente circular, "logocéntrica", puesto que debe acudir a leyes lógicas. Lo que, en otros términos, significa que la lógica se autojustifica.

5. Una manera netamente formal en que se ha considerado la justificación de la deducción consiste en apelar a la tesis del condicional asociado a una regla válida[119]. Con este expediente la justificación de una regla recae en la cuestión semántica de las tablas. Según Haack (1996b, pp. 186 y ss.) una manera manifiesta en que se hace presente el logocentrismo en este caso es, por ejemplo, aducir que dado que "A" es verdad y dado que "Si A entonces B" es verdad también, entonces "B" debe ser verdad. Pero la circularidad se presenta aquí de manera muy evidente. Las tablas no son un método externo a la lógica; son, también, lógica. No sirve de mucho afirmar que la justificación está no en las tablas sino en la definición del condicional y la conjunción; pero ya se ha visto que el inferencialismo tampoco es de mucha ayuda.

---

[119] Se lo puede expresar como el denominado teorema de la deducción, de modo tal que A ... B / A→B.

6. La apelación a propiedades metalógicas de un sistema lógico parece ser un camino mejor, dado que, al menos, se está en otro plano. Mas, desgraciadamente, se trata de planos diferentes pero de la misma lógica. Unas de las propiedades metalógicas concurrentes aquí son las de corrección y completitud, que coordinan la verdad de un enunciado con la derivación, en otros términos, a la semántica con la visión sintáctica de la lógica. Para un lenguaje dado L, donde $\Gamma$ es un conjunto de enunciados y $\alpha$ es un enunciado, la corrección de un cálculo en L quiere decir que si $\Gamma \vdash \alpha$, entonces $\Gamma \vDash \alpha$; el sistema será, por otra parte, completo si $\Gamma \vDash \alpha$, entonces $\Gamma \vdash \alpha$. M. Dummett defiende la tesis según la cual estas propiedades constituyen la justificación de la lógica. Sin embargo, hay que decir que ello es al menos dudoso, pues esas propiedades son teoremas, y por tanto se verifican por medio de pruebas, lo cual otra vez nos acerca al logocentrismo. Afirma Dummett:

> En el caso de la inducción, parece que tenemos un argumento del todo inconvincente de que podría no haber en principio una justificación, y no poseemos ningún candidato a la justificación. En el caso de la deducción, tenemos excelentes candidatos en las pruebas de corrección y completitud, de argumentos que justifiquen sistemas lógicos particulares; y un argumento con apariencia convincente de que esta justificación no puede existir (Dummett, 1990, p. 382).

7. El mismo Dummett (1990) ofrece otra aproximación interesante a esta cuestión. El autor persigue deshacerse del problema de la circularidad mediante el recurso de plantear el problema de una forma muy diferente, y es sacarla del centro de donde siempre ha estado. Plantea una concepción "explicativista" de la justificación lógica. Para ello introduce una distinción entre el aspecto "persuasivo" (*suasive*) de su aspecto explicativo. La circularidad se daría en el aspecto persuasivo y no en el explicativo. Los mecanismos de la persuasión y de la explicación son inversos. Dependen de lo que queremos hacer con la deducción, y no solamente de su estructura o forma. Es este un sesgo pragmático de la solución de Dummett. En sus palabras:

> En un argumento persuasivo, la dirección epistémica debe coincidir con la secuencial: es necesario que las premisas del argumento sean proposiciones que ya sean consideradas verdaderas por la persona a

la cual queremos persuadir de la verdad de la conclusión. De manera característica, en una explicación, la conclusión del argumento está dada de antemano; y muy bien podría suceder que nuestra única razón para creer en las premisas del argumento explicativo fuera que proporcionan la explicación más verosímil de la verdad de la conclusión. De ahí que el cargo de circularidad o de petición de principio no es aplicable a un argumento explicativo de la manera en que se aplica a un argumento persuasivo. Un filósofo que pide una justificación del proceso de razonamiento deductivo no pretende que se le persuada de su justificabilidad, pide que se le dé una explicación de ello (Dummett, 1990, p. 383; véase también 1993).

La pretensión de Dummett es que el rol explicativo de la justificación la cuide de la circularidad logocéntrica. Sin embargo, esta distinción de sentidos no resulta tan satisfactoria para solucionar esta cuestión dado que se podría establecer roles donde no se dé la circularidad (el explicativo) pero, ¿qué hacer con el ámbito donde sí se da, como es el persuasivo? El hecho de que haya sentidos donde el problema no se presenta no exime de considerar lo que ocurre en el otro sentido, donde el logocentrismo sí se da. Por ello, la solución de Dummett no parece del todo aceptable. Por otra parte, la concepción "explicativista" de la deducción habla de una dirección que va de la conclusión a la búsqueda de enunciados, premisas que puedan explicar adecuadamente la conclusión[120]. Sin embargo, si bien epistemológicamente eso es lo que sucedería, no deja de haber un esquema deductivo propiamente tal, por cuya justificación se está preguntando. Hay que agregar que el sentido primario de la inferencia deductiva, en términos de lógica, más allá de sus interpretaciones o usos epistémicos, es el que tiene la persuasión, según Dummett, esto es, aquel en que, persuadidos de la verdad de las premisas, se trata de convencerse de creer en la verdad de la conclusión; la dirección allí es de arriba hacia abajo. Por el contrario, en la concepción explicativista la creencia de las premisas está en función de si ellas son capaces de explicar la conclusión, que ahora es lo dado. Este es el punto central del argumento de Dummett: que en el modelo explicativo de la justificación la conclusión está dada, y

---

[120] Esta idea explicativista concuerda con la teoría nomológico-deductiva de la explicación planteada por Hempel en la década de los años 1960. Véase Hempel (1966).

es aceptada por el sujeto: la conclusión es lo que hay que explicar a partir de las premisas. Por ello no hay circularidad, pues la conclusión ya estaría justificada-explicada[121]. Y en este sentido la dirección de conclusión hacia la búsqueda de premisas adecuadas no es propiamente tal deducción; es, más bien, con un esquema de deducción inversa, esto es, abducción[122].

Pero Dummett propone también otra tesis sobre la justificación. Dicha justificación provendría de una *armonía* que habría entre las reglas de introducción y las reglas de eliminación de constantes, que configuran la deducción natural. Las reglas de introducción y de eliminación se refieren en segunda instancia a la validez inferencial; pero esa validez es función de la referencia primera de la regla: definir lo que es una constante. Las reglas de introducción equivalen a definir una constante, como ya se ha afirmado anteriormente, porque lo que introduce y se elimina es una constante; por ejemplo, ¿cómo entender el significado de la conjunción? Pues es el signo lógico tal que si se afirma que "p" y también se afirma que "q", entonces puedo afirmar "p y q"; entender qué significa "y" es poder hacer esa inferencia. La regla de eliminación correspondiente no indicaría sino que la constante debe ser usada exactamente en el sentido que indica la regla de introducción. Solamente merced a lo que significa "y", entonces si se afirma "p y q" puedo afirmar indistintamente "p" y también "q". Es cierto que el concepto de armonía puede constituirse en un elemento externo a la lógica misma, como base justificatoria de una demostración. En este caso tendríamos efectivamente una superación del logocentrismo, puesto que el concepto de armonía no es lógico propiamente tal. Esto es, la deducción se justificaría mediante un expediente extraño a la lógica misma. Mas, a su vez, ¿no es la armonía solo un nombre que describe la regla misma y su contenido, lo cual equivaldría a que las reglas se justifican por sus propias propiedades. Queda, pues, cierta duda acerca de cuán exterior es el criterio de la armonía, cuán externa a la lógica misma es esta instancia.

8. Tal vez el enfoque más complejo acerca de una justificación de la lógica sea la tesis de que esta lo está debido a que es *a priori*. La misma caracterización de este último concepto es ya muy diversificada y lo es más aún aplicada a la deducción. Si Quine o Mill justifican la deducción por ser

---

[121] Véase al respecto el análisis que hace de esto Haack, 1996.
[122] Véase Aliseda 2006, 2007, 2014. También, más adelante en esta sección.

*a posteriori,* pensadores actuales como Wright, Boghossian, Peacocke o Field defienden versiones de la tesis clásica: el *apriorismo* y la analiticidad de las verdades lógicas. Por ejemplo Boghossian piensa que Quine tenía razón al criticar la analiticidad de las tautologías, pero estaba equivocado al entender este concepto en sentido metafísico, esto es, que el valor de verdad de un enunciado analítico solo depende de su significado, que es convencional y es independiente de cualquier hecho objetivo[123]. Pero, dice Boghossian, si el significado no fuese producto de nuestras convenciones, si respondiese a una cierta objetividad, entonces la crítica de Quine pierde su peso. Boghossian establece, pues, una concepción más bien epistémica de la analiticidad, en el sentido de que el conocimiento del significado de los términos del enunciado es suficiente para establecer y aceptar la verdad del enunciado analítico. Así como no son las convenciones del lenguaje lo que hace que los axiomas de Peano definan la aritmética, lo mismo ocurre con la lógica. C. Martínez reconstruye el argumento general de Boghossian acerca de cómo determinamos que las verdades de la lógica son analíticas y *a priori*. Debe considerarse que el argumento de Boghossian descansa en que el significado que ha de tomarse en cuenta aquí es justamente el de las constantes lógicas que intervienen en los enunciados. Así, parafraseando el argumento: (i) Si una constante C significa lo que significa, el argumento A tiene que ser válido, dado que C justamente significa el objeto lógico que hace que si A lo contiene, es válido; (ii) La constante C significa lo que significa; (iii) en consecuencia A es válido. Lo que se está diciendo aquí no es sino que la mera comprensión del significado de la constante implica la verdad o la validez de la regla donde aquella constante interviene. Y no habría que buscar nada más para efectos de dar por justificada la deducción. Para los efectos precisos de lo que en este estudio interesa hay un problema evidente en lo anterior. El logocentrismo aparece manifiesto, dado que el argumento recién reseñado tiene como elemento subyacente una regla válida de la lógica, como es la de la eliminación del condicional. Pero, según Boghossian, la circularidad que aquí se verifica no es propiamente problemática; hay una circularidad primaria, que se da cuando en un argumento la conclusión es a la vez una de las premisas, lo que equivale casi a enunciar un principio de identidad, en que dado A y B se sigue A. Cabe notar, en

---

[123] Seguimos aquí el análisis detallado al respecto que realiza C. Martínez, 2007, pp 106 y ss., en el que la autora reconstruye la discusión del apriorismo lógico en sus diversas tendencias y autores.

todo caso, que entendida así, se podría considerar de circular a la regla de la eliminación de la conjunción. Pero hay otra circularidad, más amplia, que se da entre niveles diferentes, que se da justamente cuando un argumento afirma la validez de un argumento y usa una regla lógica para obtener esa conclusión, como es el caso recién ilustrado (i)-(ii)-(iii).

Pero aducir esta diferencia de naturaleza en la circularidad no alcanza, a nuestro juicio, a disipar completamente el problema del logocentrismo, y así lo han entendido los diversos autores que han tratado este problema. La diferencia de nivel donde se produce la circularidad no la elimina. Entender que la eliminación de la conjunción podría justificar la circularidad antes mencionada, pues sería ella misma una regla circular, no es una buena razón; el concepto de premisa hay que interpretarlo de manera justa. En este caso no puede hablarse de circularidad propiamente tal, puesto que en: A y B / A, la conclusión A no está propiamente tal entre las premisas; lo que está en las premisas es "A y B" y no "A". Es verdad que la distinción de circularidad mencionada es nítida; pero ello no significa que, por haber más de una circularidad, ambas no lo sean. Parece una solución un tanto artificial.


## B. *La justificación cognitiva de la deducción*

En esta perspectiva se da solución al logocentrismo y se da, también, contenido a la "intuición" o se la reemplaza por el concepto de cognición.

En suma, según lo visto hasta aquí, ninguno de los enfoques clásicos logra dar una completa idea de cómo se justifica la deducción. En cada uno de ellos, con diferentes grados, los criterios esgrimidos fallan en algún respecto. Los principales problemas revistados tienen que ver con el logocentrismo, como el principal, la debilidad de la intuición como expediente, y la insuficiencia de la postura que considera que no es necesaria una justificación de la deducción. Es esperable, en todo caso, dada la gran dificultad de este problema, que no exista un criterio de justificación inmune a las críticas. Lo que se propone a continuación es un criterio plausible, pero no exento de dudas.

B.1. La hipótesis es que algunas teorías de las ciencias cognitivas actuales pueden ofrecer algunos criterios capaces de hacerse cargo del asunto. El problema, desde el punto de vista de una filosofía cognitiva de la lógica, puede plantearse en los términos de A. Goldman (1986), esto es, que es posible relacionar lógica con el concepto de creencia (no obstante el autor, en términos generales, no es un decidido partidario de que haya una relación de determinación del razonamiento por la lógica). El problema de la justificación se lo traslada a la cuestión de la justificación de la creencia en una tautología o en una regla válida. Pero esto tiene un supuesto que es necesario aclarar de inmediato, dado que es, en sí, algo debatible, pero que constituye una de las bases del enfoque cognitivo. Se suele aceptar que la lógica no posee una naturaleza mental sino que simbólica; ello, al menos desde Frege. Supongamos un sujeto que está manipulando símbolos y solamente relaciones entre enunciados, entonces cuando afirma que si $p$ o $q$ y, luego, también afirma como verdadero que no $p$, entonces puede afirmar que $q$. Podemos fijar la atención ahora en este punto: por mucho que se trate de enunciados, símbolos y relaciones formales, la mera enunciación de lo que está ocurriendo al realizar esa inferencia indica que eso que está ocurriendo, la relación entre los tres enunciados, se está verificando para alguien que está creyendo en que son verdaderos y está creyendo que si afirma unos puede afirmar el otro. En una cadena más larga y compleja esos actos cognitivos se descomponen en cada uno de los pasos de la prueba. Cuando se dice que la validez es solo formal, ¿Qué se afirma realmente? ¿Qué significa "solo formal"? Pues que es válido con independencia de todo sujeto y experiencia. Pero se puede decir que ello no es incompatible con la perspectiva cognitiva, pues es dable considerar que la validez de la inferencia dependerá de que lo sea "para todo sujeto", sin especificar quién, cuando crea que si $p$ entonces $q$ y además crea que $p$ entonces creerá que $q$. El hecho de que los pasos inferenciales entre símbolos sean pasos cognitivos no significa que se trata de pasos "subjetivos", "arbitarios" o "personales", como se lo entendía en tiempos de Frege, instancias propias de un individuo en especial, con sus intereses y particularidades irrepetibles, pues ello sí que reduciría la validez a una cuestión empírica, *a posteriori,* psicológica.

La relación entre creencia y lógica Goldman la establece de varias maneras en relación con las reglas de justificación. Su postura general es que la lógica finalmente no puede llegar a justificar una creencia, que la lógica no es base del razonamiento. Pero nuestro problema, en este libro, es si puede ocurrir al revés; si los estados de creencias pueden ser fundamento de la lógica. De acuerdo con el autor, una creencia puede estar justificada de muchos modos, uno de los cuales son las reglas de la lógica. Pero, en lo que aquí específicamente interesa, su planteamiento, se lo puede sintetizar de la siguiente manera: si $p$ es derivado de $q$, $r$ y $s$, entonces el sujeto está justificado de creer en $q$, $r$ y $s$ así como creer también que $p$. Formalmente Goldman introduce un operador de "permisión", M, y un operador "creer que", B. Según esto se puede afirmar que: "si ($q$ y $r$ y $s$) implica p, entonces M(Bq y Br y Bs / Bp); "está permitido que: si se cree en $q$, $r$ y $s$ entonces está permitido creer en $p$". Esto significa que: "Si $p$ es una tautología (o verdad lógica), entonces M (V/Bp)" (Goldman, 1986, p. 78). El *cognizer*, entonces, estaría justificado automáticamente en creer que $p$ solo por el hecho de que $p$ es tautología. Y, por extensión, podríamos afirmar que el mismo sujeto también está justificado, entonces, en creer que $\alpha/\phi$, si es que se trata de una inferencia válida. Mas, esta postura, que puede asociársela con el principio de clausura bajo implicación, no es convincente para Goldman, pues significaría justamente lo que él rechaza, esto es, que la lógica es suficiente para justificar una creencia. Así, si alguien cree que $p$ debido a que $p$ ha sido válidamente inferido a partir de un conjunto de reglas, ello no basta para que esté justificado en creer $p$. La razón es que la creencia primera, esto es creer en cada premisa, puede estar no justificada. Las creencias desde donde se infiere $p$ podrían no estar justificadas. Entonces, aunque haya de por medio una transición válida de premisas a conclusión de acuerdo con alguna regla aceptada, puede no haber justificación.

Las reglas de la lógica no constituyen las únicas reglas capaces de constituirse en *J-Reglas*. Muchas otras pueden ser fuente de una creencia. Ahora bien, si las reglas de la lógica pueden no ser instrumentos adecuados para la justificación de una creencia, ¿no sería con mayor razón problemático su uso para la misma lógica? ¿Podría realmente la lógica autojustificarse acudiendo a sus propias reglas? ¿Puede un sujeto creer en una tautología por el solo hecho de serla? No parece ser esto algo aceptable.

B.2. La teoría protológica de R. Hanna, ya analizada aquí en sus líneas generales en la sección anterior a propósito del antipsicologismo, proporciona también una base para considerar la justificación de la deducción. Según lo expresa Hanna, fue H. Sheffer quien, en la década de los años 1930, primero llamó la atención sobre este problema y acuñó su nombre. Hanna cita las palabras de Sheffer:

El ensayo de formular los fundamentos de la lógica es algo arduo debido a un predicamento logocentrista. En orden a dar cuenta de la lógica debemos presuponer y emplear lógica. A esto, el mismo Hanna añade: Sheffer está diciendo que la lógica es epistémicamente circular, en el sentido de que un ensayo de explicar y justificar la lógica debe presuponer y usar alguno o todos los conceptos o principios lógicos que ayudan a explicarla o justificarla (Hanna, 2006, p. 55)[124].

Susan Haack ha sido otra pensadora que se ha ocupado de este problema: "Podemos, seguramente, demostrar la validez de una forma particular de argumento mostrando que es derivable de reglas primitivas de inferencia; mas, ¿cómo demostramos la validez de esas reglas primitivas?" (Haack, 1996b p. 192).

Jennifer Fisher, por su parte, expresa este asunto así:

> Estamos asumiendo que (…) un argumento es justamente una pieza de razonamiento, y el razonamiento es algo que envuelve una inferencia lógica. En otras palabras, en orden a justificar mi creencia de que los cerdos no pueden volar, yo debería usar la lógica. ¿Cómo entonces yo justificaría mi creencia en que la lógica clásica, por ejemplo, es correcta? Claramente yo debería dar un argumento, puesto que es difícil ver cómo justificar una creencia sin dar alguna clase de argumento. (…) Cualquier argumento para justificar la lógica clásica tendrá que ser válido, de acuerdo con las reglas, clásicas o no (Fisher, 2008, p. 178).

Si es la última de esas alternativas, afirma Fisher, entonces mi justificación es inadecuada, no hay justificación; si es lo primero, hay circularidad logocéntrica. El problema, pues, de la justificación de la deducción se complicará siempre que el expediente justificatorio se mantenga dentro de la misma lógica, indirecta o directamente.

La idea de que la lógica es *intrínsecamente circular* detiene el pensamiento; esa sería su naturaleza y no cabría ulterior meditación al respecto. No obstante, se ha visto que hay múltiples esfuerzos por salir de esa situación, aunque la mayoría presenta flancos débiles. De acuerdo con Hanna, además de las soluciones estándar esbozadas más arriba, hay también un conjunto de respuestas al logocentrismo, pero de signo distinto; no son

---

[124] Nótese que, para el autor, explicar y justificar coinciden, cuestión que podría ser dudosa en términos de la distinción hecha por Dummett, según lo visto antes.

propiamente "soluciones" en el sentido de superaciones al mismo sino que plantean una postura de renuncia, se podría afirmar, de *reconocimiento del predicamento* (*aknowledging the predicament*), de entrega a lo insoluble. En términos dramáticos, la lógica no tiene justificación.

Ese sentimiento de reconocer que el logocentrismo es esencial a la lógica, que es la lógica misma, y que por tanto no puede ser combatido tiene muchas expresiones de las cuales Hanna expone seis (Hanna 2006, p. 69): el "prudencialismo", que lo atribuye a L. Carroll; su falta de base puede ser mitigada en función de su utilidad. El "comunitarismo" de Wittgenstein también acepta la falta de base de la lógica y conduce a la tesis de que la lógica, en cuanto institución humana como cualquiera, se basa no en cuestiones formales sino que solamente en un conjunto sistematizado de deseos y decisiones y convenciones socialmente aceptadas. No hay que buscar más que eso; de igual forma que en el lenguaje, que no posee significado de manera instrínseca (1976, 2010) sino que ello se da por su uso, por su práctica. Lo mismo ocurre en la lógica: "Esto parece abolir la lógica; pero no lo hace" (Wittgenstein, 2010, N° 242). El "Expresivismo lógico" (que no debe confundirse con la postura de R. Brandom, 2002), de M. Resnik y C. Wright, es otra perspectiva sobre lo mismo. Para estos autores la falta de base de la lógica es esencial aunque no significa un desmedro, puesto que la lógica es normativa, no descriptiva, como es común aceptar en filosofía; es práctica, no teórica ni cognitiva. Si el discurso lógico no es descriptivo sino que prescriptivo en esencia, entonces el problema de la circularidad no es relevante. Pero ya se ha visto anteriormente que esta visión de la naturaleza de la lógica no es acertada; que la distinción entre descriptivo y normativo es al menos débil. La cuarta postura gira en torno al pensamiento de Quine, de Putnam, de Goodman. Se trata del "holismo semántico y epistémico", según el cual la falta de justificación y circularidad esencial de la lógica es producto de que la lógica está determinada por la totalidad de la red conceptual y su consistencia, sean conceptos empíricos, formales, científicas. En otros términos, el problema del logocentrismo no tendría la importancia que se le atribuye. La quinta postura que recoge Hanna es el "pragmatismo lógico" de Haack y también de Putnam. La lógica es una teoría como cualquiera otra; en su conjunto es revisable empíricamente. Su definición en términos *a priori* sería en realidad la causa del logocentrismo esencial.

Wittgenstein, en el *Tractatus,* hace ver el problema del logocentrismo de la siguiente manera:

Si *p* se sigue de *q* yo puedo concluir de *q* a *p*; inferir *p* de *q*. El modo de inferencia se obtiene solo de las dos proposiciones. Solo las dos proposiciones pueden justificar la inferencia. Leyes de inferencia que –como en Frege y Russell– hayan de justificar la inferencia, no tienen sentido y son superfluas (Wittgenstein, 1979, 5.132).

Lo que parece afirmar Wittgenstein no solo es el logocentrismo sino que, a la vez, la lógica no requiere de justificación que no sea la simple afirmación de las proposiciones que llevan a una inferencia válida. Esto no parece ser sino la tesis de que la lógica no requiere justificación.

La perspectiva cognitiva podría significar una alternativa para no sucumbir a la idea de que el logocentrismo no es algo accidental sino que esencial. Hanna estructura la tendencia de "renuncia", al reconocimiento de la falta esencial de justificación de la lógica, con el siguiente argumento: (i) si el logocentrismo es intrínseco o esencial de la lógica, ello implica que la lógica no puede tener justificaciones que no sean circulares; (ii) toda justificación, si lo es, debe ser epistemológicamente no circular; (iii) de allí que la lógica no tenga justificación legítima, esto es, no circular y, por tanto, no tiene justificación sin más.

Tal vez esta actitud de renuncia sea finalmente la única posible; pero por el momento no debe adoptársela tan apresuradamente. La búsqueda de una salida positiva puede estar en los enfoques cognitivos del problema. La respuesta de Hanna al respecto hace una nueva distinción en la circularidad: la circularidad ilegítima, que ya se ha discutido con anterioridad, en que la conclusión ya está como premisa. Pero, según el autor, hay otra circularidad que se podría denominar legítima y que se presenta en lo que Hanna llama *argumento presuposicional*. Si ello es así, entonces esta solución consiste en negar la verdad de la premisa (ii), puesto que no toda justificación debe ser no circular.

De manera más específica, entonces, la solución cognitiva de Hanna consiste en relacionar la idea del *argumento presuposicional* con su teoría de la *cognición lógica,* de la existencia de una facultad cognitiva especial, la facultad *protológica,* que ya se ha expuesto en sus rasgos centrales a propósito del problema del antipsicologismo lógico[125]. La facultad cog-

---

[125] En este capítulo, en las secciones 4.1 y 4.3, se expuso la estructura general y funcionamiento de la facultad protológica. Esa misma facultad ahora tiene el rol de justificación cognitiva de la deducción.

nitiva protológica está por cierto en el exterior de todo sistema formal posible, puesto que no es ningún sistema lógico, pero los permite todos. También la "intuición" o la "experiencia" son externos a un sistema formal, se podría aducir. Sin embargo la debilidad de los dos primeros ha sido recalcada en la propia historia de la lógica (aun cuando tengan presencia importante en sistemas filosóficos como los de Kant y Mill respectivamente).

Un argumento presuposicional, que es débil o legítimamente circular, consiste en aquel cuya conclusión, si bien no está entre las premisas (no es burdamente circular), en cambio sí que hace explícita una información contenida en las premisas y que de otra manera nunca se hubiese explicitado (débilmente circular) (Hanna, 2006, p. 73). Pues bien, como ya se había dicho con anterioridad, esta idea parece estar presente ya en Aristóteles, en los *Segundos analíticos*, donde pone condiciones epistémicas para el silogismo, específicamente para la demostración, de modo tal que las premisas indiquen causas del hecho mentado en la conclusión. Por otra parte, incluso respecto de la mera forma del silogismo (*Primeros analíticos*), también se puede entender que la conclusión no repite alguna de las premisas sino que explicita lo que está implícito en ellas, a saber, la relación entre el sujeto predicado mediado por el término medio, que en la conclusión es diferente a como aparece en las dos premisas. Por ello esta versión presuposicional de la deducción no parece ser tan alejada de la verdad[126].

Sobre la base de la idea de *argumento presuposicional* y la tesis de la facultad lógico-cognitiva, *protológica,* de R. Hanna, construye su argumento general de solución al predicamento logocentrista, al que se lo puede reconstruir de la siguiente manera:

---

[126] Puede verse en Hanna el siguiente caso de *argumento presuposicional:* Un enunciado $S_2$ es una presuposición de otro enunciado $S_1$ si y solo si la verdad del enunciado $S_2$ es necesaria para la verdad de $S_1$. Supongamos que $S_2$ = "Juan tiene hijos" y $S_1$ = "Los hijos de Juan están despiertos". Entonces $S_2 \vDash S_1$ es presuposicional, puesto que la conclusión $S_1$ hace explícita, revela, la información de la premisa; que los hijos de Juan estén despiertos presupone la verdad del enunciado que dice que Juan tiene hijos. Si este fuera falso, la conclusión no podría ser verdadera. En este sentido hay en el argumento cierta circularidad, pero no se trata de una mera circularidad, se podría decir, sino que de algo más sutil, por lo que no alcanzaría a invalidar el argumento. En este ejemplo, además, se advierte también la coincidencia entre este concepto de presuposición y la tesis aristotélica de la demostración, en la que el silogismo no solo tiene que cumplir condiciones formales –modos y figuras– sino que también epistémicas.

a) Como ya se vio en el presente capítulo, la tesis de la facultad lógico-cognitiva, facultad, capacidad cognitiva: "dedicada, rápida, específica a un dominio, encapsulada, pero a la vez promiscua" (Hanna 2006, p. 88), es capaz de dar cuenta de dos problemas fundamentales de la filosofía de la lógica: la cuestión del *pluribus unum* y del antipsicologismo.

b) El argumento de la existencia de la facultad protológica es un *argumento presuposicional* para fundamentar las lógicas no clásicas (*e pluribus unum*).

c) Si "existe un sistema no clásico", $S_1$, ese enunciado tiene otro que es su presuposición, $S_2$, el cual afirma la tesis de la facultad lógico-cognitiva de la protológica. Entonces, el argumento de la facultad protológica lo que nos dice es que la tesis de la facultad lógico-cognitiva es la presuposición de la proposición que afirma que "existe un sistema no clásico" o de cualquier sistema lógico, sea clásico o no.

d) Así, cualquier sistema deductivo tiene una justificación en la facultad cognitiva básica de *logizar*. El logocentrismo queda así disuelto.

Hanna plantea esto con la forma de una inferencia a la mejor explicación. Si la tesis de la facultad lógico-cognitiva fuese verdadera, entonces el logocentrismo debe disolverse. La tesis es, pues, la mejor explicación para esta cuestión. En esta visión de Hanna la lógica, inversamente de lo que habíamos afirmado antes, no requiere una justificación que esté "fuera" de la lógica misma, en alguna instancia empírica, cultural, social e incluso mental. El autor considera la tesis cognitiva como "dentro" del radio lógico, por decirlo así. La lógica es justificada, afirma, por nuestra *constitución cognitiva*. Ello podría parecer como algo "exterior" a la lógica, y así se lo debería esperar para eliminar la circularidad. Mas, como se trata de mantener una circularidad débil y como, por otra parte, la constitución cognitiva en esta materia es una constitución lógica, o una capacidad de *logizar* sin constituir ningún sistema lógico en particular (ni tampoco universal), entonces se comprende que el autor llame a esa justificación "interna" (Hanna 2006, p. 74).

La tesis protológica de Hanna contiene también un concepto central para la justificación de la lógica: la *intuición lógica*. A su vez, esta idea el autor la aplica a la naturaleza de las constantes lógicas. No debe olvidarse, al respecto, que una de las formas de justificar las reglas de la lógica es a través del significado de sus constantes. La intuición lógica el autor la asocia a la posibilidad de justificar el uso de una determinada regla. El pensamiento tras esto es que aplicar una regla en un proceso demostrativo no es algo que solo es debido a propiedades de símbolos y sus formas. Implica también cogniciones, en este caso, *intuiciones lógicas*[127].

Hanna acude a la siguiente idea de C. I. Lewis: "La precisión y compacidad ideográfica de la lógica simbólica está íntimamente conectada con nuestra capacidad para aprehender y retener imágenes" (Hanna, 2006, p. 157). Mediante esto Hanna enfrenta y soluciona la paradoja Wittgenstein-Kripke acerca de "seguir una regla", paradoja que significaría la no justificación de la deducción, en cuanto procedimiento que aplica reglas. La paradoja en cuestión la resume el autor de la siguiente manera (véase Hanna, 2006, pp. 158 y ss.), sobre la base de Wittgenstein en sus *Investigaciones filosóficas*: (i) el significado de E, expresión que corresponde a una constante lógica, es una regla capaz de operar un cálculo deductivo; (ii) entender el significado de E es ser capaz de seguir y aplicar la regla para operar con E; (iii) cada regla mapea argumentos de una función (Fx) hacia valores de la función; (iv) el significado de la función es comprendido introspectivamente, privadamente e instantáneamente; (v) cada función puede ser interpretada de muchos modos; (vi) Cada interpretación es expresable en una función a su vez interpretable, lo que lleva al infinito; (vii) así, cualquier cosa que un sujeto haga con E, sobre una interpretación u otra, estará a la vez de acuerdo con la regla y en conflicto con ella, de (i)-(vi); (viii) en consecuencia, seguir una regla es a la vez posible e imposible, con lo que se tiene la paradoja de "seguir una regla.

B.3. Otra teoría relevante para interrogarse por una justificación cognitiva de la deducción, que se aleja de la anterior, es la tesis de la cognición dual, $S_1$-$S_2$, cuyo núcleo también ya se ha expuesto en el Capítulo 2, sección 2.2, pero en relación con el problema de las bases de la lógica heterogénea. Según la teoría dual, en síntesis, $S_1$ se refiere primordialmente a los razonamientos de tipo automático, implícito, que se verifican por ejemplo en patrones de reconocimiento, comprensión del discurso, etc., en que se realiza la inferencia con un "bajo costo cognitivo". En cambio $S_2$ corresponde a las inferencias con grados de formalidad, basadas en reglas preexistentes, descontextualizada respecto a creencias previas, que opera de manera explícita por lo tanto. Pero en esta teoría, como también ya

---

[127] Puede verse el desarrollo completo de la idea de la intuición en cuanto intuición cognitiva lógica en Hanna 2006, capítulo 6.

se trató y debe ser recordado aquí, $S_2$ no corresponde necesariamente a deducción. La cuestión de si esta teoría dual puede constituirse en un camino para la justificación de la deducción tiene una respuesta compleja, pues por un lado parece que no puede serlo, pero también presenta algunos rasgos que ameritan considerarla positivamente.

El punto negativo es que $S_{1\_}S_2$ parecen justificar cognitivamente tanto la deducción como la falacia. De acuerdo con la teoría, $S_2$ gatilla una respuesta R cuando la respuesta de $S_1$ no ofrece un *sentimiento de certeza* (Thomson 2010). Entonces $S_2$ puede ser interpretada como *justificadora* de $S_1$. Sin embargo, la teoría deja abierto el asunto de cómo se justifica la respuesta de $S_2$. Acudiendo a los ejemplos del parágrafo 2.2 del Capítulo 2, se tiene que, por ejemplo, p→q, p ⊢q es candidato a ser una inferencia resuelta en $S_1$; pero también puede serlo por ejemplo p→q, q ⊬ p. Por lo tanto se tiene que $S_1$ no justificaría cognitivamente al MP puesto que también lo haría con el falso MP. Se entiende, aquí, que justificar la inferencia es explicarla, es explicar cómo y por qué se produce, según la aproximación de Dummett (véase cap 2, sección 2.2). Por otra parte, $S_2$ gatillaría una respuesta frente a una inferencia que, empíricamente, no puede ser resuelta automáticamente, y que es una falacia, como p→q, ⊢¬p→p→¬r. En este sentido se puede concluir que la teoría no logra ofrecer una base justificatoria a nivel cognitivo para la deducción.

Sin embargo, al análisis anterior puede ser añadido otro, que ofrece un cariz positivo para la justificación. Recurramos nuevamente a los gráficos del Capítulo 2.2.

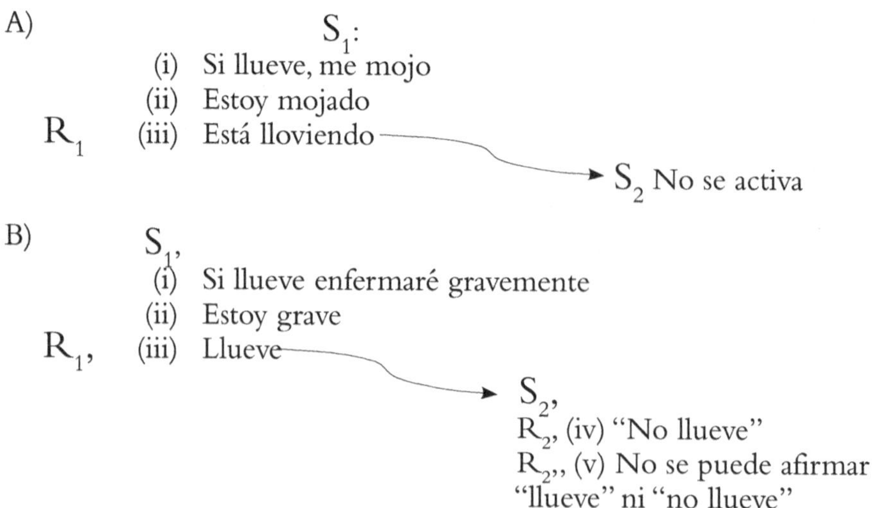

En A) $S_1$ es interpretable como justificando cognitivamente una falacia, pues como hay un *sentimiento de certeza,* no se activa $S_2$. Pero ocurre que en B), ante una falacia semejante a la anterior, una disminución, aunque leve, en la seguridad de $R_1$, es activado $S_2$, para producir una respuesta $R_2$ correctora. La respuesta $R_2$, por supuesto no es adecuada, sino que da cuenta de que $R_1$ no puede inferirse. $S_2$ consiste en la búsqueda de alguna respuesta adecuada; en este caso $R_2$, que indica que dada la inferencia no puede responderse válidamente "no llueve" ni "llueve". En este sentido la acción de $S_2$ no consiste necesariamente en encontrar una conclusión válida sino que hacer ver si es posible o no hacerlo. En este sentido es posible afirmar, positivamente, esto es, que $S_1$-$S_2$ ofrece una justificación por explicación. Nos explica cómo funciona y cómo actúa la deducción en relación con funciones cognitivas del razonamiento. Una crítica que se puede hacer inmediatamente a esta respuesta positiva es que para que un sujeto ofrezca la respuesta $R_2$, debe estar ya en posesión de las reglas de la lógica. Si bien esto muestra una circularidad, también habría que decir que el problema de la justificación es epistémico, vale decir, no se trata de "generar" las reglas de la lógica sino que indicar en qué se basa lícitamente su uso. Como se ve, la teoría dual resulta insuficiente para los propósitos de justificación, aunque da algunas luces de cómo la cognición puede constituirse en dicho expediente al explicar el funcionamiento cognitivo de la inferencia.

B.4. La aproximación cognitiva de la lógica abductiva llevada a cabo por L. Magnani (2001, 2006, 2007, 2009) y por P. Thagard (1993a) ofrece, también, un camino de solución alternativa al problema de la justificación. La abducción, concepto lógico-epistémico creado por Ch. Peirce (Peirce, CP, 5.189, 2.619)[128], es un tipo inferencial independiente y diferente de la deducción y la inducción, que consiste en que, dados un problema que no tiene solución, y una teoría de base acerca de conocimientos concomitantes, se infiere una hipótesis tal que, si fuese verdadera, el problema tendría explicación. Esto ha sido desarrollado por las teorías lógicas de la

---

[128] En estos dos lugares (5.189 y 2.619) de sus *Collected Papers,* Peirce expresa las dos formas generales de la inferencia abductiva. Si ellas son dos formas idénticas o no ha sido materia de una larga discusión no suficientemente aclarada aún. La primera forma es: (i) a, (ii) b→a, (iii) entonces b. La segunda forma es: (i) *c* es un hecho extraño; (ii) si *h* fuese verdadera el hecho C sería materia corriente; (iii) podemos pensar que *h* es verdadera.

abducción como una deducción en reversa. Principal exponente de esta tendencia, que es la que aquí es pertinente[129], es el trabajo de A. Aliseda[130] (Aliseda 2006, 2007). En el Capítulo 3.1 de este libro se ha expuesto una arista de la abducción en relación con la inteligencia artificial. En este punto hay que abordar la cuestión desde un ángulo ligeramente diferente: la deducción en reversa puede ahora iluminar otro asunto, como es el de la justificación de la deducción. En síntesis, la autora expone la estructura genérica de la lógica abductiva de la siguiente manera:

– T es una teoría de base
– c es un hecho determinado y no explicado
– h es una hipótesis explicativa de c.

Entonces a la abducción $K$ de una hipótesis $h$ se la define como:

$$\boxed{T, c\ \boldsymbol{K}\ h,}\ \text{syss:}$$

(i)   $T, h \models c$

(ii)   $T \nvDash h,\ T \nvDash \neg h$

(iii)   $T, h \nvDash \bot$

(iv)   $c \nvDash h$ [131]

(v)   h debe ser simple

(vi)   h debe ser contrastable

---

[129] La abducción representa un problema complejo, que puede ser interpretado de múltiples maneras y que cumple muchos roles epistémicos. La abducción como una estructura lógica inversa a la deducción es la que aquí resulta importante tratar. No cabe confundir la abducción, en cuanto fenómeno, con la lógica abductiva. Sobre lógica abductiva véase, por ejemplo, F. Soler (2012), Aliseda (2006, 2014), Gabbay y Woods (2005), D. Niño (2007), Flach y Kakas (2000).

[130] Sobre la obra de Aliseda acerca de la abducción y, sobre todo, de la lógica abductiva en sus diversas aristas, puede verse el número especial de *Theoría* Vol 22/3, N° 60, septiembre de 2007.

[131] Véase Aliseda 2006, p. 74, en que la autora expone diversas formas de la inferencia abductiva, según los constreñimientos epistémicos y formales de las que puede ser sujeto. La formulación que aquí se ha mencionado corresponde a una formulación "explicativa". Pero, además de esta, Aliseda menciona, por ejemplo, las expresiones "plana", "consistente", "mínima" y "preferencial". Así, por ejemplo, la formulación "mínima" añade la condición según la cual h debe ser la explicación más débil o mínima. La "preferencial" exige que h es la "mejor explicación" de acuerdo con condiciones previamente dadas. La "consistente" exige que T y h deben ser consistentes. Véase también, la exposición que hace Soler 2012, cap 2 sobre las diferentes soluciones abductivas y sus características.

Según Magnani, en su texto clásico de 2001, la abducción tiene dimensiones cognitivas que van más allá de su aspecto estrictamente lógico. Al menos tres ámbitos considera el autor: el cambio conceptual, la abducción basada en modelos y las inferencias en general. Al menos tres ámbitos cognitivos de la abducción: el cambio conceptual; la abducción basada en modelos; la inferencia. Correlacionados con estos tres Magnani asocia los siguientes ámbitos donde opera la abducción: 1) la simulación del razonamiento; 2) el razonamiento analógico, visual-icónico; 3) el pensamiento experimental; 4) la percepción; 5) la imaginación visual; 6) el razonamiento deductivo. Por ejemplo, el acto perceptivo de reconocer un rostro y diferenciarlo de entre otros, según un marco de conocimientos que el sujeto tiene al respecto, es una abducción; el razonamiento que identifica visualmente un objeto en su ubicación relativa espacial puede ser entendida como una abducción; las inferencias visuales basadas no en formatos sentenciales sino que sobre la base de modelos, físicos o mentales, también pueden ser entendidos como abductivas. El mismo Peirce concebía que la abducción, además de ser una estructura lógica de pleno derecho, era, también, una *intuición*, un *insight,* un pensamiento que venía, como un relámpago, según decía, que hace ver la solución de entre muchas. En el Capítulo 5 de su *2001*, Magnani trata de la abducción en el ámbito visual y en el ámbito temporal. Allí se dan casos claros de imaginación de hipótesis como solución de interrogantes acerca de un suceso no explicado. La cognición visual, el identificar un objeto entre muchos, ver que un objeto encajaría en una situación aunque no esté actualmente presente, son actos cognitivos guiados por la abducción. Magnani cita a Kosslyn en un ejemplo: "Para tener una idea de lo que entendemos por imaginación mental visual, tratemos de responder las siguientes cuestiones (…) ¿Cuántas ventanas hay en tu sala de estar? Si una gran figura de una letra "n" fuera rotada en 90° en el sentido de las agujas del reloj, ¿sería otra letra?" (Magnani, 2001, p. 97). Este tipo de situaciones indica que las posibles respuestas requerirán no precisamente aplicaciones de reglas formales de inferencia sino que más bien un razonamiento con otros formatos, en que entra en juego la imaginación de situaciones espaciales.

La abducción, como razonamiento conjetural hacia lo posible, es, también, una lógica abductiva, como lo estableciera el mismo Peirce, y muchos de los desarrollos actuales. En este sentido, la abducción puede entenderse como un acto cognitivo que interviene en una prueba formal en deducción natural. Ejemplos son los siguientes, sobre la base de la definición lógica resumida más arriba, de la deducción reversa:

1. $(p \wedge q) \rightarrow (q \wedge r)$     premisa 1
2. $p$     premisa 2
3. $q$     Hip.     abducción de q
4. $p \wedge q$     Intr. $\wedge$ 2,3
5. $q \wedge r$     MP 1, 4
6. $q \rightarrow (q \wedge r)$     Intr. $\rightarrow$ 3, 4

Abducción: la demostración 1-6 requiere de la introducción de la hipótesis 3. Esto equivale a que en 3 hay abducción, según la concepción de la misma como una deducción en reversa. Se puede decir, siguiendo a Magnani, que dicho paso lógico es un paso cognitivo. En otros términos, la hipótesis es una cognición de la solución adecuada para que se dé la prueba. En este sentido la abducción cumple el rol de ser una justificación cognitiva de la prueba 1-6. Sin embargo en el ejemplo se observa que en la prueba intervienen determinadas reglas de inferencia válidas, el corazón de la lógica (la introducción de la hipótesis también es una regla, en términos lógicos). Se puede aplicar el mismo modelo a una de las reglas, por ejemplo el MP, de la siguiente manera:

1. $p \rightarrow q$     Premisa
2. $p$     Hip     abducción de p.
3. $q$     MP 1,2

En este segundo caso la abducción de la hipótesis se verifica en la suposición del paso 2, en que se introduce $p$. La abducción significa un acto cognitivo que elige un supuesto plausible entre varios, en que el elegido es el más simple, por ejemplo. Así, en el paso 2 no se abduce, por ejemplo, $\neg\neg p$ ni tampoco $p \wedge p$, puesto que más simple es conjeturar $p$. Significa la justificación cognitiva de la prueba, pero la prueba es un MP, por lo que tenemos la justificación del MP.

La justificación apelando a la abducción como un motor, escondido casi, en la deducción natural mediante la regla de la introducción de hipótesis, es una justificación legítima de la deducción puesto que proviene de un ámbito, el cognitivo, distinto al formal propio de la misma lógica. Se salva, así, el problema central del predicamento del logocentrismo[132].

Sin embargo hay que aclarar acerca de esta solución que sin duda resulta demasiado restringida. Y ello por la razón simple de que solamente parece funcionar para los casos en que, en la deducción natural, se utilice la regla de introducción de hipótesis, como son las reglas del teorema de la deducción o de la reducción al absurdo. Esto hace que se constituya en una respuesta válida pero demasiado particularizada del problema de la justificación.

Pero, ¿qué puede significar esa introducción de la hipótesis en la línea 2 del ejemplo anterior? Proponemos que tal paso abductivo responde a otro mecanismo, no lógico, que denominaremos aquí el mecanismo de la *virtud abductiva*. La abducción, si se la entiende como una *virtud cognitiva*, puede leerse desde la teoría actual de las virtudes epistemológicas, teoría ligada justamente a la cuestión de la justificación. La justificación descansaría en la abducción en cuento una virtud argumentativa de la cognición. La tesis general de la virtud epistemológica fue propuesta originariamente por E. Sosa (2005) en la década de los años 1980, como una forma de responder al problema de la justificación, que oscilaba, en general, entre el Fundacionalismo y el Coherentismo. Según la primera tesis, una creencia justificada debe descansar en otra creencia que no requiere justificación, so pena de regresar al infinito; según la segunda, las creencias mantienen entre sí relaciones de coherencia sin que una prime sobre las otras: son, en la metáfora de Sosa, la *pirámide* y la *balsa*. Como ambas posturas presentan a simple inspección problemas que no parecen tener solución −falta de base de aquellas creencias primeras y privilegiadas, y circularidad, respectivamente−, Sosa y los filósofos que han desarrollado sus ideas han propuesto que la justificación debe tener una base en algo que sea confiable *(Reliabilism)*, y una forma de esa confiabilidad es el concepto de virtud epistémica[133].

Según E. Sosa se trata de una facultad cognitiva aquella que puede cumplir el rol de ofrecer confianza en diferentes grados, aunque nunca

---

[132] Este esquema es la base de una de las formulaciones de lógica abductiva, la cual puede verse en Soler (2012, cap 2). Se define un problema abductivo como $\langle \theta, \varphi \rangle$ y $\alpha$ como la solución abductiva.

[133] Véase acerca de las diversas aproximaciones sobre la virtud epistemológica, Greco y Turri (2013), L. Zagzebski (1996, 2005), Montmarquet (2001), Kvanig (2011).

certeza: la visión, el razonamiento, la memoria, el poder de instrospección, por ejemplo (Kvanig 2011, p.199). Una variante importante de esta visión está representada por Zagzebski, Montmarquet y Greco; se trata del enfoque aristotélico de virtud ética trasladada a la epistemología y la teoría de la justificación. Mas, aquí interesa la primera perspectiva, ligada más bien a virtudes entendidas como facultades cognitivas. Según Greco, la virtud epistémica puede enunciarse de la siguiente manera, entre otras: "S está justificado en creer que $p$ si y solo si la creencia de S que $p$ es el resultado de las virtudes intelectuales de S o facultades funcionando en un ambiente adecuado" (Greco, 2001, p. 520). Según el cognitivismo de Sosa, la virtud epistémica puede enunciarse así: "Mi creencia en B está garantizada solo si ella es producida en mí por una facultad F en un ambiente cognitivo E, tal que F está trabajando apropiadamente en relación con el fin de alcanzar la verdad y evitar el error en el ambiente E" (Sosa, 2000, p. 33). En síntesis, esto quiere decir que la justificación de una creencia no radica en propiedades de los enunciados, en su cadena infinita, o en su circularidad, sino que en ciertas facultades cognitivas del sujeto.

A. Aberdein traslada esta teoría a las inferencias. En vez de hablar de virtudes epistemológicas que respaldan una creencia, explora las *virtudes argumentativas*, que justifican los razonamientos.

Aberdein (2010) plantea un conjunto de virtudes argumentativas, como la fe en la razón, el sentido de duda, apertura de mente, disposición a evaluar argumentos, empatía intelectual. Hay cuatro categorías en que las virtudes se organizan: *la buena disposición a entrar en la argumentación; la disposición a cambiar el argumento; la disposición a escuchar a otros; la disposición a cuestionar lo obvio.* La virtud en la argumentación se entiende mejor si se considera también los vicios argumentativos, como son por ejemplo el argumentar cuando no es el caso y cuando ello puede destruir opiniones bien aceptadas; o bien, no argumentar cuando sí la situación lo pide; o argumentar en demasía. Esto significa que la virtud es una facultad del sujeto; no una propiedad del propio argumento. De este modo no se puede, por ejemplo, asociar a la deducción como una inferencia virtuosa por el solo hecho de ser válida (Aberdein, 2010, p. 174).

¿Cómo puede, de acuerdo con lo anterior, entenderse que la abducción podría ser ella, como tal, una virtud, y, en especial, una virtud argumentativa? La respuesta proviene de una relectura del mismo Peirce, pero también de sus interpretaciones posteriores. En un esquema simple:

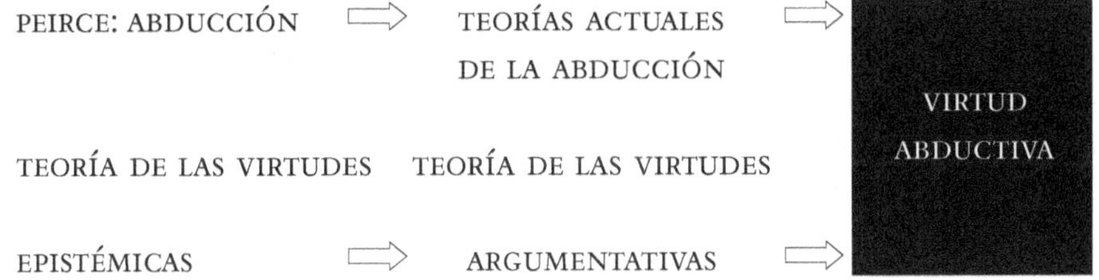


La virtud de la *empatía intelectual*, según Aberdein, tiene, a su vez, tres subvirtudes: *insight hacia las personas, insight hacia las teorías* e *insight hacia los problemas* (2010, p. 175). Esta última puede ser identificada con una idea peirceana. El mismo Peirce afirma que en la abducción hay justamente eso: no solamente una estructura lógica sino que una capacidad propia y permanente radicada en el sujeto abductor destinada a lograr una buena explicación de un problema y evitar cualquier sorpresa, un pensamiento capaz de hacer ingresar al sujeto razonadamente al interior del problema y ver una explicación de él. Ella es la virtud de evitar, afirma Peirce, la interrupción del curso normal de los hechos. El mismo Peirce concibe a ese pensamiento como un *insight*, con la característica de un *relámpago* que nos hace ver la solución hipotética de un problema. Ello puede ser entendido como una virtud epistémica, sea como la piensa Sosa, como virtud cognitiva, o como la concibe Zagzebski, como una virtud de tipo ético aristotélico. La virtud abductiva, entonces, nos conduce a la explicación de un hecho extraño y a *evitar toda sorpresa y el establecimiento de una expectación positiva que no quede frustrada* (Peirce CP, 5.197).

En Peirce (CP 2.634) la abducción, interpretada como una virtud, consistiría en una capacidad de selección acertada entre posibilidades, en una capacidad de ver cuáles serán los resultados de las predicciones de la hipótesis abducida (pragmatismo); de una honestidad intelectual para reconocer lo inadecuado de una hipótesis. Todo esto, se propone, es lo que significa la afirmación peirceana: "La abducción es el proceso de extraer una hipótesis explicativa" (Peirce, CP, 5.171).

Para Aberdein, según se vio, la virtud argumentativa es una *disposición* hacia "La propagación de la verdad" (Aberdein, 2010, p. 173)[134]. La

---

[134] Según el modelo GW, la abducción sería una virtud que en realidad nos mueve a la "conservación de la ignorancia". Véase Woods y Gabbay 2005; Woods 2007.

abducción en cuanto virtud puede participar de algunas de las virtudes estipuladas por Aberdein, pero agrega otras. Para ello recurrimos a la idea actual según la cual la inferencia abductiva como virtud lógica se la puede entender sobre la base de la tesis de la deducción reversa postulada por Aliseda, principalmente y ya originariamente barruntada por Peirce. Véase el desarrollo de esta concepción en todas sus versiones en Aliseda (1998; 2006 pp. 74 y ss.).

La cuestión es que, en este esquema, la lógica abductiva consiste en ver qué se debe proponer de modo que $e$ se derive de T y de lo propuesto. La abducción, en cuanto sistema lógico, consiste, en definitiva, en "ver" esa posibilidad. Y ese ver está determinado no (solo) por una cuestión formal, sino por ciertas virtudes que un sujeto puede o no tener en una circunstancia determinada. De allí que, ante T y $e$, un sujeto S puede muy bien no lograr la abducción de $h$, en tanto que otro sí lo haga.

La abducción consiste en el ejercicio de al menos las siguientes virtudes:

1) La disposición hacia lo nuevo
2) Apertura hacia lo nuevo pero sobre la base de lo ya conocido
3) Perseverancia intelectual
4) Disposición a cambiar la propia posición.

La virtud 1) es la virtud del sujeto que hace que la abducción sea un salto inferencial hacia una explicación nueva, $h$. Es la valoración de las consecuencias, virtud pragmática, se podría afirmar. La virtud 2) es la que permite que ese salto se haga desde una base, y no desde una mera *conjetura*[135], desde lo inefable o desde el misterio de la subjetividad, esto es, $h \nvdash e$. Estas dos virtudes son las que definen a la abducción como un razonamiento que no reitera lo ya conocido, como la inducción, sino que busca lo que no está en absoluto en las premisas. La virtud 3) indica que la abducción requiere vencer o sobreponerse al fracaso de una hipótesis

[135] Debo a J. Nubiola, en las VI Jornadas Peirce en Argentina, 20 y 21 de agosto de 2015, en las que se expuso parte de estas ideas que relacionan abducción con virtud argumentativa, la observación de que Peirce pensó la abducción justamente como una "adivinanza", como una mera conjetura. Y ello es verdad. Lo que se puede acotar al respecto es que, siendo esa perspectiva justa, más bien tiene que ver con la abducción como un fenómeno cognitivo, mas en tanto sistema lógico, como inferencia, el abducible requiere ser inferido desde un una base teórica contextual junto con el hecho extraño a explicar.

abducida pero que no cumple con las condiciones formales apropiadas; es la virtud del riesgo asumido y de la confianza en la obtención de una explicación. La virtud de la perseverancia argumentativa pertenece a la tabla de Aberdein, pero especificada aquí por ser una perseverancia hacia la explicación. Finalmente, 4) representa la disposición del sujeto a cambiar sus posiciones o reconocer cuándo ocurre la no verificabilidad de una hipótesis, cuándo es una mala abducción, pero no movido por las posiciones de otros sino por la propia consideración del error o de la inadecuación en su razonamiento.

Estas cuatro virtudes argumentativas, más la virtud del *insight hacia los problemas* (hacia la explicación de un hecho extraño e), provenientes de Peirce y Aberdein, constituyen lo que podemos denominar la virtud abductiva, la abducción trabajando para permitir al sujeto alcanzar sus fines.

Finalmente, otras teorías cognitivas del razonamiento pueden, también, interpretarse como expedientes justificatorios de la deducción en el ámbito de las ciencias cognitivas, en sus desarrollos actuales. Como una breve referencia cabe mencionar solamente alguna más, como por ejemplo las tesis de L. Rips. En alguna medida seguidor de la tesis de Piaget de la lógica mental, Rips elabora una aproximación acerca de la deducción natural desde una idea computacional. Así, con su programa capaz de realizar deducciones introduciendo supuestos, PSYCOP (prueba psicológica), logra reproducir lo que ocurre en la deducción natural y sus reglas. Afirma Manktelow: "Para Rips, el razonamiento deductivo consiste en encontrar pruebas mentales usando reglas de inferencia y supuestos" (Manktelow 1999, p. 22). Así, PSYCOP expresa un sistema de prueba en deducción natural para la silogística aristotélica (sobre la base de que la silogística es una parte de la lógica de primer orden). Lo único que hace este sistema es simular la aplicación de una regla, como por ejemplo el MP, aplicada de manera *forward* o también *backward*. El interés que tiene esto para el presente tema es que puede verse aquí una concepción "explicativista" de la justificación de la deducción mediante su implementación. Así, si es que un proceso de prueba en deducción natural puede ser "implementado" en un programa, entonces aquella está justificada; pero, además, a su vez ese proceso deductivo queda "explicado" por esa simulación computacional. Esto guarda una relación con otras teorías computacionales, como lo hace P. Thagard (1993a) en filosofía de las ciencias, en que una teoría científica es vista ahora no como un conjunto de enunciados interrelacionados sino como un programa computacional. Por extraño que parezca, a fin de cuentas no es sino otra manera de formalización, tan válida como la primera.

## 4.5. ¿Lógica y aumento de información? La respuesta de M. Bremer

Una de las tesis que conforman la naturaleza de la lógica es que la conclusión no puede ofrecer información nueva de la que está contenida en las premisas. En términos kantianos para los tipos de "juicios", la lógica debe ser "analítica", de lo contrario sería "sintética", como las inducciones. Es la esencia misma de la deducción. La cuestión fue planteada en el siglo XX por Wittgenstein en el *Tractatus*. Las proposiciones son *figuras* de la realidad (*Tractatus*, 4.01). En ella se expresa un cierto estado de cosas: su sentido expresa un estado de cosas (4.03). Para que se produzca esa relación debe haber algo en común entre la realidad y la proposición, que la figura: eso en común es su *forma lógica*. Sin embargo, un tipo especial de proposiciones, las verdades lógicas o tautologías (y para Wittgenstein también las contradicciones)[136] no figuran nada:

> Tautología y contradicción no son figuras de la realidad. No representan ningún posible estado de cosas. En efecto, una permite todos los posibles estados de cosas; la otra ninguno. En la tautología, las condiciones de acuerdo con el mundo –las relaciones representativas– se anulan recíprocamente en cuanto no están en ninguna relación representativa con la realidad (4.462).

Si p→p, entonces q / (p→p); esto es, afirma Wittgenstein: *la tautología se sigue de todas las proposiciones: no dice nada* (5.142). No podríamos esperar que una proposición nos informe sobre algo del mundo si está implicada por cualquier cosa que digamos del mundo. Más adelante, Wittgenstein reafirma: "Las proposiciones de la lógica son tautologías" (6.1). Y agrega enseguida: "por consiguiente, las proposiciones de la lógica no dicen

---

[136] El término "tautología", que Wittgenstein lo usa para toda verdad lógica, parece haber tenido una acepción más restrictiva en Whitehead y Russell en los *Principia Mathematica*. Dicen los autores:
"1.2 ⊢ :p v p. ⊃ p. Esta proposición establece que: 'si p es verdadera o p es verdadera, entonces p es verdadera'. Esto es llamado el "principio de tautología" (Whitehead y Russell, 1962, p. 96).

nada (son proposiciones analíticas)" (6.11). Sin embargo, lo que sí pueden "mostrar" las tautologías no son la estructura fáctica del mundo (y del lenguaje), sus propiedades físicas o sociales, por ejemplo, sino que sus propiedades formales (6.12). Y ello ocurre si se acepta que las proposiciones son figuras de la realidad si comparten una forma lógica. El mundo posee una estructura lógica, una disposición, que es revelada por la forma, y que es la misma forma que posee la lógica.

Podría decirse, entonces, que la lógica sí nos dice algo del mundo; nos dice la propia proyección de la forma lógica del lenguaje, dado el isomorfismo que hay entre lenguaje y mundo. La ontología de Wittgenstein no cierra, pues, absolutamente que la deducción sea, en cierto sentido, informativa del mundo. Parece evidente que cuando se afirma que la deducción no agrega nada a lo que ya dicen las premisas se está aludiendo a información fáctica; mas, así y todo, la información "formal", contenida en esta propuesta de Wittgenstein, no parece estar del todo fuera de lugar. Si la lógica nos informa de la forma de lo real, es información después de todo.

Se puede encontrar en Aristóteles, en cambio, otra visión de este problema. Véase Aristóteles (2004), *Analíticos posteriores,* 71 b 20. En este caso, Aristóteles pareciera plantear la posibilidad de que un silogismo, siendo lógicamente válido, esto es, deductivo, puede efectivamente aportar conocimiento fáctico. Siempre está en discusión si ese conocimiento se da a solo nivel cognitivo, como ocurre con una suma, en que la conclusión solo explicita lo que está contenido en las premisas. El ejemplo aristotélico es: (i) Los rumiantes con estómago de cuatro cavidades no tienen incisivos superiores; (ii) Los bueyes son rumiantes con estómagos de cuatro cavidades; (iii) Los bueyes no tienen incisivos superiores. En cambio, el mismo ejemplo válido, pero que no aportaría conocimiento causal, es: (i)' Los rumiantes con pezuñas partidas son animales que no tienen incisivos superiores; (ii)' Los bueyes son rumiantes y tienen las pezuñas partidas; (iii)' los bueyes no tienen incisivos superiores. En (i)-(ii)-(iii), pues, la premisa mayor es causa de la conclusión, cosa que no ocurre en todos los silogismos válidos, como es el caso (i)'-(ii)'-(iii)'. Así, el silogismo, como un todo en cuanto razonamiento, nos aporta conocimiento causal. Y el identificar una causa para un fenómeno es, para Aristóteles, el centro del conocimiento.

La cuestión de si la deducción permite nueva información en la conclusión tal vez haya sido lo que condujo a Descartes a abjurar de la lógica puesto que, según él, la lógica no aporta nada nuevo al saber sino que solo prueba lo que ya se sabe. Para Aristóteles una de las condiciones del silogismo es que afirme algo diferente de lo que dicen las premisas. Por ejemplo, si "todo animal es un ser vivo" y "todo perro es animal", entonces "todo perro es un ser vivo", en la conclusión aparecen términos relacionados de una manera distinta que en las premisas, por lo que la conclusión afirma algo diferente. En tal sentido, y solo en ese especial sentido, la deducción añade conocimiento nuevo. También puede entenderse que la deducción informa algo nuevo en el sentido de que la conclusión es "lo demostrado" y, entonces, saber algo por demostración es algo diferente, y valioso, del mero saber por afirmación. Sobre esta característica del silogismo, véase Gambra y Oriol 2008, p. 177.

La postura aristotélica al respecto, pues, parece haber sido de mayor flexibilidad que la que rige actualmente. Hay sentidos en que se puede afirmar que la deducción nos aporta nueva información. El problema será siempre, en todo caso, si la información es "nueva". Que la conclusión deducida nos diga algo puede no ser el fondo del asunto sino el de si ella es "nueva", cosa que la invalidaría por definición.

La aproximación hoy proporcionada por Manuel Bremer (2003) permite seguir la senda de Aristóteles. El autor defiende lo que denomina un enfoque sintáctico-cognitivo por sobre otro ontológico. La cuestión a la vista es que, como se aprecia, hay un significado de "obtener información" que permitiría, en un segundo nivel, pensar que, si bien en una deducción no obtenemos información factual, sí la obtenemos en términos de saber lo que no sabíamos, esto es, sabemos ahora que $\alpha$ se deduce de $\theta$, cosa que antes de $\theta \vDash \alpha$ no sabíamos. Pero otra manera intuitiva de poner este tema en toda su generalidad Bremer la lleva a cabo con esta situación:

> Los estudiantes racionales se inscribirían solo en cursos en los que ellos puedan aprender algo. Ahora, desafortunadamente, parece que no se puede aprender nada en un curso de lógica, si aprender algo significa adquirir algún contenido informacional, puesto que la información contenida en las verdades lógicas –que vista a la luz de los enfoques standard para medir o definir el contenido informacional– es: ¡nada¡" (Bremer, 2003, p. 567).

Esta cita hace ver que el problema es complejo y refrenda lo anteriormente dicho: tener o no información parece ser algo que se da en dos planos:

sobre el contenido fáctico de los enunciados o saber algo nuevo que antes de una deducción no sabíamos: que alfa se sigue con necesidad de Zeta. El primer sentido apoya la idea aceptada de la no información contenida en la lógica. El segundo es información en un metanivel.

Según una de las posturas estudiadas por Bremer, la información es una medida del decrecimiento de la incerteza (Shannon). La probabilidad de p→p =1. En este punto se debe traer a la discusión la tesis de Chater y Oaksford, examinada en el Capítulo 1, sección 1.2, a raíz de las teorías cognitivas del razonamiento. La probabilidad de *p* es la reversa de la información de *p*. Así, P(p→p)=1, entonces su información: I(p→p)=0. De una verdad lógica no se aprende nada. Shannon define la información de un enunciado α como I(α) = log (1/p(α)). Si la probabilidad de α=1, como en el ejemplo de la tautología anterior, entonces I(α) = log (1/1) = log 1, y log 1 es cero, con lo que el contenido informacional de α es cero. En consecuencia, la información de esa verdad lógica, cuya probabilidad es máxima, es la certeza completa, transmite información nula.

Otras aproximación que niega el contenido informacional de la verdad lógica analizada por el autor es la visión semántica de Carnap. Igual que en el punto anterior, debe traerse al debate lo tratado en sección 4.2 de este capítulo, a raíz de Johnson-Laird y la teoría de los modelos mentales. El concepto de información semántica, se dijo, tiene que ver con la medida de aquellos aspectos del mundo que una sentencia excluye. Así, la información semántica que posee una sentencia con valores de verdad VVFF, es mayor que la que posee otra sentencia, cuyos valores son VVVF. Entonces, m(α) es la medida de la probabilidad de una sentencia α. El contenido informacional de α, cony (α):

$$
\begin{aligned}
\text{Cont}(α) \quad &= \quad 1 - m(α) \\
\text{Si } m(α) \quad &= \quad 1 \text{ (es una verdad lógica)} \\
\text{Cont }(α) \quad &= \quad 1 - 1 = 0
\end{aligned}
$$

La verdad lógica es verdad en todo mundo posible. Deja fuera toda falsedad. Por lo que su información es cero, pues el conjunto de todos los mundos posibles es vacío, cont(α) = $\phi$.

Otra teoría que niega la información de una verdad lógica y de una inferencia válida, es la tesis causal de Dretske. Hay flujo de información entre A y B, siendo ese movimiento inferencial, dado que A causa B.

Bremer afirma al respecto: "Conocimiento es definido como la creencia que S es F es causada por la información que S es F dada cierta ley de la naturaleza" (Bremer, 2003, p. 570). Pero una ley de la lógica no causa nada, por lo que de una ley lógica no se aprende nada (si aprender es obtener alguna información sobre algo).

Bremer postula que hay al menos dos soluciones que pueden rebatir la tesis aceptada de que la lógica no informa nada. La primera es la solución sintáctico-cognitiva. El autor ejemplifica con dos verdades lógicas: (a) $p \rightarrow p$ y (b) $\forall(x)(x=x)$. Ambas difieren sintácticamente. Ambas expresiones poseen elementos de tipo sintáctico diferentes, por ejemplo cuantificador, o variables, una no puede ser transformada en la otra. Ambas no son *isomórficas*. Afirma Bremer:

> Nosotros podemos introducir un concepto de significado que no solamente requiera equivalencia lógica sino que también requiera que dos sentencias que sean verdades lógicas puedan tener el mismo significado si a su más profundo nivel de forma lógica ellas puedan compartir una misma forma lógica. Así las dos sentencias (a) y (b) difieren en cuanto a sus significados (Bremer, 2003, p. 571).

Ahora bien, afirma el autor que cada verdad lógica nos comunica que una sentencia individual determinada es justamente una verdad lógica. Las dos sentencias (a) y (b) ejemplificadas, siendo ambas verdades lógicas pero con diferente estructura no reductibles una a la otra, poseen diferente significado, esto es, nos dicen algo diferente cada una de ellas, su forma en que son verdaderas.

Otra versión de esta visión sintáctica la encontramos, afirma Bremer, en la siguiente consideración de J. Fodor. Se trata de una consideración cognitivista del problema. Las representaciones mentales, en la teoría computacional de la mente, tienen roles psicológicos específicos debido a sus estructuras sintácticas; solo esas configuraciones sintácticas pueden entrar en relaciones causales. En el ejemplo expuesto por el autor, "agua" y "$H_2O$" son dos representaciones mentales diferentes, que poseen diferentes sintaxis, lo que hace que tengan diferentes roles funcionales. Entonces, si se tiene la siguiente verdad analítica: "El agua es $H_2O$, aun cuando no transporta ninguna información, dada la explicación de Dretske acerca de la información, es interesante puesto que ella conecta dos representaciones mentales con una fuerte ligazón" (Bremer, 2003, p. 571), que, antes de ese enunciado analítico, el agua es $H_2O$, no se la conocía previamente. En tal sentido, tal enunciado analítico[137] comporta información. Pero cabe hacer un alcance: esta nueva información es, se podría decir, no acerca del mundo, sino que acerca de los estados cognitivos del sujeto.

La solución ontológica referida por Bremen es la siguiente. Parte del ejemplo: a) Para todo $x$, si $x$ es cuervo entonces existe un $x$ que es cuervo; b) Para todo $x$ que es perro entonces existe un $x$ que es perro. Son dos verdades lógicas que son diferentes pero que poseen el mismo significado, de acuerdo con la solución sintáctica expuesta anteriormente. Esta identificación, afirma el autor, puede ser aceptable toda vez que lo que uno aprende de a) también lo aprende de b), pero ¡no sobre animales¡; se aprende sobre la forma de organizar enunciados. Pero, en términos ontológicos, aun esas dos verdades analíticas, con su misma forma, a) informa sobre propiedades de un objeto, ontológicamente diferente de las propiedades del otro objeto enunciado por b). Si bien ambos enunciados poseen la misma forma y ambos son verdades analíticas, ontológicamente y cognitivamente dan diferentes informaciones.


## 4.6. ¿Trata la lógica esencialmente con enunciados? La respuesta desde los modelos mentales y la cognición distribuida

> Los lenguajes no están hechos para encajar con la vara de medir de la lógica. Incluso el elemento lógico del lenguaje parece estar oculto bajo figuras que no siempre son exactas.
>
> FREGE, 1998, p. 190.

Si se observan los distintos asuntos que se han tratado, y muchos otros no mencionados, se podrá constatar que los problemas de la filosofía respecto de la naturaleza de la lógica tienen que ver con un supuesto fundamental y varios subsidiarios de este, que han sostenido a esta disciplina. No son supuestos cualesquiera, por lo tanto, sino que atañen a la esencia misma de lo que entendemos por lógico. En consecuencia, se propone que los análisis precedentes conduzcan a un cambio en dichos supuestos o, al menos, a su puesta en duda.

---

[137] Debe tenerse presente que verdad analítica, como la del ejemplo del agua, no es exactamente idéntico con verdad lógica, así como tampoco una inferencia que pueda entenderse como analítica pueda comportar validez lógica.

¿Son realmente las palabras y los enunciados el soporte fundamental de la lógica? Tal vez el más antiguo y fundamental supuesto en que se sustenta la lógica, desde su fundación misma, sea que trata con ciertos objetos en particular: los enunciados. Específicamente, con la forma de los enunciados. Incluso más que eso aun: según Hobbes, en el *Leviatan,* la lógica no es sino un cálculo de lo que podemos extraer de las palabras que usamos en un determinado momento. De allí que la construcción de cualquier sistema lógico S = < D,L > comience por la determinación de un lenguaje L, formal eso sí, pero lenguaje después de todo, con su sintaxis, con reglas de formación que permitan establecer qué fórmulas son consideradas legítimas en ese lenguaje, con reglas de uso de signos sintácticos, con una semántica, también formal, pero también semántica después de todo.

Que lo que se transmite de unos enunciados establecidos como premisas al enunciado final, extraído como conclusión de los primeros, sea la verdad, en cuanto propiedad de los enunciados, es otro de los supuestos fundamentales, el supuesto la independencia absoluta de esos enunciados de cualquier contenido fáctico.

Es ya parte esencial de la lógica su a-facticidad, que no trata propiamente con los enunciados sino con la forma de ellos; y si se transmite la verdad, la doctrina indica que la verdad solo puede estar montada sobre un soporte lingüístico. Pero lo que permite esa trasmisión es finalmente la forma del enunciado y la forma de las relaciones entre ellos. Incluso el psicologismo, que reducía lo lógico a leyes de la psicología, suponía que finalmente ello se reducía a los soportes enunciativos, como formato primario del razonamiento. El rol de las palabras y los enunciados, en todo caso, era ofrecer un soporte externo, puesto que debe estar ausente el significado real de un término y un enunciado para solo asentarse como disciplina en lo formal de los enunciados.

Estos supuestos configuran la imagen estándar de la lógica, lo que se puede denominar como el dogma Frege-Husserl. Mas, los procesos descritos por las ciencias cognitivas en relación con el razonamiento, del razonamiento en cuanto realidad humana que le pasa a los sujetos reales en situaciones reales, como se los ha descrito en las páginas precedentes, permiten dar respuesta a problemas clásicos, reformularlos o dar apoyo a varias perspectivas actuales de la misma lógica. Así, hoy existe la posibilidad de desarrollar perspectivas diferentes: la lógica es expresión de los razonamientos, y lo que allí sucede es un proceso cognitivo, cuyo soporte lingüístico es algo no esencial. La lógica, aun cuando es una disciplina formal, esa formalidad trata de captar cogniciones. El razonamiento no es lingüístico por esencia. La "forma" lógica no tendría por qué ser expresada solo mediante enunciados.

La posibilidad de que la lógica transmita, de las premisas a la conclusión, creencias verdaderas por vía de cogniciones más que enunciados verdaderos, como ocurre en la tesis de los modelos mentales según Johnson-Laird, puede incidir en que la validez lógica no tenga como propiedad central la preservación de la verdad sino la preservación de la cognición. Y ello podría significar que al construir un sistema lógico, en vez de un lenguaje formal L, se lo tenga que hacer sobre otros formatos, no lingüísticos sino cognitivos, como son, por ejemplo, los *modelos mentales*, las *representaciones visuales*, las *creencias*, la *transmisión de información,* la *facultad de logizar,* los elementos de la lógica en cuanto expresión del razonamiento. Ya lo decía Peirce cuando planteaba, al hablar de la lógica, aquello de "cómo hacer claras nuestras *creencias*".

R. Morado (2005) hace esta pregunta: "¿Cuáles son las unidades adecuadas de análisis en estas lógicas?" (2005, p. 39), refiriéndose a las lógicas subestructurales no monótonas. La primera alternativa es que esas unidades básicas sean las creencias, y las creencias son por antonomasia elementos cognitivos del razonamiento y del pensamiento en general. Otra, es que se trate de los conocimientos. Estas preguntas, que no es posible responder hoy de manera concluyente, e incluso ni siquiera muy clara, han surgido en el horizonte filosófico debido a la relación de la ciencia cognitiva con la lógica. Es esta relación la que ha permitido interrogantes como esas, y ha abierto la puerta al menos para las dudas.

La cuestión de si son algún tipo de *entidades* aquellas con las que trata finalmente la lógica, y dónde las ubicamos en el mapa ontológico, es otro asunto en disputa en el pensamiento contemporáneo. Wittgenstein en el *Tractatus*, según Glock, critica a Russell y Frege: la lógica no trata ni con entidades ni con objetos lógicos que están en algún mundo, como fue propuesto sobre todo por el pensador alemán. Las leyes lógicas se basan en las constantes y estas solo son operaciones veritativo-funcionales. Las leyes lógicas son solo la estructura de todo lenguaje posible. Hasta allí, el lenguaje era el eje. Pero el mismo Wittgenstein abjura de esto y da su segundo paso fundamental: como lo afirma también Glock (2008 p. 41): "El lenguaje no es un sistema abstracto autosuficiente, como es presentado en el *Tractatus*. Más bien es una práctica humana que está inserta en una práctica humana social". En consecuencia, se puede decir que la lógica, para Wittgenstein, se basa en y versa sobre prácticas humanas sociales, pero sin que ello implique que la lógica como tal no se maneje en un nivel formal. Una cosa es la operatoria lógica y otra es su fundamento filosófico.

Hoy se puede afirmar, desde las perspectivas ofrecidas por las ciencias cognitivas, en un símil con la postura de Wittgenstein acerca del lenguaje y la lógica, que la lógica no versa sobre soportes lingüísticos, sino que es la estructura, la *forma*, pero la forma de toda cognición posible al razonar. A lo más, son las cogniciones las que quedan expresadas en los enunciados. Las tesis de R. Hanna acerca de la *cognición lógica,* y de C. Shushan sobre la *lógica cognitiva,* son aproximaciones en ese sentido. La facultad cognitiva de "logizar" está en la base del símbolo, de la pura forma.

La teoría de los modelos mentales (cap. 1) permite respaldar la idea según la cual la lógica puede trabajar con formatos no enunciativos; la teoría de la cognición distribuida (cap.2), por su parte, fundamenta que la lógica puede basarse en más de un formato simultáneamente (como ocurre en la lógica heterogénea); la teoría de los prototipos (cap 2), en tercer término, ofrece una imagen de la naturaleza de los conceptos y de los enunciados basados en cogniciones; el problema de la información (cap 4), según la cual lo que se transmite en la inferencia es un cierto tipo de información, permite despegar la idea de que lo que se transmite es la verdad de una sentencia en forma exclusiva. Y si la lógica se basara en conceptos y enunciados, entonces se basaría en cogniciones. Estas teorías permiten afirmar una tesis al respecto: que, si bien la lógica trabaja con un formato lingüístico, al menos desde un punto de vista cognitivo puede defenderse que ello es, al menos, no esencial. No debe confundirse aquí, en todo caso, el hecho de que dicho formato enunciativo podría tener ventajas, por ser más reconocible, con el hecho de que esencialmente la lógica tenga que expresarse en ese formato y solo en ese. Representar el razonamiento con instrumentos humanos del habla ha sido la historia misma de la disciplina, y ello ha conducido a pensar que necesariamente habría esa relación entre lógica y lenguaje, aunque sea formal. El fundamento ha sido una identificación entre razonar y enunciar. Mas, las investigaciones como las tratadas en este libro muestran al menos que esa identificación es algo débil: la lógica no *necesariamente* tendría que versar sobre formalizaciones de enunciados sino que, también, de cogniciones.

Se puede concluir, entonces, según lo examinado, que las 7 tesis específicas y la general planteadas inicialmente en la Introducción han quedado, en sus líneas gruesas, respaldadas de manera mínima.

# REFERENCIAS BIBLIOGRÁFICAS


ABERDEIN A., 2010. "Virtue in Argument", en *Argumentation,* 24, pp.165-179

AKRAMI M, 2007. "From Logical Complementarity and Pluralismo to Super-Logic", en Beall J. y Restall G., 2006, *Logical Pluralism,* Clarendon Press, Oxford.

ALCHOURRÓN C., 1995. "Concepciones de la lógica", en *Lógica,* Enciclopedia Iberoamericana de Filosofía, N° 7, Trotta, Madrid.

ANTONIOU G, 1997. *Non Monotonic Reasoning,* MIT Press, Massachusetts.

ALISEDA A., 2006. *Abductive Reasoning,* Springer, Dordrecht.

__________, 2014. *La lógica como herramienta de la razón,* College Publications, U.K.

__________, 2007. "Abductive Reasoning", en *Theoria,* Vol. 22/3, N° 60, Septiembre 2007, pp. 259-270.

ALISEDA A. *et al.,* 2005. "Representación y logicidad", *Suma Logicae en el siglo XX,* http:// logicae.usal.es, en "Biblioteca", sección: "Estudios de lógica, filosofía de la lógica". Recoge trabajos del simposio, "Representación y logicidad", II Congreso Iberoamericano de Filosofía de la Ciencia y la Tecnología, La Laguna, Tenerife, 26.30 de septiembre de 2005.

__________, 2006. *Abductive Reasoning,* Springer, Dordrecht.

ARISTÓTELES, 2002. *Organon, On Interpretation,* Loeb Classical Library, Harvard University Press, Cambridge, Londres.

__________, 2004. *Posterior Analytics, Topica.* Loeb Classical library, Harvard University Press, Cambridge, Londres.

AUDI, R., 2000. *Epistemology; A Contemporary Introduction to the Theory of Knowledge,* Routledge, Londres-N.York.

BARWISE J. y ETCHEMENDY J., 1996. "Visual Information and Valid Reasoning", en Allwein y Barwise edits, *Reasoning Reasoning with Diagrams,* Oxford University Press, N.York / Oxford, pp. 3-25.

BELNAP N, 2009. "Tonk, plonk et plink", en Bonnay y Cozic edits., pp.144-150.

BELOHLAVEK R y KLIR G., 2011. "Fallacious Perceptions of Fuzzy logic in thje Psychology of Concepts", en Belohlavek y Klir edits, *Concepts and Fuzzy logic,* MIT Press, Massachusetts.

BEALL J. y RESTALL G., 2006, *Logical Pluralism,* Clarendon Press, Oxford.

BELL J y DEVINCI D, SOLOMON G, 2011. *Logical Options,* Broadview Press, Ontario.

BÉZIAU. J.. y COSTA-LEITE A, 2007 (edits.). *Perspectives on Universal Logic,* Polimetrica International Publisher, Monza.

BÉZIAU J., 1994. "Universal Logic", referido en: http://www.jyb-logic.org/startl.html

BOCHENSKI I.M., 1947. *La logique de Théophraste,* Librairie de L'Université Fribourg en Suisse, Friburgo.

Bochenski I.M., 1957. *Los métodos actuales de pensamiento,* Rialp S.A., Madrid.

Boeri M., y Salles R, 2014. *Los filósofos estoicos. Ontología, Lógica, Física y Ética.* Ediciones Universidad Alberto Hurtado, Santiago.

Boehner Ph., 1952. *Medieval Logic,* Classic Reprint Series, Manchester University Press, Manchester.

Boghossian P., 2000. "Knowledge of Logic", en Boghossian y Peacocke edits *New Essays on the A Priori,* Cambridge University Press, Londres.

Bonnay D. y Cozic M., 2009. *Philosophie de la logique,* Vrin, Paris.

Burleigh, W., 2009. *Sobre la pureza del arte de la lógica,* Grupo de Traducción de Latín, Universidad de Los Andes, Bogotá.

Blaauw M. y Pritchard D. 2005. *Epistemology A-Z,* Edinburgh University Press, Edinburgh.

Brandom R., 2002. *La articulación de las razones. Una introducción al inferencialismo,* Siglo Veintiuno, Madrid.

Bremer M., 2003. "Do Logical Truths Carry Information?", en *Mind and Machines,* 13, pp. 567-575.

__________, 2007. "Trascendental Logic's New Clothes", en Béziau y Costa-Leite 2007, pp. 101-109.

Carnota R., 1995. "Lógica e inteligencia artificial", en Alcourrón, Méndez y Orayen editores, *Lógica,* eiaf n° 7, Trotta, Madrid, pp. 143-183.

Carretero M, Almaraz J, Fernández P, editores, 1995. *Razonamiento y comprensión,* Trotta, Madrid.

Carruthers P. y Stich S. 2002. *The Cognitive Basis of Science,* Cambridge University Press, Cambridge.

Cohen M y Nagel E, 1961. *An Introduction to logic and Scientific Method,* Routledge and Kegan, Londres.

Corcoran J, 1993. "Meanings of Implication", en Hughes edit., *A Philosophical Companion to the First-order Logic,* Hackett Publishing, Indianapolis.

Christensen D., 2004. *Putting Logic in its Place,* Clarendon Press, Oxford.

Clark A, 2007. "Curing Cognitive Hiccup: A Defense of extended Mind", *The Journal of Philosophy,* Vol CIV, N° 4, pp.163-192.

Chater N. y Oaksford M. 2010. "Open Issues in the Cognitive Science of Conditionals", cap 21 , Oaksford y Clater Edits, *Cognition and Conditionals,* Oxford University Press, pp. 389-401.

Craik K, 1967. *The Nature of Explanation,* Cambridge University Press, Londres / N.York

Dancy J. y Sosa E., 2001. *A Companion to Epistemology,* Blackwell, Oxford.

Diogenes Laertius, 1972. *Lives of Eminent Philosophers,* Libros 1-5, Loeb Classical Library, Cambridge.

__________, 2005. *Lives of Eminent Philosophers,* Libros VI-X, Loeb Classical Library, Cambridge.

Dretske F., 2005. "The Case Against Closure", en Steup y Sosa edits, *Contemporary debates in Epistemology,* Blackwell, Malden/Oxford, pp. 13-26.

Dummett M, 1990. "La justificación de la deducción", en Dummett 1990a, pp. 377-407

__________, 1990a. *La verdad y otros enigmas,* Fondo de Cultura Económica, México.

__________, 1993. "The Justification of Deduction", en Dummett *The Logical Basis of Metaphysics,* Harvard University Press, Cambridge, Mass.

DUTANT J. y ENGEL P., edits., 2005. *Philosophie de la connaissance,* Vrin, Paris.

FAAS H, 2005. "Implicación visual y heterogénea", en Faas y Urtubey editores, *Temas de razonamiento aproximado e inferencia heterogénea,* Universidad Nacional de Córdoba, Córdoba, pp. 11-23.

FERNÁNDEZ P y CARRETERO M, 1995. "Perspectivas actuales en el estudio del razonamiento", en Carretero, Almaraz y Fernández editores 1995, pp. 13-46.

FEYERABEND P., 1974. *Contra el método,* Ariel Quincenal, Barcelona.

FISHER J., 2008. *On Philosophy of Logic,* Thomson Wadsworth, Belmont.

FLORIDI L, 2003. "Two Approaches to the Philosophy of Information", *Mind and Machines* 13, pp. 459-469.

FLACH P y KAKAS A., edits, 2000. *Abduction and Induction,* Kluwer Academic Publishers, Dordrecht.

FRÁPOLLI M. 2007 (coordinadora). *Filosofía de la lógica,* Tecnos, Madrid.

FREGE, G, 1974. "La lógica en la matemática", en Frege 1974ª, pp. 81-135.

__________, 1974a. *Escritos lógico-semánticos,* Tecnos, Madrid.

__________, 1998. "Cartas a Husserl", carta de 1906, en Frege 1998, pp.188-193.

__________, 1998a. *Ensayos de semántica y filosofía de la lógica,* Tecnos, Madrid.

__________, 1998b,. "El pensamiento: una investigación lógica", en Frege 1998ª, pp. 196-225.

GABBAY D y WOODS J., 2005. *The Reach of Abduction,* Elsevier, Amsterdam.

GAMBRA J. y ORIOL M., 2008. *Lógica aristotélica,* Editorial Dykinson, Madrid.

GAMUT L.T.F, 2004, vol. I. *Introducción a la lógica,* Eudeba, Buenos Aires.

__________, 2009, vol. II. *Introducción a la lógica,* Eudeba, Buenos Aires.

GARCÍA E y NEF F, 2007 edits. "Presentation", *Métaphysique contemporaine, propiétés, mondes possibles et personnes,* Vrin, Paris.

GARCÍA-CARPINTERO M, 1993. "The Grounds for the Model-Theoretic Account of the Logical Properties", en *Notre Dame Journal of Formal Logic,* Vol. 34, Nª1, pp. 107-131.

GARNHAM A.y OAKHILL J., 2004. *Thinking and Reasoning,* Blackwell, Oxford /Victoria.

GEENOUGH P, 2003. "Vagueness: A Minimal Theory", *MIND,* vol. 112.

GEYMONAT L, 1987. *Límites actuales de la filosofía de la ciencia,* Gedisa, Barcelona.

GENTZEN G., 1955. *Recherches sur la dèduction logique,* Presses Universitaires de France, Paris.

GETTIER E., 2002. "Is Justified True Belief Knowledge?", en Huemer M., edit., 2002.

GIERE R, 1992, editor. *Cognitive Models of Science,* Minnesota Studies in the Philosophy of Science, N° XV, University of Minnesota, Minneapolis.

__________, 1988. *Explaining Science: A Cognitive Approach,* The University of Chicago Press, Chicago.

__________, 2004. "The Problem of Agency in Scientific Distributed Cognitive Systems", *Journal of Cognition and Culture,* 4.3.

__________, 2002. "Scentific Cognition and Distributed Cognition", en Carruthers, Stich and Siegal edits, *The Cognitive Basis of Science,* Cambridge University Press, Cambridge, pp. 285-299.

__________, 2002a. "Models as parts of distributed Cognitive Systems", en Magnani y Nersessian edits, *Model-Based Reasoning,* Kluwer, Dordrecht, pp. 1-15.

__________, 2002b. "Discussion Note: Distributed Cognition and Epistemic Cultures", *Philosophy of Science,* 69, p.637-644.

GLOCK H-J., 2008. *What is Analytical Philosophy?*, Cambridge University Press. También en traducción española 2012, *¿Qué es la filosofía analítica?*, Tecnos, Madrid.

GOLDSTEIN L, BRENNAN A, DEUTSCH M y LAU J, 2008. *Lógica. Conceptos clave en filosofía*, Universidad de Valencia, Valencia.

GOLDMAN A., 1986. *Epistemology and Cognition*, Harvard University Press, Cambridge, Massachusetts.

GÓMEZ TORRENTE M., 2007. "Constantes Lógicas", en Frápolli 2007 p. 179-205.

GRICE P, 1975. "Logic and Conversation", en Cole y Morgan edits, *Syntax and Semantics*, Vol 3 Speech Acts, Nueva York: Seminal Press.

HAACK S., 1991. *Filosofías de las lógicas*, Cátedra, Madrid.

________, 1996. *Fuzzy Logic. Deviant Logic*, Cambridge University Press, Cambridge.

________, 1996a. "Do Whe Need "Fuzzy logic"?, en Haack 1996, p. 232-242.

________, 1996b. "The Justification of Deduction", en Haack 1996, pp.183-191.

HANNA R., 2006. *Rationality and Logic*, The Mit Press, Massachusetts.

________, 1993. "Logical Cognition: Husserl's *Prolegomena* and the Truth in Psychologism", en *Philosophy and Phenomenological Research*, vol LIII, N° 2, pp. 251-275.

________, 1993. Husserl's Arguments Against Logical Psychologism", *Philosophy and Phenomenological Research*, Vol. LIII, Nª 2 pp. 251-275.

HARMAN G., 1965. "The Inference to the Best Explanation", en *The Philosophy Review*, Vol. LXXIV, N°1.

HARMAN G., 1986. *Change in View*, Bradford Book/MIT Press, Massachusetts.

HANSON R N., 1958. "The Logic of Discovery", *Journal of Philosophy*, Vol. LV, N°25.

________, 1960. "More on the Logic of Dicovery", *Journal of Philosophy*, Vol LVII, N° 6.

________, 1961. "Is there a Logic of Discovery?", *Current Issues in the Philosophy of Science*, Feigl and Maxwell edit., Nueva York.

HATON J y HATON M., 1991. *La inteligencia artificial*, Paidós, Buenos Aires.

HAWTHORNE J., 2005. "The Case for Closure", en Steup y Sosa edits, *Contemporary Debates in Epistemology*, Malden / Oxford, pp. 26-43.

HEMPEL C. 1966. *Filosofía de la ciencia natural*, Alianza, Madrid.

HOFFMAN M., 1998. "¿Hay una lógica de la abducción?", en Analogía Filosófica, XII (1), pp. 41-57.

HINTIKKA J y SANDU G., 2007. "¿Qué es lógica?", en María José Frápolli, edit. *Filosofía de la lógica*, Tecnos, Madrid.

HUEMER, M, y AUDI R., 2002. *Epistemology, Contemporary Readings*, Routledge, Londres-Nueva York.

HUSSERL E. 2001. *Investigaciones lógicas*, Alianza editorial, Madrid.

HUTCHINS E, 1995. *Cognition in the wild*, MIT Press, Cambridge.

JACQUETTE D., 2007. "Introduction: Philosophy of Logic Today", en Jacquette 2007 edit. pp. 1-12.

________, 2007, edit. *Philosophy of Logic*, Elsevier, Amsterdam, Boston.

________, 2003. "Introduction: Psychologism the Philosophical Shibboleth", en Jacquette edit 2003. pp. 1-19.

________, Edit. 2003. *Philosophy, Psychology and Psychologism*, Kluwer, Dordrecht.

JOHNSON-LAIRD, Ph., 1983. *Mental Models*, Harvard University Press, Cambridge, Massachusetts.

Johnson-Laird, Ph., 1991. "Mental Models", en M.Posner editor, *Foundations of Cognitive Science,* MIT Press, Cambridge Massachusetts, pp. 469-499.

__________, 1988. *The Computer and the Mind,* Harvard University Press, Massachusetts.

Kant, I., 2004, *Crítica de la razón pura,* Alfaguara, Madrid.

__________, 2000. *Lógica, un manual de lecciones. Acompañada de una selección de "reflexiones" del legado de Kant,* Ediciones Akal, Madrid.

Johnson-Laird Ph. y Byrne R., 2000. "The Cognitive Science of Deduction" en P. Thagard edit., *Mind Readings,* MIT Press, Massachusetts, pp. 29-58.

Kneale W y Kneale M., 1962 (reimpresión 2008). *The Development of Logic,* Clarendon Press, Oxford.

Keefe R., 2000. *Theories of Vagueness,* Cambridge University Press, Cambridge.

__________, 1999. "Introduction: Theories of Vagueness", en Keefe y Smith edits, *Vagueness: A Reader,* MIT Press, Mass.

__________, 1998. "Vagueness by Numbers", en *MIND,* vol.107, N° 427, pp. 565-579.

Keiff L, 2009, "Dialogical Logic", Stanford Encyclopedia of Philosophy, http://plato.stanford.edu/entries.

Kellert S., Longino H. y Wateres K, 2006, edits. *Scientific Pluralism,* Minnesota Studies in the Philosophy of Science, Vol. XIX, University of Minnesota Press.

Kosko B, 1995. *Pensamiento borroso,* Criptica, Barcelona.

Kowalski R., 2010. "Reasoning with Conditionals in Artificial Inteligence", en Oaksford y Chater Edits., *Cognition and Conditionals,* Oxford University Press, Oxford, pp. 253-282.

Kuhn Th., *La estructura de las revoluciones científicas,* Fondo de Cultura Económica, México.

Kvanig J., 2011. "Vierue Epistemology", en Bernecker y Pritchard Edits., *The Routledge Companion to Epistemology,* Routledge, Londres, Nueva York, pp. 199-207.

MacNamara R., 1994. "Logic and Cognition", en McNamara R. y G.Reyes, Edits., *The Logical Foundations of Cognition,* Oxford University Press, Oxford.

Machina K, 1999. "Truth, Belief and Vagueness", en Keefe and Smith edits, *Vagueness: A Reader,* The MIT Press, Mass.

Manzano M., 2007. *Lógica, lógicas y logicidad,* Suma Logicae en el siglo XXI Editorial, http://logicae.usal.es

Magnani L. 2001. *Abduction, Reason and Science,* Kluwer Academic, Dordrecht.

__________, 2009. *Abductive Cognition,* Springer-Verlag, Berlin /Heisenberg.

__________, 2007. "Animal Abduction", en Magnani y Li Edits., *Model-Based Reasoning in Science, Technology and Medicine,* Springer, Berlin, pp. 3-38.

Magnani L y Belli E., 2006. "Agent-Based Abduction: Being rational Trgough Fallacies", en Magnani Edit., *Model Based reasoning in Science and Engineering; Cognitive Science, Epistemology and Logic,* College publications, Londres, pp. 415-439.

Mates B., 1985. *Lógica de los estoicos,* Tecnos, Madrid.

Manktelow K, 1999. *Reasoning and Thinking,* Psychology Press, Sussex.

Martínez C., 2007. "El *status* epistemológico de la lógica: verdad y necesidad", en Frápolli M.J., *Filosofía de la lógica,* Tecnos, Madrid, pp. 83-118.

Meheus J. y Provij D., 2007. "Abduction Through Semantic Tableaux vs Abduction Through Goal Directed Proof", *Theoria,* Vol. 22/3, N° 60, pp. 295-304.

Mill J.S., 1911. *Resumen de lógica,* Librería Bouret, París /México.

Montmarquet J. 2001. "Epistemic Virtues", en Dancy y Sosa edits, *A Companion to Epistemology*, Blackwell, Oxford.

Morado R., 2004. "Problemas filosóficos de las lógicas no monotónicas", en EIAF N° 27, en Orayen y Moretti editores, *Filosofía de la lógica*, Trotta, Madrid, pp. 313-344.

__________, 2005. "La representación de las inferencias no monotónicas", en Aliseda *et al..*, *Representación y logicidad,* en Summa Logicae en el Siglo XXI, en http://logicae.udal.es

Mukaidono M., 2004. *Fuzzy Logic for Beginers,* Word Scientific, Singapur.

Nersessian N., 2002. "The Cognitive Basis of Model-Based Reasoning in Science", en Carruthers y Stich edits.2002, pp. 133-153.

________, 1992. "How Do Scientists Think?", en Giere editor, pp. 3-44.

Nguyen H. y Walter E., 2000. *A First Course of Fuzzy logic,* Chapman y Hall, Boca Ratón/Londres/N.York.

Niditch P., 1995. *El desarrollo de la lógica matemática,* Ed. Cátedra, Madrid.

Niño D., 2007. *Abducting Abduction,* en Grupo de Estudios Peirceanos, Universidad de Navarra, http://www.unav.es/gep/, en "tesis doctorales".

Lakatos I. 1974. La *historia de la ciencia y sus reconstrucciones racionales,* Tecnos, Madrid.

Lemmon E.J., 2002. *Beginning Logic*, Hackett Publishing Company, Indianapolis.

Long A, y Sedley D, 2012. *The Hellenistic Philosophers,* Vol 1, Cambridge University Press, Cambridge.

López-Astorga M., 2016. "The First Rule of Stoic Logic and its Relationships with Indemostrables", en *Tópicos Revista de Filosofía,* 50, p.9-23

__________________, 2017. "Chrysippus Indemostrables and the Semantic Mental Models", EIDOS, Nª 26, pp. 302-325.

Losee J.,1981. I*ntroducción histórica a la filosofía de las ciencias,* Alianza, Madrid.

Oaksford M y Chater N, edits, 2010. *Cognition and Conditionals,* Oxford University Press, Oxford-N.York.

Palau G., 2002. *Introducción filosófica a las lógicas no clásicas,* Gedisa, Buenos Aires

________, 2004, edit. *Lógicas condicionales y razonamiento de sentido común,* Gedisa, Buenos Aires

Peirce Ch. S, 1965. *Collected Papers,* Edited by Ch. Hartshorne y P. Weiss, Belknao Press, Harvard University Press, Cambridge.

__________, 2007. *La lógica considerada como semiótica,* Biblioteca Nueva, Madrid.

__________, 2012. (1878). *Deducción, Inducción e Hipótesis, Peirce Obra filosófica reunida* Houser y Kloesel edits., Fondo de Cultura Económica, México, pp. 233-246.

Perelman y Olbrechts-Tyteca, 1989. *Tratado de la argumentación,* Gredos, Madrid.

Piaget J., 1967. *Psicología, lógica y comunicación,* Nueva Visión, Buenos Aires.

Piaget J, 1969. *Biología y conocimiento,* Siglo veintiuno editores, Madrid/México.

Ping Li y Dachao Li, 2006. "Scientific Cognition as Model-Based Reasoning", L.Magnani Editor, *Model based Reasoning in Science,* College publications, Londres, pp. 51-65.

Posy C., 2003. "Between Leibniz and Mill: Kant`s Logic and Rhetoric of Psychologism", en Jacquette 2003 edit., *Philosophy, Psychology and Psychologism,* Kluwer, the Netherland, pp. 51-79.

Priest G. 2001. *An Introduction to non Classical logic*, Cambridge University Press, Cambridge.

Prior A. 2009. "Carte Blanche pour les inférences", en Bonnay y Cozic editores, pp. 141-143.

Quine W.V.O. 1998. *Filosofía de la lógica,* Alianza, Madrid.

Rips L. 1994. *Psychology of Proof,* MIT Press, Massachusetts / Londres.

__________, 2008. "Logical Approaches to Human Deductive Reasoning", en J. Adler y L.Rips edits, *Reasoning,* Cambridge University Press, N.York, pp. 187-205.

Romerales E, 2004. "La teoría pragmática de la vaguedad", THEORIA, 49, vol 19.

Rosch E., 2011,. "Slow Lettuce: Categories, Concepts, Fuzzy sets and logical Deduction", en Belohlavek y Klir edits, *Concepts and Fuzzy Logic,* The MIT Press, Massachusetts.

Russell B., 1946. *Nuestro conocimiento del mundo externo,* cap. II, "La lógica como esencia de la filosofía", Ed. Losada, Buenos Aires.

Russell G., 2013. "Logical pluralism", en Stanford Encyclopedia of Philosophy, http://plato.stanford.edu/entries

Tye M. 1994. "Vagueness; Welcome to the Quicksand", en *The Southern Journal of Philosophy,* Memphis, Spindel Conference, T. Horgan edit., Vagueness, 1994, Supplement.

Sexto Empírico, 1997, version de R.G.Bury. *Against the Logicians,* Loeb Classical Library Harvard University Press, Cambridge, Londres.

__________, 2000. *Outlines of Pyrrhonism,* Loeb Classical Library, Harvard University Press, Cambridge, Londres.

Schechter y Enoch, 2006. "Meaning and Justification: The Case of *Modus Ponens*", *Nous,* 40: 4, pp. 687-715.

Smith J., 1996. *La fenomenología y sus problemas,* Omeba, Buenos Aires.

Soler F., 2012. *Razonamiento abductivo en lógica clásica,* College Publications, Londres.

Sorensen R, 2004. *Vagueness and Contradiction,* Clarendon Press, Oxford.

Sosa E., 2005. *Le radeau et la pyramide,* en Dutant y Engel edits, *Philosophie de la connaissance,* Vrin, Paris.

__________, 2000. "Three forma of Virtue Epistemology", en Guy Axtell, edits, *Knowledge, Belief and Character,* Rowman Publishers, Lanham, Londres, N.York, pp. 33-40.

__________, 2000a. "Reliabilism and Intellectual Virtues", en G. Axtell edit., pp. 19-32.

Shushan C., 2009. "On the Integration and Development of Psychology and Logic within the Framework of Cognitive Science", en *Social Sciences in China,* Vol. XXX, N° 2, pp. 93-107.

Stennings K. y Van Lambalgen M., 2008. *Human Reasoning and Cognitive Science,* The MIT Press, Massachusetts.

Stelzer W., 2003. "Psychologism and Non-Classical Approaches in Traditional Logic", en Jacquette, 2003 edit., pp. 81-111.

Stillings N., 1998. *Cognitive Science. An Introduction,* MIT Press, Massachusetts

Suppe F., edit., 1979. *La estructura de las teorías científicas,* Editorial Nacional, Madrid.

Sullivan S., 2005. *An Introduction to Traditional Logic,* Booksurge Publishing, North Charleston.

Tanaka K, 1991. *An Introduction to Fuzzy Logic for Practical Applications,* Springer, Berlin / Nueva York.

Thagrad P., 1993. *Conceptual Revolutions,* Princeton University Press.

__________, 1993a. *Computational Philosophy of Science,* MIT Press, Massachusetts.

THOMSON V., 2010. "Towards a Metacognitive Dual Process Theory of Conditional Reasoning, en Oaksford y Clater Edits, *Cognition and Conditionals,* Oxford University Press, Oxford.

TOULMIN S., 1979. "Postcriptum: la estructura de las teorías científicas" en Suppe edit 1979, pp. 656-671.

__________, 1993. *Les usages de l`argumentation,* PUF Paris.

TVERSKY B, 2005. "Visuospatial Reasoning", en Holyoak y Morrison edits, *The Cambridge Handbook of Thinking and Reasoning,* Cap 10, Cambridge University Press, Cambridge/N.York, pp. 209-240.

VAN FRAASSEN B, 1980. *The Scientific Image,* Clarendon Press, Oxford.

VERSHUEREN N. y SCHAEKEN W. 2010. "A Multi. Layered Dual-Process Approach to Conditional Reasoning", en Oaksford y Chater *Cognition and Conditionals,* Oxford University Press, Oxford, pp. 355-370.

VILLALBA DE TABLÓN M., 1998. "Psicología y lógica del razonamiento. Cotejo de teorías acerca de la relación entre prescripciones lógicas y procesos de pensamiento", *Analogía filosófica,* Año 12, N° 2, pp. 69-104.

VRANAS P., 2011. "New Foundations for Imperative Logic", en *Mind,* Vol. 120, 478, pp. 369-446.

WANG P., 2004. "Cognitive Logic versus Mathematical Logic", htpp://www.cis.temple.edu/selectedpapersofpeiwang.

WHITEHEAD A. y RUSSELL B., 1962. *Principia Mathematica,* Cambridge at the University Press, Londres, Nueva York.

WILLIAMSON T., 2001. *Vagueness,* Routledge, Londres / Nueva York.

WITTGENSTEIN, L, 1979. *Tractatus Logico-Philosophicus,* Alianza, Madrid.

__________, 1976. *Los cuadernos azul y marrón,* Ed. Tecnos, Madrid.

__________, 2010. *Investigaciones filosóficas,* Ed. Crítica, Barcelona.

WOODS J. 2007. "Ignorance and Semantic Tableaux: Aliseda and Abduction", *Theoria,* Vol. 22/3 N° 60, pp. 305-318.

ZADEH L., 1965. "Fuzzy Sets", *Information and Control,* 8, pp. 338-353.

ZAGZEBSKI L., 1998. *Virtue of the Mind,* Cambridge University Press.

__________, 2005. "Les virtus épistémiques", en Dutant et Engel edits, *Philosophie de la connaissance,* Vrin, Paris, pp. 395-419.

# ÍNDICE ANALÍTICO

*A posteriori,* 105, 120, 121, 150, 172, 174

*A priori,* 25, 44, 105, 118, 120, 121, 127, 130, 131, 137, 150, 156, 163, 168, 171, 172, 177

Abducción, 11, 18, 21, 59, 99, 102-104, 106, 171, 183-191

Abducible, 103, 104, 190

Aberdein A., 188-191

Afirmación, 14, 16, 36, 99, 102, 118, 126, 142, 149, 150, 162, 178, 189, 194

AKM, 103

Akrami M., 127

Alchourrón C., 46, 54, 94-96

Aliseda A., 103-106, 129, 171, 184, 190

Analítica, 59, 137, 166, 192, 196, 197

Antipsicologismo, 20, 25, 49, 50, 54, 99, 117, 121, 132, 133, 147-156, 158, 160, 167, 175, 178, 180

Antoniou A., 101

Apoyos, 21, 23, 52, 57, 59

Arcesilao, 13

Argumentación, 11, 13, 18, 47, 133, 188

Argumento imperativo, 12

Aristóteles, 11, 13, 16, 18, 23-25, 32, 36, 38, 46, 48, 59, 61-63, 73, 99, 100, 129, 130, 136, 138, 139, 157, 165, 179, 193, 194

Armonía, 171

Array, 38, 91, 92

Ataque, 13, 14

Atmósfera, 34, 35

Audi R., 47, 163

Barwise J., 80-83

Base deductiva, 43, 44, 65, 78, 80, 124, 125

Beall J., 11, 14

Belnap N., 166, 167

Belohlavek R., 78

Beneke, 148

Blaauw M., 118, 163

Bochenski I.M., 62, 155

Boehner Ph., 48

Boeri M., 136

Boghossian P., 164, 172

Bolzano B., 48, 51

Boole G., 18, 19, 48, 158

Borroso, 69

Bosanquet, 46

Bourbaki, 125

Bradley F.H., 46

Bremer M., 127, 192, 194, 196

Brentano F., 149

Burleigh W., 48

Canon, 25, 136-139, 147, 157

Carey, 75

Carnap R., 80, 93, 113, 145, 165, 195

Carnota R., 97, 98, 100, 101
Carretero M., 29, 33, 139
Carroll L., 177
Certeza, 72, 89, 90, 118-120, 182, 183, 188, 195
Chater N., 39, 40, 195
Christensen D., 24, 29, 30, 71-73
Clark A., 31, 83, 85
*Cogito*, 155
Cognición distribuida, 21, 22, 39, 79, 83-86, 91, 93, 120, 121, 197, 200
Cognición dual, 21, 79, 83, 86, 114, 181
Cognición, 16-18, 21, 22, 27-29, 31, 32, 35, 39, 46, 55, 74, 78, 81, 83-86, 91, 93, 97, 114, 120, 121, 133, 134, 140, 151, 160-162, 173, 178, 181, 183, 185-187, 197, 199, 200
Cognitivismo lógico, 21, 42, 123, 133, 158, 159
Cohen M., 25
Coherencia, 73, 114, 187
Compacidad, 54, 105, 181
Completitud, 94, 95, 169
Conceptos, 20, 21, 52, 55, 57, 58, 61, 63, 71, 73-80, 94, 106-108, 118, 124, 125, 131-133, 148, 149, 153, 164, 176, 177, 200
Conciencia pura, 155
Conclusión, 12, 29, 31, 34, 35, 39, 41, 47, 54, 61, 63, 69, 71, 81, 86, 88, 92, 93, 99, 100-102, 113, 114, 117, 126, 131, 143-146, 157, 163, 170-173, 175, 178, 179, 183, 192-194, 198, 199
Conjunto crisp, 68

Consecuencia lógica, 14, 15, 25, 30, 34, 54, 61, 62, 71, 80, 94, 99, 164
Constitución cognitiva, 180
Contenido empírico, 145
Corcoran J., 39, 47
Cornubia, 127
Corrección, 93-95, 111, 118, 169
Corte, 54, 98, 105, 106, 161
Cosas, 11, 17, 25, 26, 29, 56, 58, 62, 63, 65, 81, 84, 99, 108, 141, 145, 155, 192
Cosmides L., 49, 111
Costa-Leite A., 43, 53
Craik K., 36
Creencia, 30, 31, 71-73, 90, 110-112, 115, 118, 149, 162-164, 170, 174-176, 187, 188, 196

Dachao Li, 39
Dancy J., 118, 163
*De dicto*, 56
*De re*, 56
Deducción natural, 103, 105, 144, 165, 166, 171, 186, 187, 191
Deducción, 10, 19, 21, 34, 39, 42, 47, 50, 54, 71, 76, 78, 86-88, 91, 99, 100, 102-106, 114, 116, 124, 131, 133, 138, 139, 144-146, 148, 162-173, 175, 176, 178, 179, 181-184, 186-188, 190-195
*Default*, 10, 11, 50, 53, 54, 87, 89, 97, 98, 100, 101, 102, 105, 109, 117
Defensa, 13, 14
Demostración, 26, 79, 80, 82, 105, 115, 121, 132, 148, 157, 171, 179, 186, 194
Derivación, 26, 30, 46, 80, 94, 99, 112, 120, 169

Descartes R., 48, 119, 193
Dialéctica, 11, 13
Diodoro Crono, 13, 62
Diógenes Laercio, 61
Dretske F., 71, 195, 196
Dummett M., 169, 170, 171, 176, 182
Dutant J., 118, 163

Enoch D., 164
Enunciado, 26, 35-37, 40, 44, 46, 51, 61-63, 77, 95, 102, 115, 119, 138, 145, 149, 153, 154, 166, 167, 169, 172, 179, 180, 195, 197, 198
Epistémico, 12, 84, 118, 177, 183
*E pluribus unum*, 129
Escéptico, 13, 38
Estoico, 13, 37
Etchemendy J., 80-83, 164
Eudemo, 62
*Ex falso quodlibet*, 15, 115, 127
Explicativista, 169, 170, 191
Expresivismo lógico, 177

Facultad de logizar, 199
Facultad lógica, 53, 132, 133, 135, 158, 160
Falso, 15, 62, 63, 65-67, 69, 70, 94, 102, 107, 109, 115, 127, 130, 141, 145, 153, 154, 159, 178, 184
Fernández P., 29, 33, 139
Feyerabend P., 56
Filón, 61
Filosofía cognitiva de la lógica, 9, 10, 17-20, 22, 27, 28, 30, 31, 33, 39, 44, 52-55, 59, 94, 147, 157, 173

Filosofía de la lógica, 9, 10, 11, 14, 16-20, 24-27, 30, 42, 48, 50, 52, 54, 55, 59, 61, 64, 71, 48, 80, 93, 96, 97, 100, 105, 112, 123, 124, 133, 136-138, 142, 147, 152, 160, 161, 163, 164, 166, 180
Fisher J., 10, 30, 106, 107, 110, 117, 118, 164, 176
Flach P., 184
Floridi L., 39
Formal, 10, 12, 13-15, 17-19, 22, 24-28, 30, 32, 33, 35, 41-44, 46, 48-50, 55, 57, 61, 72, 73, 81, 88, 89, 91, 93, 94, 96, 99, 105, 108, 110, 120, 121, 128-131, 136-138, 140, 145, 148, 149, 155, 157, 164, 165, 168, 174, 179, 186, 190, 193, 198-200
Frege G., 11, 17, 19, 25-27, 42, 46, 48, 50, 51, 54, 120, 136-138, 149-155, 158-160, 174, 178, 197-199
*Fuzzy*, 14, 21, 40, 44, 45, 52, 53, 61, 63, 65, 67-71, 73-75, 77, 78, 108, 124, 129

Gabbay D., 104, 106, 184, 189
Gambra J.M., 25, 194
Ganancia de información, 33, 34, 39, 41
García E., 59
García-Carpintero M., 164
Garnham A., 18, 29, 34, 131, 137, 143-145
Gentzen G., 114, 166, 167
Geymonat L., 163
Giere R., 55-58, 84-86
Glock H.J., 50, 199

Goldman A., 30, 55, 106-108, 110-113, 117-121, 174, 175
Goldstein L., 16, 19
Gómez Torrente M., 166
Greco J., 187, 188
Grice P., 34, 154

Haack S., 14, 24, 44, 70, 71, 94, 124, 168, 171, 176, 177
Hacking I., 166
Hanna R., 9, 10, 21, 23, 30, 53, 123, 129-135, 138, 146, 147, 151, 152, 156-159, 175-181, 200
Hanson N.R., 56, 59
Harman G., 30, 56, 59, 71, 106, 108, 110, 113-118
Haton J., 97
Hawthorne J., 71
Hegel G.W., 46
Hempel C., 170
Heurística, 41, 80, 88
Hintikka J., 23, 164
Hiperprueba, 82, 83, 86
Hipótesis, 26, 35, 44, 56, 79, 84, 85, 96, 102, 103, 139, 140, 162, 173, 183-187, 189-191
Hipotiposis, 62
Hobbes Th., 32, 198
Hoffman M., 18
Huemer M., 162, 163
Hume D., 57, 115, 119, 163
Husserl E., 11, 17, 19, 25, 46, 54, 149-152, 155, 156, 158-160, 198
Hutchins E., 31, 83-85

Imagen, 14, 49, 76, 81, 113, 137, 161, 198, 200

Implicación, 61, 71, 108, 116, 142, 175
Indemostrable, 62
Inferencia, 73-75, 79-81, 83, 84, 86-91, 94-96, 100, 102-105, 114, 117, 127, 129, 135, 140, 142-145, 148, 163, 164, 166, 170, 171, 174, 175, 176, 178, 181-186, 188, 190, 191, 195, 197, 200
Información, 20, 22, 29, 32-34, 39-42, 47, 51, 57, 80-83, 86-88, 91, 93, 99, 100, 101, 103, 104, 109, 110, 128, 134, 140, 143-146, 179, 192-197, 199, 200
Inteligencia artificial, 20, 21, 26, 30, 31, 49, 54, 57-59, 97, 102, 104, 105, 139, 184
Intervenir, 79, 87, 89, 107, 120
Intuición, 15, 17, 78-80, 131, 155, 163, 165, 173, 179, 180, 181, 185
Intuicionismo, 11, 15, 79, 149
Invalidez, 13, 34, 73, 119

J-Reglas, 111, 112, 175
Jacquette D., 17, 43, 53, 123, 124, 126, 129, 149, 150, 151, 156, 157
Johnson-Laird Ph., 29, 34, 36-38, 91, 131, 140, 144-146, 195, 199
Juego, 13, 14, 18, 45, 94, 96, 107, 137, 141, 185
Justificación, 9, 10, 52, 54, 55, 71, 78, 101, 104, 110-112, 118, 128, 131, 133, 148, 162-171, 173-178, 180-184, 186-188, 191

Kakas A., 103, 184
Kant I., 96, 120, 123, 127, 131, 136-138, 142, 154, 157, 158, 179
Keefe R., 44, 64

Keiff L., 13, 14
Kellert S., 11
Klir G., 78
Kneale M., 11, 24, 62, 136
Kneale W., 11, 24, 62, 136
Kowalski R., 97, 102-104, 139
Kripke S., 59, 181
Kuhn Th., 55-57, 111

Lakatos I., 56
Leibniz G., 32, 48, 62, 117
Lemmon E.J., 144
Lenguaje, 10, 13, 25, 27, 28, 31, 43, 45, 48, 51-53, 61, 63, 78, 80, 83, 93, 108, 125, 127, 128, 132, 135, 138, 152, 153, 159, 161, 162, 169, 172, 177, 183, 197-200
Lewis C.I., 181
Leyes lógicas, 27, 35, 36, 50, 139, 143, 164, 168, 199
Locke J., 57
Lógica *fuzzy*, 21, 44, 52, 53, 61, 63, 67, 68, 70, 71, 73, 74, 77, 78, 108, 124, 129
Lógica heterogénea, 21, 79, 80, 83, 85, 86, 90, 91, 93, 181, 200
Lógica mental, 29, 33, 34, 36, 130, 137, 139, 140, 142-144, 147, 160, 191
Lógica natural, 141
Lógica pura, 131, 157
Lógica trascendental, 127, 137, 157
Lógica universal, 10, 43, 53, 123-129, 144
Lógica, 9-37, 39, 41-57, 59, 61-64, 67-74, 76-81, 83, 85-88, 90-121, 123-133, 135-181, 183-187, 189-190, 192-200

Logizar, 129, 133-135, 138, 147, 180, 199-200
Logocentrismo, 10, 21, 25, 53, 54, 132, 162, 164, 168-173, 176, 177
Long A., 13
López-Astorga M., 37
Losee J., 100
Lukasiewicz J., 63

Machina K., 64
Magnani L., 59, 103, 183, 185, 186
Manktelow K., 29, 34-36, 39-41, 140, 191
Manzano M., 94, 96
Martínez C., 120, 164, 172
Matching, 33-35
Mates B., 62
McNamara R., 10, 23, 53, 148, 157, 161
Meheus J., 103
Mill J.S., 23, 27, 49-51, 120, 148, 167, 171, 179
Modal, 38, 61, 94, 166
Modelo mental, 36-39, 92
Modelo, 13, 37-39, 72, 88, 92, 94, 96, 104, 162, 164, 170, 186, 189
Modular, 134
*Modus ponens*, 65-67, 72, 100-102, 116, 143, 144, 146, 168
*Modus tollens*, 44, 144, 146
Monotonía, 20, 21, 50, 54, 87, 97-100, 102, 105, 106, 108
Montmarquet J., 187, 188
Morado R., 47, 48, 199
Mukaidono M., 63

Nagel E., 25
Necesario, 74, 92, 141, 169, 174

Nerssesian N., 55, 58, 59
Nguyen H., 63
Niditch P., 48
Niño D., 184
Norma, 112, 151

Objetividad, 25, 51, 153-155, 172
Oponente, 13, 14
Oriol M., 25, 194

Palau G., 44, 62, 124
Paradigma, 58, 97
Paradoja del montón, 65
Paradoja, 44, 64-67, 72, 81
Parménides, 77
Peirce Ch.S., 48, 59, 102, 103, 147, 183, 185, 188-191, 199
Pensamientos, 11, 16, 17, 25, 152-155
Percepción, 31, 59, 73, 118, 120, 121, 135, 161, 185
Perelman Ch., 13
Permutación, 54, 105
Piaget J., 29, 33, 130, 137, 139-144, 160, 191
Ping Li, 39
Pluralismo lógico, 10, 11, 14-16, 19, 20, 128
Port-Royal, 19
Posy C., 148
Premisa, 35, 38, 40, 41, 54, 66, 83, 146, 159, 173, 175, 178, 179, 186, 193
Preservación de la verdad, 141, 199
Priest G., 64
Primeros analíticos, 157, 179
Prior A., 167
Pritchard H., 118, 163

Probabilidad, 40, 41, 52, 63, 72, 89, 195
*Prolog*, 99, 103, 139
Propensión, 39
Proponente, 13, 14
Protológica, 33, 130-133, 146, 147, 151, 160, 175, 178-180
Prototipo, 74-77
Psicología cognitiva, 9, 26, 28-31, 33, 35, 57, 58, 75, 81, 107, 139, 144, 146
Psicologismo lógico, 50, 147, 149, 159
Putnam H., 56, 120, 177

Query, 103
*Quid facti*, 26
*Quid juris*, 26

Razonamiento, 9, 10, 11, 13, 17-22, 26-37, 39-43, 45, 47-49, 52, 53, 61, 66, 71, 75, 78-83, 86, 87, 90-93, 96-103, 105-110, 113-118, 121, 124, 126, 131, 133, 138-140, 142-144, 146, 150, 151, 154, 160-163, 170, 174, 176, 183, 185, 188, 190, 191, 193, 195, 198-200
Reflexividad, 54, 99, 105, 106, 145
Regla de inferencia, 143, 164
Relevancia, 13, 102, 105, 128
Reliabilismo, 118
Representación, 17, 37-39, 58, 76, 83, 97, 102, 130, 132, 139, 153, 154
Respuesta, 13, 21, 23, 25, 39, 44, 53, 54, 76, 80, 88, 89, 90, 92, 106-108, 110, 128, 129, 131, 135,

144, 147, 149, 162, 167, 178, 182, 183, 187, 188, 192, 197, 198

Restall G., 11, 14

Reyes G., 10, 30, 157, 161

Rips L., 29, 33, 130, 137, 139, 142, 160, 191

Rosch E., 73-78

Russell G., 14, 25, 27, 46-48, 50, 51, 59, 76, 149, 178, 192, 199

Salles R., 136

Sandu G., 23, 164

Schechter J., 164

Sedley D., 13

Segundos analíticos, 157, 179

Semántica, 10, 13-15, 21, 30, 44, 46, 47, 54, 59, 61, 63, 65, 68, 78, 80, 83, 93-96, 125, 132, 144-146, 168, 169, 195, 198

Sensación, 161

Sentimiento de certeza, 89, 90, 182, 183

Sentimiento de corrección, 89

Sexto Empírico, 61, 62, 162

Shushan C., 10, 29, 30, 123, 157, 158, 160-162, 200

Significado, 12, 24, 32, 51, 74, 94, 132, 139, 166, 171, 172, 177, 180, 181, 194, 196-198

Sigwart Ch., 148, 149

Silogismo, 15, 33-36, 38-42, 48, 115, 157, 179, 193, 194

Símbolo, 13, 28, 50, 94, 161, 200

Sintaxis, 30, 46, 59, 93, 95, 96, 196, 198

Sistema lógico, 13, 18, 25, 41, 43, 44, 46, 53, 63, 65, 78, 80, 94, 104-106, 125, 126, 129-133,

143, 144, 147, 158, 160, 169, 179, 180, 190, 198, 199

Smith J., 78, 155

Soler F., 9, 11, 12, 184, 187

Sorensen R., 64

Sorites, 44, 64, 65, 67

Sosa E., 118, 163, 187, 188, 189

Stennings K., 10, 30, 49, 106, 108, 109

Stillings N., 32, 33

Sullivan S., 41

*Suma Logicae*, 129

Suppe F., 56

Tableaux semánticos, 104

Tanaka K., 44, 68

Tarea de selección, 107-110, 114

Teofrasto, 16, 62

Thagard P., 55, 57, 58, 73, 183, 191

Thales de Mileto, 154

Thomson V., 29, 88, 89, 182

Toulmin S., 13, 56

*Tractatus*, 47, 50, 120, 177, 192, 199

Transitividad, 39, 141, 142, 167

Trilema de Agripa, 162

Trivial, 117

Turri J., 187

Tye M., 64

Vaguedad, 44, 45, 63, 64, 70, 71, 73, 126

Validez lógica, 16, 42, 78, 90, 94, 99, 115, 116, 145, 164, 166, 197, 199

Validez semántica, 94

Validez sintáctica, 94

Van Lambalgen M., 10, 30, 49, 108, 157

Verdad lógica, 43, 44, 54, 63, 94, 113, 119-121, 132, 164, 166, 175, 192, 195-197

Verdad, 12, 15, 16, 18, 43-47, 54, 55, 61-63, 66-71, 73, 77, 79, 94-96, 109, 113, 115, 119-121, 128, 132, 133, 138, 141, 142, 145, 146, 153, 154, 159, 163-170, 172, 173, 175, 178, 179, 188, 189, 190, 192, 195-200

Villalba de Tablón M., 29

Virtud abductiva, 187, 189, 191

Virtud argumentativa, 15, 21, 187-190

Vranas P., 12

Wang P., 162

Wason P., 107, 144

Williamson T., 44, 64, 67, 71

Wittgenstein L., 25, 27, 42, 47, 50, 51, 73, 111, 120, 126, 132, 177, 178, 181, 192, 193, 199, 200

Woods J., 103, 104, 184, 189

Wright C., 172, 177

Wundt W., 148, 149

Zadeh L., 63, 70

Zagzebski L., 187-189

Zenón de Citio, 13